KB104367

이슈와 논쟁으로 본 한국경제

이슈와 논쟁으로 본 한국경제

초판 1쇄 펴낸 날 2018년 5월 25일
　　2쇄 펴낸 날 2018년 8월 17일

지은이 | 강신홍
펴낸이 | 김삼수
편　집 | 신중식 · 김소라
디자인 | 권대홍

펴낸곳 | 아모르문디
등　록 | 제313-2005-00087호
주　소 | 서울시 강남구 선릉로93길 34 청진빌딩 B1
전　화 | 0505-306-3336 팩　스 | 0505-303-3334
이메일 | amormundi1@daum.net

ⓒ 강신홍, 2018 Printed in Seoul, Korea

ISBN 978-89-92448-67-3　　03320

※ 이 도서의 국립중앙도서관 출판예정도서목록(CIP)은 서지정보유통지원시스템 홈
페이지(http://seoji.nl.go.kr)와 국가자료공동목록시스템(http://www.nl.go.kr/kolisnet)
에서 이용하실 수 있습니다.(CIP제어번호: CIP2018013871)

이슈와 논쟁으로 본
한국경제

강신홍 지음

아모르문디

내게는 스물두 명의 자식이 있다. 그중 한 명이 이 책을 쓴 강신홍 군이다. 1970년대 말 꿈 많은 까까머리 고등학생이던 그들은 호남에서는 최초로 학교로부터 수업료는 물론이고 숙식까지 제공받은 '공부의 선수들'이었다. 나는 삼 년 동안 지도교사로서 이들과 숙식을 같이 하며 젊음을 불태웠다. 이제 다 장성하여 같이 늙어가는 형편이 되었지만, 그들은 내게 언제나 사랑스런 제자들이고 마음속 깊이 간직한 소중한 자식들이다.

40년이 지난 오늘날까지 나는 그들과 한 해도 거르지 않고 매년 서너 차례씩 만나는 혈육과도 같은 사이로 지내고 있다. 한 가지 아쉬운 점은 그 시절 인생의 황금기를 열악한 합숙소에서 입시지옥으로 보내는 동안 잘 먹이지도 못하고 너무 엄하게만 대하였던 게 아닌가 하는 생각에 아직도 제자들을 보면 안쓰러운 마음뿐이다.

제자들 중 몇몇은 존경받는 교수가 되거나, 의사 또는 고위 공무원이 되기도 했지만, 강신홍 군과 같이 당시 회사원으로는 최고의 직장으로 꼽혔던 외국인회사나 종금사에 들어가 일한 제자들도 있다.

강신홍 군은 선한 인상으로 항상 열심히 공부하고 새로운 분야의 일에 적극적인 학생이었다. 군사정권 시절 운동권의 선봉에서 정권타도를 외치던 몇몇 제자들과는 달리, 강 군은 그저 평범하고 순둥이 같은 학생이었다. 그런데 나중에 알고 보니, 그런 그가 중년이 되어서도 변함없이 민주화와 바른 사회를 위해 열심히 참여하고 글도 쓰며 그쪽 분야에서는 제법 유명한 인사가 되어 있었다.

나이를 먹어도 모두 사랑스런 제자들이고, 자기 혼자 잘살자는 그런 삶이 아니라 주위를 돌아보고 사회문제의 해결에 앞장서는 그런 제자들의 삶이 더욱 자랑스럽게 다가온다.

이번에 강 군이 쓰는 글에도 그러한 고민의 흔적이 보인다. 학부 때 경제를 전공하고 종금사와 외국인회사에서 금융컨설팅을 하여, 소위 잘나가는 사람 편에 서서 재벌기업 임원도 하고 사장도 할 능력이 충분하지만, 그런 삶을 택하기보다는 바람직한 사회를 위해 재벌문제를 파헤치고 시민의 편에 서서 경제를 분석하는 일을 실천해 왔다. 그리고 금번 책을 위해서도 바쁜 직장 생활 틈틈이 주말에 쉬지 않고 도서관에 출근하여 글을 썼다고 한다.

국문학을 전공한 나로서는 강신홍 군의 글에 식견 있는 조언이나 추천을 할 형편은 못 되지만, 40여 년 이상 강 군을 지켜보고 지도해 온 스승으로서 그가 쓰는 글 하나하나에 세상을 밝히는 진실과 깊은 통찰이 담겨 있음을 믿어 의심치 않는다.

그가 주장하는 박정희 신화에 대한 글부터 재벌개혁과 포철 신화에 이르기까지 현대 한국경제의 논란이 되었던 18편의 이야기들이 젊은 이들과 관심 있는 독자들에게 널리 읽히기를 바란다.

앞으로 강신홍 군의 무궁한 발전을 빈다.

2018년 4월 원광보건대학 전 학장
문학박사 송용은

저자 서문

이 책은 박정희 대통령의 '경제 신화'를 맹신하고 재벌 중심의 왜곡된 대한민국 경제를 옹호하는 보수 진영이나 그 당사자인 재벌들에게는 편파적으로 느껴질 수 있다. 그러나 단언컨대 마르크스주의나 사회주의적인 시각을 가지고 쓴 글은 아니다. 새 정부의 경제정책에 조금이라도 도움이 되었으면 하는 마음에서 경제학 교과서나 언론에서 다루고 있지 않은 우리 사회의 경제 이슈와 논쟁들을 재벌개혁과 경제개혁을 바라는 시민의 입장에서 평가해본 것에 지나지 않는다.

필자는 경제적인 관점에서 보면 보수적이지만, 시민의 자유와 민주주의를 옹호한다는 면에서 조금은 진보적인 편이었던 것 같다. 2002년 초 노무현이라는 정치인을 알게 되어, 유시민 작가와 문성근 배우의 호소에 난생처음 정당인 개혁국민정당에 가입하고, '서프라이즈'와 '노하우'를 알게 되었다. 가끔 쓰는 경제 칼럼이 특이했는지 서프라이즈와 노하우에서 '꺼벙임다의 선머슴경제'라는 토론방을 마련해 주었다. 개혁당과 열린우리당 홈페이지에도 잠깐 경제 관련 글을 썼다. 전문적으로 글을 쓰는 사람도 아니고 경제학자도 아니었지만, 종금사와 HP에서 몸으로 경험한 금융 실무가 많은 도움이 되었다. 특별히 노무현 대통령의 홈페이지에 글을 쓴다는 자부심도 있어 바쁜 업무에도 불구하고 잠 안 자고 밤을 밝히며 글을 썼었다.

2007년 대선 때는 'CEO형 대통령'을 표방한 이명박 후보에게 진정한 CEO의 가치를 알려 주겠다고 비판 글을 썼다가, "사실을 적시한 명예훼손"으로 전기통신법 위반이라고 경찰과 검찰에 불려 다니기도 했다. 나라는 인간이 원래 용기 없는 소시민적 생활을 영위하던 터라, 글쓰기를 중단하면 기소를 유예하겠다는 압력에 굴복하여 한동안 글쓰기를 접기도 했었다.

내 직장 생활의 시작은 좀 특이했다. 1987년, 경제학을 전공하고 증권사에서 직장 생활을 막 시작하려던 인생행로에 변화를 준 계기가 있었다. 주말이면 다른 연수 동기들은 애인이나 친구를 만나러 가는데, 전라도 시골에서 혼자 올라온 나는 딱히 할 일이 없었다. 당시 시간도 때우고 시험전형료라도 벌려고 응시한 회사가 지금은 없어진 두산그룹 계열사인 두산컴퓨터였다. 응시한 회사가 몇 달 후 세계 2위의 IT기업에 인수될 거라는 말을 듣고 과감하게 진로를 변경했다. 당시 외국인회사는 연봉도 높고 토요일에 쉴 수 있어 매력적이었지만, 학부 수리경제학 시간에 컴퓨터 활용을 못하여 제대로 공부하지 못한 SPSS통계프로그램에 대한 아쉬움 때문에, 컴퓨터를 제대로 배워보고 싶은 생각이 간절했다. 전형료 3만원의 유혹이 예정된 증권회사 연수를 때려치우고 IT업계에 입문하게 된 계기가 되었던 것이다.

그렇게 IT업계에서 첫 직장 생활을 시작했으나, 전공 때문인지 금융 업무에 두각을 나타내면서 본연의 업무보다는 금융 컨설팅을 주로 하게 되었다. 주로 증권거래소와 금융기관을 대상으로 미국이나 유럽의 금융제도를 소개하고 IT 시스템을 완성하는 일이었다. 당시 거래소의 주가지수 선물 개발 업무가 너무 힘들어, 프로젝트를 마친 후 종금사로 이직, 국제금융과 투자신탁 리스 등의 업무를 개발하는 일을 맡았다. 그러나 IMF 외환위기로 종금사가 문을 닫게 되어, 다시 예전 직장으로 돌아오는 일도 있었다.

2008년, 회사를 사직하고 용감하게 창업했으나 세계 금융위기의 파고를 넘지 못하여 1년 만에 회사를 접어야 했다. 이전 직장에서 다시 돌아오라는 요청도 있었으나 두 번 나온 회사를 세 번씩 다시 돌아가기가 미안하여, 규모가 작은 중소기업에 CFO로 취업하여 일하게 되었다. 일하던 중소기업에서 재벌 대기업과 거래하면서 하청을 미끼로 개발 의뢰를 받은 후 기술 착취만 당하는 경우도 있었고, 특허도용으로 소송을 벌인 일도 있었다.

이런 경험을 하면서 중소기업에서 느낀 재벌들의 불공정 행위 등을 세상에 알리고 싶었다. 그들이 어떻게 중소기업을 착취하여 이득을 취하고 있는지, 그리고 국민 경제에 해를 끼치는 일들을 얼마나 많이 벌이고 있는지도 알리고 싶었다. 재벌 문제나 IMF 외환위기, 경제민주화 그리고 중소기업과 일자리 문제, 최근의 소득 주도 성장론까지 모두 함께 연결되어 있는데, 이런 연관된 문제들을 나만의 시각으로 풀어내고 싶었다.

많은 사람들은 박정희 시대의 압축성장과 불균형 성장이 얼마나 많은 문제점을 가지고 있는지 알지 못한다. 박 대통령 집권 18년 동안의 연평균 경제성장률 8.5%는 같은 기간 대만과 일본의 10%가 넘는 성장률 비하면 그리 높지 않다. 박정희 시대에는 냉전시대에 못사는 나라는 결국 공산화가 된다는 인식하에 진행된 미국과 선진국들의 원조와 경제개발 지원, 월남파병 특수, 해외건설 특수, 대일협상에 의한 보상과 차관 등으로 경제가 성장할 수밖에 없었다. 박정희 정권이 아무리 부패하고 무능하여도 성장할 수밖에 없는 환경이었다. 박정희의 재벌 중심 차입경제에 의한 불균형 성장이 오늘날의 경제 문제와 어떤 관련이 있는지도 알아야 하는데, 이러한 것들을 가르쳐 주는 경제 교과서나 책이 없어 아쉬웠다.

1980년대에 많은 세월을 아스팔트에서 보냈다. 비록 감방 생활은 안 했지만, 경찰에게 잡혀가 맞기도 하고 거리에서 최루가스도 많이 마셨다. 그리고 중년이 되고 쉰이 넘어서도 FTA 반대집회, 농민집회, 박근혜 탄핵 집회 등 많은 시간들을 광화문에서 보냈다.

중년이 되도록 아직 거리에 나서는 이유는 우리 사회에 작은 목소리라도 보태어 내 아이들과 후세들에게 부끄럽지 않은 세상을 물려주기 위함이었다. 그런데 이제 그 아이들이 다 자랄 때까지도 우리 사회는 그다지 변하지 않은 것 같다. 작년 겨울에는 광화문의 다른 구석에서 우리 아이들과 따로 또 같이 있었다.

나는 아이들에게 아빠의 생각을 강요하지 않는다. 그렇지만 이 책을 통해 아빠의 생각을 전하고 싶다. 영화 '1987'을 같이 보며 아빠 세대를 느껴보고, 아빠의 책을 통해 우리나라의 경제 이야기들을 듣고 생각해보는 기회를 가졌으면 한다.

클래식기타 연주가가 되려는 민석이, 저 멀리 플로리다 창공에서 파일럿의 꿈을 키워가며 공부하는 예진이, 사랑하는 아내와 우리 가족에게 이 책을 쓰는 감회를 특별히 전하고 싶다. 그리고 구순과 팔순이 가까운 오늘날까지 못난 자식 걱정에 어깨 펼 날 없으신 익산과 안산의 부모님(장모님), 고교 졸업한 지 40년이 가까워 오는데도 아직 제자 걱정으로 매달 전화 주시는 송용은 선생님과 병환 중에 계시는 이구홍 선생님, 그리고 부족한 내가 책을 낼 수 있도록 용기를 준 친구들, 이 모든 분들께 특별한 감사를 드린다.

2018년 3월 북아현동에서
강신홍 드림

차례

1장 박정희 경제 신화는 허구인가?

친일파 박정희의 고뇌와 신화

무엇이 '신화'인가? 실제 있었던 사실을 넘어 과도한 관념적 가치를 부여하여 맹신하는 것이 신화이다. 학부 때 경제학을 전공하고 직장에서 경제 및 금융에 관한 컨설팅을 하던 입장에서, 박정희 대통령의 집권기간 동안의 경제 실적들에 대해 지나치게 부풀리고 이를 신화화하는 사람들을 볼 때마다 심한 안타까움을 느껴왔다.

박정희는 누구인가? 일제강점기 대구사범을 나와 문경에서 초등학교 교사를 하다가, 일신의 영달을 위해 늦은 나이에 혈서까지 써가며 만주군관학교에 진학했고, 일본 육사를 거쳐 일본군 장교가 되었다. 많은 역사학자들에 의하면, 그는 만주에서 독립군을 때려잡는 일을 하며 조국에 충성하기보다는 일본 제국주의에 충성한 사람이다.

해방 후, 박정희는 많은 혼란을 겪었을 것이다. 그가 충성을 바쳤던

소장 박정희와 대통령 박정희(출처: 국가기록원)

일본이 패망하여 일본군이 쫓겨난 만주에서 공산주의자들이 득세하는 것을 목격했을 것이다. 그런 영향 때문인지 그는 귀국한 후에는 출세를 목적으로 남로당에 가입하였다고 한다. 하지만 군 생활 중 남로당 활동이 발각되자, 동료들을 모조리 밀고하는 대가로 혼자만 죽음을 면하고, 6.25전쟁의 혼란 속에서 다시 군인의 길을 걷게 된다.

이후 박정희는 이승만 독재를 무너트린 4.19혁명을 군사 쿠데타로 무력화시켰으며, 정치를 하지 않겠다던 공공연한 약속을 헌신짝처럼 버리고 대통령에 올라 독재와 인권탄압과 언론탄압, 부정부패 등 세계 어느 독재자들보다 악랄한 죄악을 저지르게 된다. 집권기간 동안 자신의 과거 남로당 활동으로 인한 콤플렉스에서 벗어나기 위하여, 죄 없는 사람들에게 '빨갱이'라는 누명을 씌워 수많은 사람을 죽게 하였다는 비판도 있다.

박정희의 눈부신 경제성장 '신화'

박정희는 대통령 재임기간 동안 관제언론을 동원하고 통제하여 "박정희가 대한민국 경제를 세우고 경제 기적을 이루었다"는 우상화를 기도하였다는 것은 주지의 사실이다. 정보기관과 공권력을 동원하여 언론을 장악하고, 이를 비판하는 재야세력이나 국민들에게는 쥐도 새도 모르게 테러를 가하거나 공권력을 동원한 탄압을 가하였다. 박정희의 재임기간 동안 국민들은 감히 대통령에 대한 비판이나 부정적인 여론을 형성하지 못할 수밖에 없었다.

그러한 영향 때문인지, 오늘날까지도 비록 독재를 했지만 대한민국을 가난에서 구한 대통령이라고 생각하는 국민들이 많은 것 같다. 실제로 박정희 대통령의 재임기간의 성과는 18년이라는 긴 재임기간을 고려해도 '한강의 기적'이라 불릴 만큼 눈부시다.

적어도 양적인 면을 놓고 볼 때 박정희 집권기간 18년과 그 이전을 비교하면, 천지개벽과 같은 차이를 느낄 수 있다. 그러나 이승만 정권과 박정희 정권의 1970년대 초반까지 우리 국민은 절대빈곤 속에서 살고 있었다. 많은 사람들은 독재를 미화하고 합리화하기 위한 유신독재 시기가 우연히도 절대빈곤에서 벗어난 시기와 맞아떨어졌을 뿐이라고 주장하기도 한다. 다음 〈표1〉에서 볼 수 있듯이, 역대 집권자들의 연평균 성장률을 비교하면 전두환 9.3%, 박정희 8.5%, 노태우 7.0%, 김대중 6.8% 순으로 박정희가 2위이다. 그러나 당시의 세계경제와 주변국들의 상황을 함께 비교해야 한다. 같은 시기 우리나라와 경제 여건이 비슷했던 대만을 주된 비교 대상으로 하고, 미국, 캐나다, 독일, 영국, 프랑스, 이태리, 일본, 대만 등 주요 8개국의 연평균 성장률을 함께 살펴보면 사정은 달라진다.

<표1> 집권기간별 연평균 성장률

집권자	기간	국내총생산(GDP) 집권시/퇴임시	평균성 장률(%)	대만성 장률(%)	주요8개국 성장률(%)	대만 비교	주요8개 국 비교
이승만/ 장면	53-61	19,763/ 27,179	4.1	7.3	4.5	-3.2	-0.4
박정희	61-79	27,179/117,439	8.5	10.0	5.2	-1.5	3.3
최규하	79-81	117,435/122,412	2.1	6.7	2.0	-4.6	0.1
전두환	81-88	122,412/227,864	9.3	8.5	3.6	0.8	5.7
노태우	88-93	227,864/320,044	7.0	7.1	2.7	-0.1	4.3
김영삼	93-98	320,004/394,710	4.8	6.2	3.0	-1.4	1.8
김대중	98-03	394,710/547,839	6.8	3.1	2.0	3.7	4.8

1) 출처) http://kosis.nso.go.kr/에서, "KOSIS 〉 자료출처별 검색(국제통계) 〉 국제금융통계, IMF 〉 국민계정" 순으로 선택한 후, 각종 경제지표를 나타내는 항목 중 기준년도 불변가격 국내총생산으로 나라별, 기간별 경제성장률을 계산
2) 출처: 대만 자료는 http://www.dgbas.gov.tw/, 行政院主計處 第三局
3) 국가 선택 -〉 주요국 : 미국, 캐나다, 독일, 영국, 프랑스, 이태리, 일본, 대만
4) 국내총생산(GDP)은 '95년도 불변가격임
5) 연평균성장률 = (집권년도 불변가격수/퇴임년도불변가격)의 (1/집권기간(년))승
6) 위의 통계는 한겨레 정치토론방(http://c.hani.co.kr/hantoma/1361190)에서 재인용

일반적으로 경제성장률은 개발도상국일 때 높고 경제구조가 성숙하여 국민소득이 높아지는 선진국으로 갈수록 둔화되는 경향을 보인다. 표에서 보듯이, 선진국이 포함된 주요국의 연평균 성장률은 비교적 낮게 나타난다. 박정희 집권기간 대만은 10.0%, 주요국은 5.2%의 성장률을 기록하였다. 박정희 집권기간 대만과 주요국들의 성장률이 역대정권의 성장률보다 훨씬 높다는 사실은, 박정희 집권기간 동안 국제적으로 엄청난 호황기였다는 사실을 보여준다. 이것은 2차 세계대전과 한국전쟁이 종료 된 후, 1960년대 냉전시대가 본격화 되는 시

기로서 당시는 공산주의에 대응하기 위하여 후진국들은 후진국대로, 선진국들은 선진국대로 경제 지원과 무역이 확장되어 세계경제가 급속하게 발전하는 시대였다. 이러한 유리한 세계경제 환경에서 박정희 대통령은 18년이 넘는 집권기간 동안 연평균 8.5%의 성장에 그쳐 대만의 10%에 뒤지는 경제성장을 이룬 것이다.

혹자는 말한다. 우리나라는 남북이 대결하느라 높은 국방비를 지불하여 대만보다 경제 상황이 불리하지 않느냐고. 하지만 대만은 거대 중국과 대결해야 하므로 국방비가 우리보다 더 높은 수준이었고, 국제무역에서도 중국의 압력 때문에 국가로 인정받지 못하는 불리한 환경 속에서 연평균 10%에 이르는 성장을 이루었다는 사실에 주목해야 한다.

전두환 정권은 집권 7년 동안 연평균 9.3%의 성장률을 기록하여 수치상으로는 역대 대통령 중 최고를 기록하였다. 전두환 집권기의 성장률은 대만의 성장률 8.5%보다 약간 높았고, 주요국 평균인 3.6%보다는 5.7% 포인트나 높았다. 연이은 노태우 정권의 연평균 7.0%의 성장률은 수치상으로는 전두환 집권기에 약간 못 미쳤으나 주변국의 성장률과 비교할 때 전두환 시절과 비슷한 수준이었다고 평가된다.

김대중 대통령의 집권 시기는 대만이 연평균 3.1%, 주요국이 2.0%에 불과하여, 이 시기는 세계적으로 극심한 불황기였다. 그러나 김대중은 이 기간 동안 연평균 6.8%의 성장률은 기록하여 수치상으로는 1위의 전두환에 뒤졌으나, 대만보다 3.7% 그리고 주요국보다 4.8% 앞서는 내용면에서 매우 높은 경제성장률을 기록하였다.

위의 통계를 근거로 평가한 역대 대통령의 경제 성적표는 단순 수치상으로는 전두환 1위, 박정희 2위, 노태우 3위 순이라 할 수 있지만 대만 및 주요국과의 비교를 통한, 대외 여건을 감안한 내용적인 면에서 분석한 결과 김대중 1위, 전두환 2위, 노태우 3위, 박정희 4위라고 평가할 수 있다. 박정희 밑으로는 이승만과 김영삼 대통령밖에 없는 셈이다. "박정희가 대한민국 경제를 세우고 한강의 경제 기적을 이루었다"라는 신화가 무색해지는 순간이다(경제성장률에 대한 통계는 1인당국민총생산(GNP)을 기준으로 하느냐, 1인당 국내총생산(GDP)으로 하느냐에 따라 조금씩 다르며, 불변가격 기준으로 작성할 때 기준 연도를 언제로 하느냐에 따라 조금씩 다를 수 있다).

냉전체제와 미국의 원조

대만과 주요국의 통계에서 보듯, 박정희 시대에 한국경제는 그 어느 때보다 발전했어야 했다. 이 시기 우리나라를 둘러싼 대외 환경은 소련과 미국의 냉전체제에서 공산화를 막기 위한 서방 선진국들의 유무상 원조가 집중되던 시절이었다고 요약할 수 있다. 또한, 한일협상에 따른 일본 자금 유입, 월남 특수, 해외건설 특수 등으로 누가 대통령을 하더라도 고도성장을 할 수밖에 없는 시대적 상황이었다.

2차 세계대전과 한국전쟁을 겪으면서 냉전은 더욱 강화되었다. 당시 미국은 케네디 정부가 들어서면서, 전면적인 냉전과 공산주의와의 체제 경쟁에 들어서게 된다. 역사적으로 보면, 빈궁하고 국민들이 경제적으로 어려움을 겪는 나라들이 결국 공산화가 되었다는 점을 미국 정부는 뼈저리게 느끼고 있었다. 지정학적으로 한국이 공산화 되면, 일본도 위험하고 결국 동아시아뿐만 아니라 태평양의 동쪽을 포기하게 되는 결과를 초래할 위험이 있었다. 1961년 당시 미국 대통령인 케네디가 USAID(국제개발처)를 만들어 친미 국가들의 경제개발 계획과 원조 지원 정책을 집중적으로 수립하여 실천하게 된 이유도 여기에 있었다.

경제개발 계획은 USAID가 설립되기 전인 1960년 장면 정부에서 처음 수립되었다. 미국이 장면 정부에 경제개발 계획의 수립을 주문하였고, 장면 정부에서 그 밑그림을 그리기 시작한다. 그런 과정에서 군사 쿠데타가 발생하자, 미국은 공산주의 활동 전력으로 의심스러운 박정희와, 부패하고 무능한 군사 지도부를 믿을 수 없다고 판단하고 경제개발 계획을 직접 지휘하여 참여하게 된다. 한마디로 미국 입장에서는, 쿠데타로 집권한 한국의 군사정부 세력들이 나라를 제대로 이끌어갈 수 없을 거라고 본 것이다. 권력을 쥔 군인들은 실제로 경제를 잘 몰랐다. 장면 정부에서 거의 완성된 경제개발 계획들이 제대로 이행되지 못하자 미국은 경제 고문단까지 파견하여 지도 감독하게 된다. 이 모든 내막들은 '프레이저 보고서'에 자세히 보고되어 있다.

'프레이저 보고서'에 언급된 박정희의 경제정책

'프레이저 보고서'는 무엇인가? 1975년 박정희 정부가 박동선과 문선명의 통일교를 통해 미국 의회에 조직적인 로비를 벌인 정황이 포착된다. 그리하여 동년 6월 한국의 인권 문제 관련 청문회가 미국 의회에서 열리면서 로비 관련 진술이 전직 한국 외교관의 입에서 흘러나오게 되었고, 1976년 가을 미국의 유력 언론들에 의해 박동선의 하원의원 매수 로비 활동이 폭로되었다. 이른바 '박동선 게이트'라 불리는 불법 로비 사건이 미국 정계의 뜨거운 관심을 받게 된 것이다.

당시 한국의 불법 로비와 인권 문제를 조사하는 일을 하원 국제관계위원회의 프레이저 의원이 위원장을 맡은 소위원회에서 담당했는데, 그런 사유로 '프레이저 보고서'라고 불리게 된다. 프레이저 소위원회는 3년 동안 한미 간 정치, 군사, 경제 관계를 비롯한 제반 문제를 분석하여 1978년 보고서를 발표했는데, 그 보고서에서 박정희와 그의 경제 실적에 대한 평가가 기술되었던 것이다.

쿠데타 초기의 우려와 달리 박정희가 강력한 친미정권을 표방하자, 미국 정부는 박정희에게 원조의 조건으로 권력의 민간이양과 전임 정부의 경제개발 계획을 계속 이어가는 경제개혁 조치 등을 요구한다. 그러나 중앙정보부를 중심으로 한 군사정부는 워커힐 건설 부정, 일본으로부터의 자동차 수입 비리, 주식시장 파동과 부적절한 화폐개혁 등의 조치를 통해서 과거 이승만 정부 이상으로 부정부패를 저지르고 말았다. 더욱이 박정희가 민정이양 약속을 저버리고, 63년 3월 군정 4년 연장을 시도하자, 미국은 원조를 중단하면서 압력을 행사하였다. 그러자 결국 박정희는 케네디와 미국의 요구에 굴복, 민정이양을 약속한다. 1963년 10월 민정이양을 위한 대통령 선거가 진행되었으며, 이 선거에서 군복을 벗은 박정희는 46.7%의 표를 얻어 45.1%를 득표한 윤보선을 물리치고 대통령에 취임하게 된다.

'프레이저 보고서'는 철저하게 미국의 입장에서 쓴 보고서였다. 미국은 한국전쟁에서 소련과 공산주의자들을 막기 위해 어마어마한 군사비를 투입하였고, 이승만 집권기에 매년 미국인의 세금으로 최소 2억 달러 이상을 원조했기에, 당시 미국의 목표는 하루 속히 한국경제가 자생력을 갖도록 해서 원조를 줄여나가는 것이었다. 미국은 장면 정부에서 세운 경제개발 계획을 공고히 하는 한편, 박정희 군사정부로 하여금 수출을 늘려 경제성장을 유도하는 정책을 추진케 하고 이를 뒷받침하기 위한 세제개혁과 환율 정책을 요구하였다.

부패했던 박정희 군사정부

1962년 군사정부의 주역들은 정치자금을 마련하여 정치의 전면에 나서고자 한다. 이를 위해 김종필이 주도하여 증권파동을 일으키고, 기존 화폐를 폐기하고 새 화폐를 발행하는 화폐개혁 정책을 실행하여 태환이 안 되는 구화폐를 이용해 비자금을 마련하려고 했다는 의심을 받았다.

그러나 예금한 돈까지 자유롭게 인출하지 못하게 하는 등 조급하게 실시한 화폐정책으로 경제가 마비되어, 당시 국가 전체가 대혼란에 빠져버렸다. 이러한 실패와 혼란을 기점으로 주도권을 완전히 장악한 미국은, 그 동안의 젊은 군부 출신의 관료들을 교체하고 수출을 비약적으로 상승시키는 경제개발 계획으로 전환하게 한다.

그런데 이를 위해서는 반드시 한국의 환율 정책을 뜯어고치고 수출기업을 지원하기 위한 정부의 지출을 확대하기 위한 세제개혁이 필요하였다. 당시 한국의 환율은 비정상적으로 낮게 설정돼 있었다. 환율을 올리면 수입 물가가 올라가 인플레이션의 단점이 있었지만, 결국 환율 개혁은 한국의 경제구조를 수출 주도형으로 바꾸기 위해 가장 필수적인 정책이었다.

'프레이저 보고서'에는 명확하게 미국이 수출 주도형 경제계획을 수립했다는 언급은 없다. 그렇지만 결론적으로 세제 개혁과 환율 정책의 방향까지 군사정부에 지시한 미국의 요구와 경제적 지도가 바로 수출 주도형 경제를 만들기 위한 것이라 볼 수 있다.

근면하고 숙련된 한국 국민이 경제성장의 원인

'프레이저 보고서'는 결론적으로 한국경제의 괄목할 성취는 근면한 한국 대중, 그리고 자금 지원자 및 조언자로서의 미국의 성원에 따른 결과라고 언급한다. 이와 함께 수많은 부정부패에도 불구하고 18년 동안 일관되게 진행되어온 지도자의 지도력도 평가한다. 지도력에 대한 이러한 언급은, 남미와 필리핀 같은 빈번한 정권교체에서 오는 혼란을 우리나라가 피할 수 있었기 때문이라고 볼 수 있다.

'프레이저 보고서'에서 또 하나 주목해서 봐야 할 사항이 PL480이라는 미국의 잉여농산물을 처리하기 위한 농업수출진흥 및 원조지원법이다. 박정희 정부는 이 잉여농산물 지원을 통해 농민의 생활을 개선시킨다는 본래 목적보다는, 공화당을 비롯한 집권세력의 부정부패를 일삼거나 국가 시책을 잘 따르는 이들에게 베푸는 호혜성 물자로 이용하였다. 수출경제를 위해 저곡가 정책을 유지해야 했던 당시의 박정희로서는 천군만마를 얻은 것과 다름없었다. 결과적으로 미국의 잉여농산물 원조는 박정희의 검은 뱃속을 더욱 부풀렸으며, 국내 농업생산력의 발전을 저해하고 생산구조를 기형화하여 농산물 생산의 완전한 자립화를 더디게 하고 농촌을 황폐화시켰다는 지적이 있다.

연평균 성장률이나 냉전이라는 시대적 배경, 그리고 '프레이저 보고서'의 평가 등으로 판단할 때, 박정희는 부패한 군인이자 친일과 친미로 자신의 영달을 추구한 독재자일 뿐이고, 경제적인 혜안이나 능력이 출중했던 사람은 아님을 알 수 있다.

산업자본 형성 과정의 성과(내적 축적과 외적 축적)

1960~70년대 약 20년간의 한국경제를 공업 발전에 초점을 두고 평가하자면, 재벌과 대기업 등으로 대표되는 경제 주체의 내적 축적과 외적 축적이 이루어져 발전의 동력이 생겼다는 사실은 부정할 수 없다. 그러나 그러한 축적은 '조국근대화론'이란 미명하에 서민과 농어민과 같은 미시적 주체들을 억압하여 이루어진 성과여서, 지속적인 발전과 체질 개선은 어려웠다는 것이 사후 판단이다('조국근대화론'과 당시 야당 정치인 김대중의 '대중경제론'에 대해서는 3장에서 자세히 살펴볼 것이다). 박정희의 이러한 경제 모델로는 선진국으로 진입하는 데 치명적인 약점이 있으며, 이는 박정희 정권 말기의 혼란과 몰락을 가져오게 된 또 하나의 계기가 된다.

결론적으로 박정희 경제는 차입경제와 수출경제의 상호 보완적인 관계를 이용하여 대외적 축적을 이루어 가는 모델이라고 할 수 있다. 또한 산업자본의 형성이라는 미명 아래 중소기업이나 국민에게 가야 할 부를 일부 재벌에 집중함으로 내적 축적을 이루어 나갔다고 할 수 있다. 박정희 정권의 차입경제는 경제발전을 위한 기간산업 육성과 공업화를 명목으로 해외차입과 생산재 수입에 주력하게 된다.

일반적인 경제 환경에서는 수출과 수입이 적절한 균형을 이루고, 수입 또한 생산재와 소비재가 적절한 균형을 이루어야 사회 전체의 경제적 발전이 균형 있게 진행되는데, 박정희 집권기의 수입은 전체 수입 중 약 86~92%가 생산재 수입이었다. 이러한 정책으로는 내적 확대를 이룰 수 없을 뿐만 아니라 필연적으로 무역수지 적자로 이어져, 이를 해결하기 위하여 국내 경제는 더욱 수출 위주의 정책으로 진행되어야 했다.

수출 주도형 경제와 중화학공업의 명암

수출 위주의 경제정책은 일부 수출 대기업을 제외한 중소기업이나 개별 국민의 내적 희생을 바탕으로 이루어질 수밖에 없었다. 차입경제와 수출경제가 불균형적으로 커지면, 극단적인 무역수지 적자를 메우기 위하여 국가는 과도한 수출경제를 운영해야 한다. 그리하여 국내에서는 비싸게 팔고 해외에는 원가 이하의 출혈 수출을 하게 되는 이중 가격 정책을 추진하게 되는 것이다. 또한, 제조업 노동자의 임금은 수출 경쟁력을 위해 의도적으로 낮게 유지되었고, 그러한 환경에서 조직된 노동자는 극도로 제한을 받았다.

1960년대 대부분과 1970년대 초반까지, 농산물 가격은 도시 노동자의 불만을 제어하기 위하여 낮게 유지되었다. 이것은 농촌과 농업의 발전을 방해하였으며, 모든 영역에서 사회복지는 경제개발 뒤편으로 밀려났다. 박정희 정권이 이러한 불균형 성장 정책은 수출 중심의 외적 축적과 재벌에 집중된 내적 축적으로 이어졌지만, 그렇다고 외적 환경이 호전되지는 않았다. 박정희 집권기간 동안 우리는 극심한 무역수지 적자를 경험하게 된다. 수출을 늘리면 늘릴수록 수입은 더 늘어가고, 무역수지는 더욱 악화되는 현상이 박정희 집권 내내 18년 동안 지속되었다.

특히 1970년도 이후에는 중화학공업에 집중적인 투자가 이루어져 무역적자는 더욱 커져 갔다. 현재 우리 경제에 대한 기여도만 따져보아도 반도체나 IT산업이 기여도가 크고 중화학공업은 기여도가 미미하다고 할 수 있다. 중화학공업 부문은, 불황 때마다 반복되는 구조조정 자금 투입 등으로 장기적으로는 국가 경제에 공헌하지 못하고 있다. 우리나라에 반도체나 IT산업이 없었다면, 끝없는 호황과 불황을 반복하고 10년 주기로 국가의 구조조정 자금이 투입되는 박정희식의 중화학공업 육성 정책 때문에 아직도 선진국의 문턱을 넘지 못했을 거라는 평가를 감히 내려 본다.

차입경제와 수출경제, 재벌 집중의 박정희식 경제 모델은 전두환과 노태우 집권 시기에 3저 호황과 대외적인 여건의 호전으로 고도성장하는 듯하다가, 김영삼 대통령 집권기 말에 구조적 모순을 드러내며 IMF 환란의 국가 위기를 맞게 된다.

IMF 환란 이후, 박정희의 차입경제와 수출경제의 구조적 모순은 외부로부터 강요된 구조조정으로 극복되는 듯했으나, 한번 집중된 재벌의 경제력은 오늘날까지 한국경제의 장래를 어둡게 하는 부정적인 요소로 남아 있다.

포항제철과 경부고속도로 그리고 역대 대통령의 성과 비교

전두환 집권기에 고도성장을 이룬 것은 3저 호황의 세계경제 여건이 가장 컸다. 또한 박정희 집권 말기부터 최규하 시절까지 2~3년에 걸친 짧은 조정기를 거쳤기 때문에 전두환 정권기의 경제성장이 높았던 것도 있었다. 비록 전두환 본인이 부패했고 일부 부패한 군부 세력들도 있었지만, 그들은 박정희 시대처럼 군인들이 경제나 외교 등 모

1970년 7월 개통된 경부고속도로

든 부분에 직접 관여하는 형태로 부패한 자금을 챙기지는 않았다. 전두환은 재벌들로부터 일정한 금액을 수금한 후, 경제는 관료에게 맡기고 부패한 군인들의 경제 간섭을 막아냈다.

박정희 지지자들이 박정희의 업적을 말하며 포항제철과 경부고속도로의 치적을 주로 이야기하지만, 이와 관련한 내막도 자세히 살펴봐야 한다. 포항제철은 일본의 신일본제철이 고로(高爐)를 새로 바꾸면서 쓸모없어진 고로를 차관 형태로 도입했다는 주장이 있다. 일본 입장에서는 고로를 폐기시키려면 돈도 많이 들고 산업폐기물로 묻어야만 되는 골칫덩어리였는데 한국에서 오히려 돈을 주고 사겠다고 하니 꿩 먹고 알 먹는 일이었던 셈이다. 이러한 낡은 고로 도입과 관련된 돈거래가 군부의 리베이트 때문이라는 시각도 존재한다. 포철 초기에 질 나쁜 제품들을 20여 년 동안이나 국민들이 사용해준 덕분에,

세계에서 남부럽지 않은 제철소를 가지게 된 것이다. 그러나 당시 건설, 조선이나 자동차 업계에서는 질 나쁜 철강이나 강판 때문에 실제 기업 경쟁력이 떨어지게 되었다는 지적도 있다(박정희 대통령과 포철 신화에 대한 이야기는 뒤에서 다시 다룰 것이다).

경부고속도로도 차분히 계획을 세워 시작하기보다, 무계획적으로 불도저식으로 밀어붙여 외국에서는 고속도로라고 불릴 수 없는 꼬불꼬불 곡선 고속도로가 만들어졌다는 비판이 존재한다. 이후 40여 년 동안 건설비의 수백 배에 달하는 유지비가 발생하는 등, 투입자본 대비 저성과 결과물이라는 것이다.

박정희 경제 신화 논쟁은 계속될 것인가?

역사적으로나 통계적으로 박정희 집권기간 동안 경제가 급성장하였고 집권 이전의 절대빈곤 시절과는 비교할 수 없을 정도로 경제가 발전하였다는 것은 부정할 수 없는 사실이다. 그러나 역대 대통령의 집권기간 성장률을 비교할 때, 이승만 때의 4.1%의 성장률은 비록 가장 낮았으나 종전 후 잿더미 속에서 맨손으로 전후 복구를 하였고, 박정희 시대의 성장을 위한 전력, 비료, 시멘트 등 기간산업의 발전이 있었기에 이후의 경제발전이 이루어 질 수 있는 기반이 되었다.

다른 역대 집권자들의 경제 여건을 보더라도, 전두환은 2차 석유파동의 후유증을 감내해야 했고, 김대중 대통령도 IMF 환란 극복에 전력을 기울여야 했다. 노태우와 김영삼 시절도 민주화의 과도기와 박정희 이래 억눌렸던 민간 부분인 가계와 노동자의 요구가 급증하며, 경제체제가 구조조정 되는 희생과 어려움을 겪기도 하였다. 그러나 박정희 집권기는 유례없는 장기간의 호황이 이어졌던 시절이었다. 또한, 미국의 경제계획 지원과 원조, 대일청구권 자금 유입, 우리 군인들의 목숨의 대가인 월남 특수, 또 서독 파병 광부와 간호사로부터의 임금 유입, 그리고 우리 생산 노동자들의 피와 땀의 결실인 중동 건설 특수 등이 외부 요인들로 존재하였다.

우리 군인들의 목숨과 해외 근로 노동자들의 피와 땀이 고스란히 박정희의 치적에 스며들었고, 농민과 노동자의 희생과 근면한 국민들의 피땀으로 이루어낸 경제발전이 오로지 박정희의 공으로 둔갑되었다는 분석이다. 또한 박정희 집권기간에는 높은 지가상승률과 물가상승률, 빈부격차 심화 등의 부작용도 감안해야 하며, 높은 물가상승률과 지가상승률만큼 경제성장률에 거품이 있음을 감안해야 한다.

결론적으로 과거 1960~70년대 우리 경제의 고도성장은, 실질적으로 경제에 무능하였던 박정희 대통령 덕분이 아니라, 탄압받고 억압받은 민주시민, 그리고 농촌 황폐화를 강요받은 농민과 저임금의 도시 노동자, 월남 파병 군인, 해외 건설 노동자, 그리고 그 시대를 살아간 우리 부모님들이 있었기에 가능했던 것이다. 박정희가 아니라 그들 한 사람 한 사람들이 한국경제 성장의 주역이라고 당당히 외쳐야 한다. 박정희 경제 신화는 한마디로 조작된 헛된 망상일 뿐이다.

2장 1997년 IMF 외환위기 원인 논쟁
– 미국의 금융자본 vs 일본의 생산자본

IMF 외환위기의 의미

1990년대를 살아온 대한민국 국민이라면 1997년 12월의 가슴 아픈 역사를 결코 잊을 수 없을 것이다. 이른바 'IMF 외환위기'라 불리는, 나라의 경제주권을 IMF가 파견한 외국인들에게 통째로 넘겨야 했던 초유의 사태 말이다. IMF 관리체제에서 우리 국민들은 급격한 경기 침체와 기업의 대량 부도, 그리고 대규모 실업이라는 고통을 감내해야 했다.

1997년 12월 IMF 사태가 터진 후, 대한민국에서는 한 달 만에 무려 3,300여 개의 기업이 도산한다. 실업률은 두 달 만에 3.7%에서 8.7%로 급상승, 단군 이래 최악의 경제위기 상황을 실감케 하였다(우리나라 실업률 통계는 불완전 취업자와 취업 포기 실업자를 포함하지 않아 실제 실업률은 통계상의 수치보다 3~4배가 많다). '아시아의 호

1997년 12월 3일, 임창열 당시 경제부총리가 IMF 구제금융 양해각서에 서명하고 있다.

랑이'라 불리며 눈부신 경제성장을 이어가던 대한민국은 외환위기 이
후 한동안 벼랑 끝으로 추락하였다. 외환위기를 겪기 전, 우리나라는
역사상 최대의 호황을 누리고 있었다. 사상 최대의 수출과 무역흑자
를 기록하였고, 이에 한껏 고무된 김영삼 정부는 꿈에 그리던 OECD
회원국 가입에 성공했다.

　그러나 OECD 회원국 가입 이면에서 한국경제는 심각한 문제의 전
조를 보이기 시작하였다. 김영삼 정권 마지막 해인 1997년 1월부터
한보철강을 시작으로 50대 대기업과 대형 건설사들의 부도와 법정관
리 소식이 끊이지 않고 들려왔다. 결과적으로 우리나라는 IMF 관리체
제를 경험한 다른 국가들에 비해 매우 짧은 기간에 위기를 극복하고
회복했지만, IMF 외환위기는 우리 사회에 막대한 후유증을 불러왔다.

일상적인 고실업, 자살률 급증, 가정의 붕괴와 이혼, 가족 해체, 출산율 저하, 계층 양극화, 고용불안, 청년실업과 같이 오늘날까지 지속되는 문제들이 바로 이때 우리 사회에 깊이 뿌리를 내렸다.

종합금융회사의 외환위기 책임론

1997년 외환위기의 원인을 이야기할 때, 지금도 많은 논문이나 연구서들은 종합금융회사의 단기 외화차입이 가장 큰 원인이었다고 단정한다. 당시 언론 보도의 영향으로 아직도 많은 사람들은 종금사의 무분별한 단기외채가 외환위기의 주범이라고 이야기한다. 그러나 정부 기관의 공식 문서나 규모 있는 경제연구소의 보고서를 살펴보면 종금사의 단기 외채 책임론은 빠져 있다.

IMF 외환위기 당시 종금사의 외채 규모는 총 외채의 1/10(전체 종금사의 외채 대비), 혹은 1/100(전환종금사의 외채 대비)밖에 되지 않았다. 전환종금사는 외환위기 당시 1차로 영업정지를 당한 종금사들로, 1996년 하반기에 투자금융사에서 종금사로 전환한 14개 회사를 말한다. 이들은 외환 업무보다는 단기금융 업무를 주로 취급하였다. 영업정지를 당한 종금사들의 여수신을 이어받아 가교 종금사인 한아름종금사가 자산 처리를 했는데, 14개 전환종금사의 외채 규모는 모두 14억 달러로 1,200~1,300억 달러에 이르는 은행권 외채 규모의 1.1% 정도에 불과했다.

IMF, 구제금융 조건으로 종금사의 영업정지 요구

1997년 11월 말 임창열 경제부총리가 IMF에 구제금융을 요청하자, IMF는 전제조건으로 종금사의 영업정지를 요구하였다. 애초에 우

〈우리나라 장단기 외채비율(World Bank 기준)〉

	단기외채	장기외채	총 외채	단기외채 비율
1990	14,341.3	17,358.0	31,699.3	45%
1991	17,237.0	21,898.0	39,135.0	44%
1992	18,511.0	24,308.2	42,819.2	43%
1993	19,164.7	24,705.0	43,869.7	43%
1994	30,391.1	26,458.4	56,849.5	53%
1995	45,301.2	33,137.3	78,438.5	57%
1996	60,984.2	43,711.1	104,695.3	58%
1997	51,225.0	69,572.0	120,797	42%

외환위기 이전 연평균 외채 비율. 1997년 총 외채가 1,208억 불 정도이며, IMF 외환위기 직전인 1997년 10월에는 1,400억 불에 이르기도 했다.(출처: 한국은행, 단위: 백만 달러)

리 정부는 대상 금융기관을 나누어 종금사는 1월, 은행은 3월, 그 밖의 금융기관은 6월 실사하여 그 결과를 가지고 정리하겠다는 방침이었으나, IMF는 단기금융을 취급하는 종금사부터 즉시 영업정지를 시키지 않으면 협상에 임할 수 없다고 압박하였다(당시 종금사에서 근무했던 필자는 새정치국민회의의 경제전문위원들에게 단기유동성 문제와 IMF 외환위기 관련 다양한 정보를 제공하고 그 대책을 협의하였던 경험이 있어 그때의 상황을 뚜렷하게 기억하고 있다).

그들이 요구한 협상의 전제조건은 먼저 국내에서 단기금융 업무를 취급하던 전환종금사들을 영업정지시키라는 것이었다. 협상 테이블에 앉는 조건으로 전환종금사의 영업정지를 요구한 이유는, IMF가 빌려주는 자금의 안정성을 확보하는 수단으로서 국내 이자율을 올리려는 것이었다. 이에 우리 정부는 IMF 대표들과의 본격 협상에 앞선 12

외화 자산			외화 부채	
중장기 자산		135.2(92.9)	중장기 부채	50.8(35.3)
	외화대출	16.2(11.1)	(Bank Loan)	23.8
	외화리스	95.3(65.5)	(외화증권 발행)	24.5
	유가증권	23.7(16.3)	(한은수탁금)	2.5
단기 자산		10.4(7.1)	단기 부채	93.3(64.7)
	외화 예치금	2.5	(초단기 차입금)	25.4
			(기타 단기차입금)	67.9
외화자산 계		145.6(100.0)	외화부채 계	144.1(100.0)

1997년 8월의 종금사 외화채무 현황으로, 연중 최고인 144억 달러를 기록했다. 12월에는 110억 불대로 규모가 축소된다.(단위: 억 달러, 출처: 한국은행, ( )안은 구성비)

월 3일 전환종금사 9개사에 1차로 영업정지 조치를 실시하였고, 2차로 12월 10일 추가 5개사에 영업정지를 내리는 등 총 14개사에 영업정지를 실시한다.

　외화채무 규모가 훨씬 큰 은행들 대신, 왜 단기금융 업무를 주로 하는 전환종금사의 영업정지를 요청했는지에 주목해야 한다. 결론을 먼저 말하자면 IMF 대표들은 국내의 이자율을 급속하게 올려야 할 필요성이 있었다. 한국 정부와 구제금융 협상이 조인되어 IMF의 자금이 들어왔는데도 한국에 유동성 위기가 계속된다면 국가 경제의 디폴트를 피하기 어렵게 된다. 그런 상황이라면, 그들이 투입한 IMF 자금을 상환받지 못하는 상황이 올 수도 있다. IMF 입장에서는 국내 금리를 높여서 외화 자금이 빠져나가지 않게 하고 외부에서 더 많은 자금이 높은 금리를 미끼로 들어올 수 있는 환경을 만들기 위하여, 단기금융을 취급하는 금융기관의 영업을 정지하려 한 것이다.

　물론 급격한 금리 상승은 그렇지 않아도 차입이 많은 국내 기업과 경제 주체들에 큰 타격을 주겠지만, 그들 입장에서는 대한민국의 기업이나 경제 상황보다 자기들 자금의 안정성이 중요했기에 손쉬운 금리 인상 정책을 쓰려고 했던 것이다. 실제로 당시 IMF의 요구에 의해 1차로 전환종금사 9곳을 영업정지 시킨 12월 3일 당일 단기 이자율은 하루 전의 13%에서 20%까지 올랐고, 이틀 후인 5일에는 25%까지 급등한 사실이 이를 증명한다.

정부 입장에서는 종금사 대신 은행을 보호해야만 그나마 남은 국내 금융계의 명맥을 유지할 수 있었다. 당시 단기금융을 취급했던 종금사들은 1997년 1월부터 계속된 기업들의 부도 사태에 단기 대출자금의 만기연장을 거둬들일 수밖에 없었고, 그로 인해 여름부터 언론으로부터 많은 원망과 비난을 듣고 있던 상황이었다.

종금사는 박정희 경제의 산물이자 외환위기의 희생양

그렇다면 왜 언론은 종금사를 외환위기의 주범이라고 몰았을까? 외화채무 규모가 작았다고 해서 책임이 없는지를 우선 따져보자. 이를 논하기 위해서는 애초에 종금사가 어떻게 탄생했고, 어떠한 영업을 했으며, 우리나라 경제와 금융 체제에서 어떤 역할을 했는지 살펴봐야 한다.

종금사의 탄생은 1976년 박정희 정부 체제에서 이루어졌다. 당시 우리나라는 은행, 증권, 투신으로 대표되는 일본식 금융제도를 따르고 있었고, 이는 IMF 외환위기 직후인 2000년대까지 이어졌다(자세한 내용은 5장의 'IMF 외환위기 이후 금융구조 논쟁' 참조). 일본식 금융체제는 영국의 머천트뱅크(Merchant Bank, 수출환어음을 중개하는 일을 주로 함)나 미국의 투자은행(Investment Bank) 같은 부문의 금융기관이 취약하여, 주로 관치금융에 익숙하고 정부의 지시나 간섭에 따라 대출한 다음 부실이 생기면 정부 보조로 정리·운영한다.

박정희 대통령이 수출경제를 표방하자 수출기업과 대기업들을 지원하기 위해 머천트뱅크와 투자은행을 모델로 하는 5개의 새로운 형태의 종합금융사들이 1976년 설립되었다. 이 회사들은 6개월 이내의 예금과 대출을 취급하는 단기금융 업무, 국제금융 업무, 리스와 투자신탁 업무를 주로 하여, 선진국의 머천트뱅크와 투자은행을 모델로 삼아 금융 경쟁력을 높이려 했다.

그러나 이들 5개 선발 종금사들은 IMF 외환위기 당시까지 환 헤지 등으로 리스크가 크고 복잡한 국제 업무보다는 손쉬운 리스와 단기금융 업무를 주로 취급하였다. 규모가 작은 당시 종금사로서는 지금처럼 환 헤지가 자유롭지 않은 환경에서 환율 위험 때문에 대규모 은행과 같이 국제금융 부분에 비중을 두기가 어려운 실정이었다. IMF 외환위기 당시 이들 선발종금사의 총 외채 규모는 100억 정도였고 가장 많을 때가 140억 정도로, 은행권의 1/10도 되지 않는 규모였다.

선발종금사와 달리 전환종금사는 김영삼 정부의 작품이었다. 당시 정부는 OECD 진입에 따른 금융시장 개방을 앞두고 금융산업의 경쟁력을 높이고자 단기금융 업무만 취급하던 투자금융사를 종금사로 전환, 기존 일본식 금융제도에 따른 약점을 극복하고 미국식 투자은행 업무의 경쟁력을 높이려 했다. 그리하여 전환종금사들에게도 선발 종금사들처럼 기존 단기금융 업무 외에 국제, 리스, 투신 등을 허용하게 된다. 그런 이유로 외환위기를 1년 앞둔 1996년 하반기 서울 8개, 지방 6개 등 총 14개의 투자금융사가 종금사로 전환하였다.

이런 상황에서 종금사들은 리스와 투자신탁 업무를 주로 하였고,

국제 업무는 환 헤지와 외화자산 운용 등 업무가 매우 복잡하여, 업무를 아직 개발하지 못했거나, 개발했더라도 소규모로 운영할 수밖에 없는 형편이었다. 그런 사정으로 외환위기 당시까지 전환종금사들은 외화차입을 전혀 하지 않았거나 소규모만 유지하여, 14개 전환종금사 전체의 외화차입 규모가 은행권의 1.1%밖에 되지 않는 14억 달러 정도에 머물렀던 것이다.

OECD 가입으로 멈춘 단기자금의 성장 메커니즘

외환업무와 별도로, 종금사는 박정희 시대의 차입경제와 수출경제를 지원하기 위해 만들어진 시대의 산물이었다. 성장하는 경제체제에서 기업이라는 경제 주체는 돈을 빌려 공장을 지어 운영하기만 하면 높은 이자를 내고도 이윤이 남았다. 박정희 경제가 자본 축적이 충분히 되지 않은 상태에서 국민의 희생을 무릅쓰고라도 이루려고 한 수출 주도 · 중화학공업 중심 경제체제에서는 대규모 공장을 지어야 했으며, 이런 대규모 공장을 건설할 자금이 부족하여 차입경제에 의존할 수밖에 없었다.

이러한 상황에서 당장 사용하지 않는 단기자금들을 끌어모아 또 다른 대출을 일으키면 성장하는 경제에서는 많은 도움이 된다. 당시 기업이나 가계는 하루라도 여유 있는 돈이 있으면 단기금융 업무를 취급하는 종금사나 투자금융사에 맡겨 연리 10% 이상의 이자를 받을 정도였다. 정부는 이러한 단기자금을 모아 중화학공업에 대규모 설비투자를 하거나 수출경제를 운영하는 대기업에 빌려주고자 종금사를 만든 것이다.

종합금융사는 6개월 이하의 CD(양도성 예금), RP(적격증권) 등을 취급하고 종금채나 회사채를 발행했으며, 이러한 단기자금을 모아 기업을 대상으로 6개월 이하의 단기대출만 하였다. 6개월 이상의 돈을 빌리려면 은행에 가야 했다. 이러한 종금사의 단기금융 업무는 성장하는 경제 체제에서는 많은 이점이 있었다. 박정희·전두환·노태우 집권기에는 종금사의 단기자금도 한국경제의 성장 메커니즘에 대단히 유용하게 작동하였다. 그러나 OECD 선진국 그룹에 가입하고 성장률이 정체되는 김영삼 정부 말기에는 단기금융의 성장 메커니즘이 더 이상 작동하지 않게 되었다.

종금사의 여신(대출업무)은 6개월 이하만으로 이루어지기에 담보취득이 불가능하여 대부분 신용여신으로 이루어진다. 그리하여 신용도가 떨어지는 중소기업보다는 신용이 우수한 대기업에 여신의 대부분이 이루어질 수밖에 없다. 하지만 대기업 입장에서는 기업이 망하지 않는 한 6개월 대출 기한 후에도 계속 만기가 연장될 수 있었기에, 단기 운전자금으로 써야 할 종금사의 단기여신을 공장을 짓거나 장기운전자금으로 사용한 것이 문제의 핵심이었다.

차입경제와 수출 주도 경제가 IMF 외환위기의 근본 원인

OECD 선진국 그룹에 가입한 후 성장률이 정체되자, 종금사에서 연 11~13%의 이자를 쓰고 있던 기업들은 이자를 갚는 일도 어려워졌다. 장단기 부채를 가리지 않고 차입경영을 한 한보철강과 우성, 기아자동차 등의 기업들이 먼저 부도 위협에 몰렸다. 장기 시설자금을 들여와 공장을 지었어야 했는데(시설자금 대출은 보통 10년 거치 10년 상환과 같이 장기로 이루어진다), 6개월이 최대인 단기자금으로 공장을 세우고 기계설비를 구입했던 것이다.

만기 때까지 이자를 잘 내고 급격한 신용 저하가 없었다면 돈을 빌려준 입장에서는 만기를 계속 연장했겠지만, 이자를 못 내거나 신용에 현저한 저하가 생긴 기업들에게서는 빌려준 돈을 회수해야 한다. 이런 과정에서 단기금융 시장의 경색이 일어나고, 외부적으로는 동남아 외환위기까지 더해져 우리나라의 외환위기가 시작된 것이다. 결론적으로, 외환위기 당시 종금사들의 단기 외화채무 과다로 인하여 외환위기가 일어났다는 주장은 명백히 사실이 아니지만, 외환위기의 시발점이 된 대기업들의 단기대출에 대한 연장 거부로 연쇄부도 사태의 1차적 원인 제공자였다는 사실은 부정하기 어렵다고 할 것이다.

그러나 단기금융에 치우친 종금사의 업무 행태와 대기업들의 무분별한 차입경영만으로 IMF 외환위기의 원인을 찾기에는 부족함이 있다. 이러한 사태는 박정희의 차입경제와 중화학공업 위주의 수출 주도 경제, 그리고 이를 지원하기 위한 단기금융제도와 종금사, 경제구조나 금융구조의 체질개선 없이 성급하게 추진되었던 김영삼 정부의 OECD 가입 등 많은 것이 복합적으로 작용하여 일어났다고 보는 것이 옳다.

그러나 다른 한편으로 외환위기는 1997년 7월 태국과 인도네시아에서 시작된 것도 사실이다. 국내적 원인과 별개인 외부적 원인이 시발점이 된 것이다. 내부보다 외부 요인에 주도되는 수출경제, 대규모 차입금이 발생하는 중화학공업 중심의 차입경제의 구조적인 취약성 때문에, 우리나라가 외환위기를 유발한 동남아국가보다 더 큰 영향을 받게 되었다. 외환위기를 초래한 외부 원인들을 살펴보기 위해, 당시 동남아시아 경제와 엔화 동향에 주목해 보자.

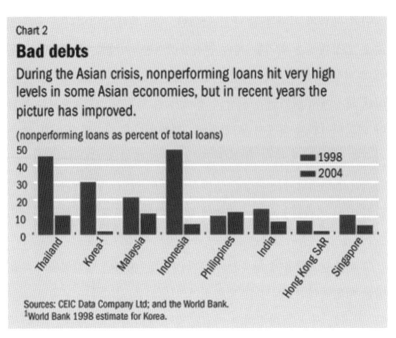

Bad debts

During the Asian crisis, nonperforming loans hit very high
levels in some Asian economies, but in recent years the
picture has improved.

(nonperforming loans as percent of total loans)

Sources: CEIC Data Company Ltd; and the World Bank.
[1]World Bank 1998 estimate for Korea.

1998년과 2004년 아시아 주요 국가들의 악성 채무 현황 변화. 표 = IMF 제공

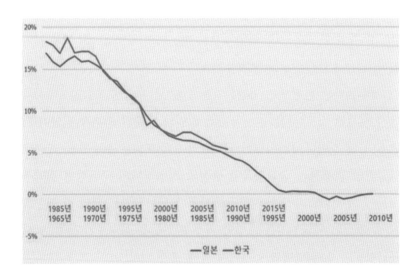

한국과 일본의 명목 GDP 성장률 = KDI 자료

일본의 고도성장과 동남아 외환위기의 인과 관계

일본은 박정희 집권 시기인 1960년대에는 연평균 14~19%, 1980년대에도 10% 이상의 고도성장을 이어간다. 일정 수준 이상의 성장은 버블경제로 이어지고 심각한 경제위기를 낳는 법이다. 이런 점에서 일본은 고성장을 연착륙시켜야 할 자체적인 필요성도 있었다. 1985년 9월 일본은 대일 무역적자가 큰 국가들의 압력에 굴복하여, 이른바 '플라자 합의'를 하게 된다. 합의된 내용의 골자는 달러 환율을 내려 엔화 가치를 지속적으로 상승시키는 것이었다.

합의 당시 1달러당 240엔 수준이었던 환율이 1995년 4월에는 80엔으로 떨어지면서 3분의 1 수준으로 엔화 대비 달러 가치가 급락하여 급속한 엔고 현상이 발생하였다. 플라자 합의 이래로, 일본은 '엔고 불황'을 극복하기 위해 적극적으로 해외와 아시아에 진출해야만 했다. 임금 등 생산 비용이 싼 아시아를 생산 거점으로 삼아 엔고 불황을 이겨내려 한 것이다. 당시 동아시아는 일본 기업의 직접투자 바람을 타고 '기적적인' 성장을 이뤄냈지만 이들 국가들도 오래지 않아 과잉투자와 거품이 발생하게 되었다.

한편 일본 내에서는 고도성장으로 인해 넘치는 수출대금들이 은행에 과도하게 쌓여, 물가상승률에도 못 미치는 실질적 마이너스 금리가 이어졌다. 이 자금들은 고도성장 과정에서 축적된 수출자금이었다. 1995년 '역플라자 합의'에 의해 엔화가 약세로 반전되기까지, 이 수출자금들이 일본을 탈출하여 동남아뿐만 아니라 미국의 서부와 동부 그리고 맨해튼의 부동산까지 사들이며 전 세계를 누비게 된다. 반면 미국은 제조업이 일본에 밀려 퇴조하면서 영국처럼 금융산업이 그 자리를 메우게 되었다.

흔히 고도화된 생산기술과 수출에 의해서 벌어들인 자금을 '생산자본'이라고 하고, 미국과 영국 등에서 금융투자 등으로 벌어들인 자금을 '금융자본'이라 부른다. 미국의 선물시장은 1848년 시카고 선물거래소가 생긴 후 주로 상품선물만 거래되다가, 1972년 주식, 금리, 외환 등에 투자하는 금융선물이 만들어지고, 1991년 이후 상품선물을 앞지른 후 기하급수적인 성장을 하게 된다. 1990년대 중반에는 전 세계 자본들이 앞다투어 선물시장에 유입되었다. 선물시장이 전 세계의 유동성을 끌어모으자, 동남아와 미국의 부동산까지 묻지마 투자를 한 일본의 생산자본들이 영향을 받게 된다.

그러던 차에 1995년 초 역플라자 합의로 달러가 강세로, 엔화가 약세로 바뀌면서 자금의 흐름이 역류하기 시작하였다. 외국 투자가들이 동아시아에 묻어뒀던 돈을 달러로 바꿔 이탈하는 과정에서 태국과 인도네시아의 외환위기가 터지게 된 것이다.

이런 위기를 가속화시킨 것이 일본의 금융제도였다. 과거 일본이나 한국의 투자신탁은 뮤추얼 펀드가 아닌 개별 펀드 단위의 자유로운 환매가 가능하고 투자자 보호제도가 도입되지 않았었다(일본과 한국에 투자신탁 상품의 투자자 보호제도가 도입된 것은 2000년 이후다).

펀드에 기편입된 채권이 부도나거나 급격한 경제 변동으로 급격한 환매가 요구되면, 실현되지 않은 이익까지 중도 환매자가 가져가는 투자신탁 제도의 결함 때문에 앞서 중도 환매자가 가져간 이익까지 펀드를 환매하지 않은 투자자들이 감당해야 하는 모순이 발생한다. 이는 펀드런이 발생하는 주요 원인이 된다. 동남아시아에 버블이 발생하고 미국 금융자본에 밀려 부동산 투자에서 손해를 입게 된 일본 생산자본의 펀드런이 발생하자, 한국에 투자한 기존 자금까지 급속하게 회수하려는 과정에서 외환위기가 발생했던 것이다.

일본의 장기불황과 구조적 원인

1980년대 일본은 수출 호조로 10%대의 경제성장을 유지하고 있었다. 1985년 플라자 합의에 의해 엔고가 급격이 이루어지는데도, 합의 초기에는 엔고로 인해 더 많은 돈이 들어오게 되었다. 국내에 돈이 넘쳐나자 부동산 가격이 상승하여, 도쿄 내 황실 소유 토지 가격이 캘리포니아 주 전체의 토지 가격을 넘어선다는 말이 있을 정도였다.

넘치는 외화를 기반으로 일본은 국내 자산 가격 상승뿐만 아니라, 미국 맨해튼의 부동산과 동남아 기업에 대한 투자까지 전 세계적으로 자산을 매수하고 있었다. 당시 일본에서도 플라자 합의로 엔고가 계속되면 불황이 오고, 결국 디플레이션이 올 것이라는 것을 누구나 예상하고 있었다. 일본은 예상되는 디플레이션을 극복하기 위해, 가계와 같은 경제 주체들의 수요를 올리고 정부를 통한 공급을 높이는 정책을 펴야 했다. 또한 투자은행과 선물 분야에 취약한 금융구조를 개혁하고 수출 대기업들과 공무원 및 정치인들의 정경유착 고리를 끊어야 했다.

그러나 당시 일본에서는 높은 부동산 가격과 자산 가격 상승으로 인해 국민들의 저축률만 높아지고 수요를 끌어올리지는 못했다. 이들을 견인할 만한 수요증대 정책에 실패한 것이다. 민간뿐만 아니라 기업들도 플라자 합의에 의한 급격한 엔고를 방어하느라 수요를 견인하는 데 실패하였다. 일본 정부는 수요를 견인하는 데 극히 제한적일 수밖에 없는 SOC를 통한 공급확대 정책을 실시하게 된다.

그러나 SOC를 통한 공급확대 정책은 수요를 견인하지 못한 채 부동산과 자산 가격의 거품을 제거하지 못하고 정부부채만 증가시켜, 일본식 장기 불황을 가속화하는 원인이 되었을 뿐이다. 투자은행 업무에 취약하고 선물과 옵션과 같은 파생시장에 취약한 일본의 금융기관들과 수출 기업들은, 환율 변화나 자산 가격 변동에 적절하게 대응하지 못하고 미국과 영국 금융자본의 '봉'이 되었을 뿐이다. 그러한 과정에서 일본보다 맷집이 약한 동남아시아와 우리나라에서 외환위기가 발생한 것이다.

쑹훙빙의 '양털 깎기': 생산자본과 금융자본의 전쟁

쑹훙빙(宋鴻兵)의 『화폐전쟁(貨幣戰爭)』이란 책에 '양털 깎기'라는 말이 나온다. 국제 금융재벌들이 서민의 돈을 빼앗아가는 상황을 양털 깎기에 비유한 것이다. 쑹훙빙은 "국제 금융재벌들은 시중에 유동성을 실컷 풀어놓아 경제적 거품을 조장하고, 투기에 집중하게 만든다. 그런 다음 통화량을 갑자기 줄여 경제 불황과 재산 가치의 폭락을 유도하고, 이때를 기다려 우량자산을 정상가의 십분의 일 또는 수십분의 일도 안 되는 싼 가격에 사들이는데 이를 두고 '양털 깎기'라고 한다"고 말한다.

필자는 과거 IMF 외환위기에서 미국 금융자본이 통화량을 갑자기 줄여 경제 불황과 자산 가치 폭락을 일으켰다는 쑹훙빙의 주장에는 동의하지 않는다. 한국과 동남아에서 IMF 외환위기가 발생한 원인은 일본의 고도성장 과정에서 대외 수출로 벌어들인 생산자본이 동남아와 미국의 부동산에 진출하여 세계경제에 버블을 만들었고, 그런 버블이 꺼지는 과정에서 미국의 금융선물이 유동성을 흡수하는 과정에 있었다고 생각한다. 그리고 일본의 고도성장을 조절하기 위해 엔화가치 상승을 유도한 플라자 합의와 그로 인한 급격한 일본경제의 후퇴를 막기 위하여 엔화를 약세로 전환시킨 역플라자 합의 과정에서 복합적으로 자산 가치 변동이 급속하게 일어난 결과였다고 생각한다.

결론적으로 동남아와 우리나라 IMF 외환위기의 외적 원인은 과거 일본의 고도성장 과정에서 축적된 일본의 생산자본이 새로운 금융제도와 금융선물로 무장된 미국의 금융자본과의 싸움에서 패퇴한 것 때문이라고 볼 수 있다. 한마디로 말하면 일본의 생산자본이 미국의 금융자본과의 전쟁에서 패하여 발생한 것이다. 이로써 일본은 아베정권 때까지 20여 년간 장기 불황에 빠지게 된다.

IMF 외환위기 후기 - 가교 종금사인 한아름종금 청산

IMF 외환위기의 원흉으로 지목되며 업무 정지된 종금사들은 정부에서 가교 종금사를 세워 남은 자산을 처리하게 하였다. 가교 종금사인 한아름종금이 2년여에 걸쳐 남은 자산을 정리하고 청산할 때, 채권자들은 종금사에 따라 채권 금액의 30~70%를 보상받았다. 일반적으로 흑자 부도를 하였다는 회사도 정리하여 청산을 하게 되면 채권 금액의 30% 이상을 받기가 매우 어렵다. 청산 절차가 진행되는 동안에도 남아 있는 자산들이 부실화되어, 청산하는 시점에는 채권 금액의 10% 정도 보상 받는 사례들도 찾아보기가 힘들게 된다. 당시 종금사를 청산하면서 채권자들에게 채권 금액의 30~70%까지 지급했다는 사실은 이들이 IMF 외환위기의 명백한 희생자였음을 증명한다. (책이 처음 출간된 후, 당시 한아름종금에 근무했던 동료들의 증언과 제보가 잇달았다. 70% 채권 청산 소식을 들은 채권자들의 감사 인사가 이어졌다는 미담도 있었다.)

3장 조국근대화론과 대중경제론

대중경제론의 탄생 배경

1960~1970년대 대한민국의 지상과제는 공업화였다. 박정희 정권 초기에는 쿠데타 세력의 무능과 부정부패로 주변국들보다 경제발전이 더디게 진행되었다. 그러나 집권 중반기부터는 이승만 정부와 달리 어느 정도 성과가 나타나기 시작한다. 하지만 그러한 성과는 세계적으로 유례없는 장기 호황이 이어졌던 시절의 산물이며, 교육받은 근면하고 훈련된 국민들이 흘린 피와 땀의 결실이었음을 주목해야 한다. 더욱이 경제개발계획의 수립과 실행까지 미국 정부의 집중적인 지원이 있었으며, 그 밖에도 미국의 원조와 일본의 대일청구권 유입, 우리나라 군인들의 피의 대가인 월남 파병으로 인한 특수, 해외건설특수 등 막대한 외화가 국내에 유입되었던 시절이었음도 빠트릴 수 없다. 박정희 정권은 그러한 혜택을 누리며 경제발전을 이루어갔다.

1970년 4월 1일 포항제철 공장 기공식에 참석해 연설하는 박정희(출처: 국가기록원)

이러한 상황에서 1971년 대통령 선거가 다가오자 당시 유력 야당 정치인이었던 김대중은 1967년부터 틈틈이 완성해온 '대중경제론'을 내걸고 '조국근대화론'으로 무장한 박정희와 대통령 선거에서 맞서게 된다. 하지만 '조국근대화론'과 '대중경제론'은 공히 '공업화'와 '선진화'라는 동일한 과제를 목표로 설정하고 있었다.

'조국근대화론'은 불균형 성장론

앞 장에서 설명했듯이 '조국근대화론'의 핵심은 차입경제와 수출경제를 통해서 국가 주도의 발전을 모색하는 것이었다. 가계나 기업 등 민간 주체가 아닌 국가가 중점적으로 육성할 전략산업을 선택하고, 외국자본과 직접투자를 포함한 국내외 가용 자원을 총동원하며, 이렇

박정희와 맞붙은 1971년 대선에서 선거유세 중인 김대중(출처: 김상웅의 인물열전)

게 동원된 자원을 수출산업이나 중화학산업 같은 전략산업 분야에 편
중 배분하는 '선택과 집중'의 경제정책을 추진하는 것이다. 이러한 과
정에서 금융기관을 국가의 통제 아래에 두고, 그런 금융기관을 통해
시중 금리의 절반도 안 되는 저리로 전략산업으로 선택된 재벌들을
지원하였다.

　성과에 따른 자원을 국가가 배분하는 과정에서 불균형과 불평등이
일반화되었으며, 또한 이렇게 야기된 불균형과 불평등을 무마시키기
위해 국가가 강력한 힘으로 이들을 통제해야 했다. 결과적으로 선택
된 대기업과 재벌들만 혜택을 보게 되었고, 반면에 중소기업과 농어
민, 그리고 도시 노동자나 서민들은 희생될 수밖에 없었다. 이런 과정
에서 독재가 더 심화되었고, 다른 국가에서 쉽게 찾아볼 수 없는 강력

한 군사독재가 탄생하게 된 것이다.

박정희의 유일한 업적이라면, 독재 정권이 민중의 저항에 직면하거나 국민들과 싸우는 과정에서 경제마저 혼란에 빠지는 위험에 처하지는 않았다는 것이다. 세계 다른 독재국가에서 흔히 발생하는 혼란을 박정희는 더 강력한 독재와 탄압으로 막았다.

그런 연유로, 박정희가 18년간 집권하는 동안 불균형과 불평등으로 인한 국민의 고통은 컸지만, 재벌이나 대기업에 대한 부의 집중을 통한 자본 축적이 일관되게 형성되어 강력한 공업화의 주체 형성이라는 면에서는 어느 정도 성공할 수 있었다.

한마디로 '조국근대화론'은 국가 주도의 경제계획을 통해 일부 선택된 경제주체(재벌)들에게 국가의 사회적 부를 몰아주고, 그들을 우선적으로 발전시키는 불균형 발전을 통해 경제성장을 이루어 일반 국민들은 '낙수효과'를 통해 그 성장의 과실을 나누자는 불균형 성장론이라고 요약할 수 있다.

조국근대화론의 명암

박정희의 불균형 성장론이 대기업과 재벌을 통한 산업자본 형성에 큰 공헌을 하였다는 것은 부정할 수 없는 사실이다. 또한 이런 식으로라도 산업자본을 형성하지 못했다면, 오늘날 같은 대기업들과 재벌이 만들어지지 않았을 것이고, 세계 10위의 경제대국으로도 성장할 수 없었을 것이라는 주장이 박정희와 조국근대화론을 지지하는 이들의 주된 논거이다.

그러나 이렇게 불균형하게 성장한 재벌기업들은 전두환과 노태우 집권기의 3저 호황기(1980년대 중반 이후 '저금리, 저달러, 저유가'에 힘입어 국제수지가 흑자로 반전되고 GNP 성장률이 연 8~9% 이상을 기록하는 등 전례 없는 호황을 누리던 상황을 말한다)를 맞아 브레이크 없이 질주하다가 결과적으로 IMF 외환위기의 근본 원인이 되었다. 뿐만 아니라 오늘날의 사회 양극화와 재벌문제를 더욱 심각하게 만들어 한국경제의 고질병을 발생시키고 있기도 하다.

박정희의 불균형 성장론은 재벌기업 몰아주기를 통한 산업자본의 형성과 같은 성과들을 만들어냈지만, 이런 성과들은 중소기업과 농어민, 그리고 노동자와 서민의 희생으로 이루어낸 것이라는 점을 기억해야 한다. 또한 수출 중심의 중화학공업 육성은, 오늘날까지도 잦은 구조조정 과정을 겪으면서 국가 예산의 낭비와 많은 시행착오를 낳기도 하였다.

대중경제론이란 무엇인가?

김대중의 '대중경제론'은 고(故) 박현채 선생의 '민족경제론'으로부터 영향을 받았다. 박현채(朴玄埰, 1934~1995)는 대한민국의 경제학자로서 과거 지리산과 백아산 일대에서 빨치산 활동을 하다가 체포당하기도 하였고, 1964년 인혁당 사건에 연루되어 옥고를 치르기도 한 진보적 교수였다. 김대중 대통령 시절의 경제정책에 영향을 끼친 박현채의 '민족경제론'은 대기업 위주가 아닌 중소기업과 농업을 진흥하게 함으로써 인위적인 대외 의존에서 벗어난 자립 경제를 강조하였고, 신식민주의 이론과 국가독점자본주의 이론을 조합하여 신식민지 국가독점자본주의론을 주장하기도 하였다.

박정희의 수출 중심 중화학공업 육성은 집권기간 내내 많은 문제를 일으켰다. 대규모 중화학공업 공장을 세우기 위해서는 국내 자본 축

박정희 대통령과 육영수 여사가 포항제철 주물선 공장을 시찰하고 있다.(출처: 국가기록원)

적이 없는 상태에서 대규모 외국자본 유입이 필요하다. 또한 기술력 없이 덩치만 키운 중화학공업이 생존하기 위해서는 더 많은 정부의 지원을 받아야 했다.

박정희 경제정책의 핵심 목표인 '수출'을 실천해야 하나, 아직 제대로 된 기술을 갖추지 못한 중화학제품들이 외국 제품과 경쟁하기 위해서는 가격이라도 싸야 했고, 적자도 감수하여야 했다. 이에 출혈 수출을 해야 했고 그 대가로 국내에는 높은 가격에 파는 이중 가격제를 허용해야 했다. 이러한 정책으로 인해 국민들의 피와 땀이 출혈 수출의 갭을 메우며 외국으로 빠져나가는 경우가 많았다. 또한 중간재나 허리 역할을 하는 중소기업의 성장 없이 수출 대기업만 육성하자, 수출 대기업들의 성과는 일반 국민들에게는 돌아갈 수 없었다.

중간재는 일본이나 대만 등에서 주로 수입하였고, 수출을 하면 할 수록 수입이 증가하여 무역적자가 더 커지는 상황이 되었다. 출혈 수출과 중간재 수입 등으로 일자리가 늘지도 않았고, 국민들은 이중 가격으로 고통만 받게 되었다.

이런 문제점에 맞서 '대중경제론'은 거대해진 재벌기업의 횡포로 황폐해진 중소기업을 육성하는 해결책을 제시하였다. 또한 경쟁력 없는 수출 중화학공업의 육성보다 당장 무역적자도 해결하고 실제적인 국민생활 향상에 도움이 되는 수입 대체산업을 육성하는 방향으로의 정책 전환을 주장하였다. 희생하는 농어민들을 위해 자급자족하는 농어촌을 만들고, '조국근대화론'의 이면에서 방치되어온 문제들을 해결하며, 경제 주체별 자립경제를 이루어 국가적인 성장을 이루려 하였던 것이다.

'대중경제론'은 축적의 원천으로서 국가자본과 중소기업을 강조하였다. 재벌에 축적의 원천을 제공하게 되면, 거대한 힘을 가진 재벌에 의해 독점의 폐해가 진행되기 때문이다. 그런 재벌의 폐해는 중소기업과 국민들을 어렵게 한다. 그러나 당장은 중소기업이 그런 역할을 담당할 수가 없었다. 그래서 중소기업이 기술우위를 가질 때까지 국가자본이 그 역할을 하는 것을 허용하고 국가자본이 과도기적으로 축적의 원천이 되어야 한다고 주장한다. 또한 부득이한 외국자본 도입 시에는 이에 대한 철저한 국가 관리를 요구하였다.

1971년 대통령 선거를 앞두고 김대중의 '대중경제론'이 본격적으로 대중에게 알려질 때까지, 재벌들은 초기 형성기부터 정경유착으로 인해 많은 문제를 야기했다. 그래서 김대중은 실질적으로 성장의 효과를 국민들이 함께 누릴 수 있도록 중소기업을 주체적으로 육성하고자 했다. 노동정책으로는 노동자의 경영 참가를 중시하고, 무역정책

민족경제론 저자인 박현채 선생과 책 표지(출처: 한길사)

으로는 수출산업보다는 수입상품을 대체하는 산업을 육성하는 데 역점을 두는 모델이었다.

그런 차이를 바탕으로 당시 김대중 후보는 박정희 정부의 경제를 '특권경제'로 비판하는 한편, '조국근대화론'의 추진 과정에서 나타나는 경제적 모순과 문제들을 해결하기 위해 '대중경제론'이라는 경제모델을 대안으로 제시하였다.

성장률과 정부 간섭을 통한 성장 측면만 본다면, '대중경제론'은 박정희의 '조국근대화론'과 외견상 동일하고 정부의 역할을 중요시하는 우파적인 경제 이념이라고 할 수 있다. 그러나 군사정부가 지나치게 경제에 간섭했기 때문에 필요 이상의 간섭을 배제해야 한다는 점에서는 좌파적이었다. 그 외에 세금 감면, 복지 추구, 대중들의 적극적인 경제 참여 등의 주장은 좌파적 요소라고 할 수 있다. 한마디로 김대중이 주장한 '대중경제론'은 박정희 경제의 대안적 경제 개념이면서, 우파적 요소와 좌파적 요소가 가미된 경제정책이었다.

'조국근대화론'의 성취와 한계

1971년 대선에서 승리한 박정희는 경제성장에 더욱 박차를 가했다. 그러나 박정희 시대 고도성장의 동력은 무엇보다 풍부한 노동력에 기반을 둔 것이었다. 박정희의 '조국근대화론'은 국가가 시장을 선도하여 국가발전을 이룬다는 것이었지만, 국내 시장을 창출하는 데는 한계가 있었다. 그래서 해외에 눈을 돌리고 수출기업을 지원하고, 중화학 공업을 육성하였다. 그러나 기술력 없는 중화학 공업이 경쟁력이 있을 리 없었다.

그리하여 국가는 금융정책과 노동정책을 써서 수출기업과 대기업을 전폭 지원하게 되었다. 만성적인 자본 부족을 겪고 있는 대기업들에게 저금리 차관 등의 형태로 대규모 외국자본을 배분한 것이다. 차관지원 외에, 수출금융이나 산업금융이라는 이름으로 일반 금리의 절반 정도밖에 되지 않는 저리의 자본을 지속적으로 공급하여 재벌 대기업의 경쟁력을 제고하는 것이다. 즉 대기업과 재벌기업에 성장을 위한 부의 축적을 허용하고 이를 통해 경제성장을 견인한다는 것이다. 정부는 이를 뒷받침하기 위해 노동 3권을 보장하지 않고 직접 나서서 노동자를 탄압한다. 억압적 노동 정책과 노동 통제를 통한 '산업평화'와 기업의 저임금 유지를 도모하는 것이다. 사실 박정희의 '조국근대화론'의 핵심적인 경쟁력은 양질의 풍부한 노동력의 희생이었다.

'조국근대화론'의 성취는 통계 확인된다. 박정희 집권기 동안 이승만과 김영삼 집권기보다 높은 연평균 8.5%의 경제성장률을 기록하였고, 1961년 87달러에 불과했던 1인당 국민총생산(GNP)은 1979년 1,579달러로 증가해 절대빈곤에서 벗어났다. 중화학공업화가 본격적으로 진행된 70년대 2차산업이 1차산업을 추월했고, 외견상 중공업

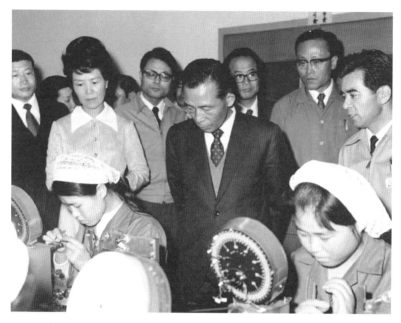
1972년 4월 7일 박정희 대통령 내외의 마산 수출단지 공장 시찰(출처: 김상웅의 인물열전)

의 비중이 경공업을 넘어서는 선진국형 산업구조를 갖췄다. 그러나 그 대가는 컸다. 일차적으로는 국가 경제의 대외 종속 심화가 나타났다. 때마침 불어닥친 오일쇼크에도 국가 경제는 심하게 흔들렸다. 박정희 사후 IMF 외환위기 때도 그런 모습을 볼 수 있었다. 그 밖에 대기업의 경제력 집중, 농업 부문의 희생, 재벌의 성장과 함께 공고화된 정경유착 등은 '조국근대화론'에 내재된 대표적인 그늘이었다.

'대중경제론'은 사라지지 않고 변화할 뿐

박정희 추종자들은 자원 및 인구, 특히 협소한 내수시장을 고려할 때 '조국근대화론'이 제시한 수출지향 산업화가 불가피했다고 이야기한다. 그러나 냉전체제 극복을 위한 경제 변혁기인 박정희의 18년 동안, '조국근대화론'은 한국경제에 심각한 문제들을 초래하게 된다. 재벌 중심의 자본축적과 중화학공업 위주의 수출지향 경제는 전두환, 노태우, 김영삼 시절에도 더욱 공고해져 IMF 외환위기에서 보듯이 한국경제의 구조적 한계를 드러냈다.

1970년대 김대중이 대통령에 당선되어 '대중경제론'이 실현되었다 하더라도 박정희 정권하에서 만연하던 대외종속, 재벌 문제, 중소기업 문제를 해결하기란 쉽지 않았으리라는 평가도 많다. 그럼에도 최소한 박정희 후기 집권기보다는 훨씬 나았을 것이라는 전망을 한다. 노동 문제도 좀 더 사회타협적으로 변했을 것이다. 출혈 수출과 이중가격제로 인한 국민의 고통도 덜했을 것이다. 재벌기업의 폐해나 중소기업 문제, 빈부격차도 훨씬 덜했을 거라고도 전망한다.

'대중경제론'은 '조국근대화론'에 입각한 박정희 경제체제의 문제점들에 대한 대안적 정책 이념으로서 탄생하였다. 1971년 당시에는 대통령 선거에 실패하여 비록 빛을 보지 못하고 잊혔지만, '대중경제론'에 심각한 위협을 느낀 박정희는 대통령 직접선거가 불가능하도록 유신헌법을 만들어 독재를 더욱 공고히 하였다.

초기의 '대중경제론'은 산업화와 공업화라는 시대적 사명에 따라 국가의 적극적 역할을 강조하였다. 그러나 경제가 좀 더 발전한 1980년대에는 시장의 효율적 기능이 강조되는 사회경제적 변화에 따라 '대중 참여경제론'으로 진화하였다. 1997년 대통령 당선 이후에는 외환위기 이후 국제통화기금이 강제한 신자유주의적 구조조정 프로그램을 반영하여 '민주주의와 시장경제의 병행발전론'으로 변모했다.

이후 '대중경제론'은 '경제민주화론'으로 재탄생하게 된다. 2008년

〈대중경제론〉은 첫 출간 이후 국내외에 다양한 판본으로 재출판되었다.

집권한 이명박 대통령은 정부의 역할을 강조하고 재벌에 의한 낙수효과를 중요시하였다. 그는 SOC와 부동산 부양에 올인하는 한편, 원화 절하를 통해 수출을 늘리는 박정희식의 복고 경제를 추구하였다. 결과적으로 이러한 방향이 한국경제를 위축시키자, 이에 대한 대안으로 '경제민주화' 담론이 등장하였다.

'대중경제론'의 변신 원인은 사회경제적인 변화에서 찾아야 한다고 본다. '대중경제론'은 사라지지 않는다. 아직 청산되지 못한 박정희의 경제 유산과 적폐를 해소하는 대안으로서 국민들의 가슴속에 면면히 살아 있는 것이다.

4장 김대중 정부의 IMF 구조조정 해법

　1997년 12월 대통령 선거에서 승리한 김대중 대통령은 취임하자마자 국가부도 사태를 막기 위해 이리저리 뛰어다녀야 했다. 그 당시 대한민국은 정부와 국민이 하나가 되어 뼈를 깎는 노력을 함으로써 IMF 외환위기를 조기에 졸업하였으며, 차입경영에 의존한 부실기업이나 경쟁력 없는 금융기관들을 구조조정하여 세계화 시대에 걸맞은 기업들로 재탄생시켰다는 평가를 받는다.

　그러나 다른 한편에는, IMF 구제금융의 요구조건들이 지나치게 가혹했다는 비판이 있는 것도 사실이다. 당시 김대중 정부는 구제금융 요구조건인 규제완화, 민영화, 시장개방, 정부 역할 축소, 노동시장 유연화 등 신유주의의 핵심 처방들을, 비록 외부로부터의 불가피한 강요에 의한 것이었다고 할지라도 너무 쉽게 수용하였다는 비판을 받기도 하였다. 결과적으로 김대중 정부의 이러한 구제금융 조건 수용은

IMF 외환위기를 극복하기 위한 외화 모으기 운동 모습(출처: 뉴비씨)

신자유주의 물꼬를 터주었으며, 이들 제도의 개혁은 내부의 필요에 의한 것이 아니라 외부로부터 강요된 것이어서 지속적인 면에서나 실질적인 면에서 진정한 개혁에 이르지는 못했다는 평가가 있다.

당시 IMF가 요구한 구제금융 조건은 당시 유행하던 신자유주의 경제의 실천이라는 비판도 있다. 그러나 엄밀히 판단하자면 우리나라에 신자유주의가 도입된 것은 OECD에 가입하려는 욕심으로 김영삼 정부에서 '국제화', '세계화'란 이름으로 추진한 규제완화와 민영화, 시장개방 등이 시초라고 할 수 있다.

IMF 외환위기 초기 대응

우리 국민들에게 IMF 외환위기는 국가적으로 급격한 경기침체와 대량의 기업부도 그리고 대규모 실업이라는 경제적 고통을 안겨준 초유의 사건이었다. 1997년 11월 21일 밤 임창열 신임 경제부총리는 긴급 기자회견을 열어 "국제통화기금에 유동성 지원을 요청하기로 했다"고 발표하고, 12월 3일 아침 협상의 전제 조건인 종금사의 영업정지를 발표하였다. 당일 오후 임창열 부총리와 이경식 한국은행 총재는 캉드쉬 IMF 총재가 지켜보는 가운데 구제금융을 위한 정책 이행각서에 서명한다. 이로써 우리나라의 '경제주권'은 IMF로 넘어갔다.

같은 해 12월 18일 김대중 후보가 제15대 대통령으로 당선되었다. 그는 대통령 취임사에서 "우리에게는 6·25 이후 최대의 국난이라고 할 수 있는 외환위기가 닥쳐왔습니다. 잘못하다가는 나라가 파산할지도 모를 위기에 우리는 직면해 있습니다"라고 선언했다. 그 정도로 당시 우리 사회는 비정상적이고 긴박한 상황이었다. 멀쩡하던 기업과 금융기관이 부도가 나거나 구조조정 등의 압력에 시달렸다. 은행의 이자율이 사채시장 연체이자보다 높고 환율도 천정부지로 올라 가계와 수입 기업들이 부도 위험에 처해졌다.

50년 만의 수평적 정권교체가 이루어졌다지만, 김대중 대통령이 전임 정부로부터 물려받은 건 외환보유고 39억 달러, 원-달러 환율 1965원, 종합주가지수 379포인트의 실적이었다. 김대중 대통령은 취임 전후 외화 유동성 확보에 주력할 수밖에 없었다.

김 대통령은 당선되자마자 국가부도 사태를 막기 위해 대표단을 파견해 IMF와 자금지원 합의 등을 위해 뛰었고, 취임 한 달 만에 214억 달러를 도입하는 성과를 거두었다. 그렇게 여기저기 뛰어다니며 고군분투한 덕분에 천정부지로 치솟던 환율은 안정됐고 금리도 내려갔다 (위키백과 IMF 외환위기 자료 참조).

MF 구제금융의 조건(Conditionality)

IMF는 세계경제에서 금융 통화를 담당하는 국제기구이다. 1997년과 2008년의 세계금융위기 사태에서 볼 수 있듯이 세계경제는 각국이 서로 밀접하게 연관되어 영향을 주고받으며, 여기에는 국가 간 영향력과 국제 공조가 중요한 역할을 한다. 특별히 IMF는 외환위기를 겪는 국가들에 신용을 공여하고, 채무국들의 외환위기 극복 과정에 깊이 관여한다. 그들의 관여는 경제 회복 과정뿐만 아니라 사회 및 경제구조 전반에 걸친 광범위한 영역을 포괄하여 많은 변화를 초래한다. 흔히 IMF의 정책적 관여를 구제금융 요구조건(conditionality)이라고 하는데, 이는 금융과 통화 분야에만 국한되는 것이 아니라 정치와 사회제도 등 사회 전반에 큰 영향을 끼친다는 것이 문제이다.

지나친 고금리로 기업과 가계에 충격

외환위기 직후 IMF는 우리나라에 단기적 금융정책과 장기적 구조개혁을 요구하였다. 당시 IMF가 요구한 단기적 금융정책으로는 고금리 정책과 통화긴축 정책, 재정긴축 정책을 들 수 있다. 당시 IMF는 시중 금리를 급격하게 인상하고, 통화량은 적정 수준 이하로 줄이며, 정부의 재정을 긴축하여 IMF 자금을 상환받는 데 차질이 없도록 하고자 만전의 노력을 기울였다. 이를 위해 앞에서 언급한 '협상의 전제조건'으로 종금사의 업무정지를 요구하였던 것이다. 그러나 이런 행위는 채무국의 경제 상황이나 기업 상황은 고려치 않고 온전히 자기들 자금의 안정성만 도모하는 행동이라고 할 수 있다.

원래 금리 변화는 예측 가능하여야 한다. 예측 가능한 금리 변화가 기업과 가계와 같은 경제 주체들이 금리 인상에 준비할 수 있게 하는 것이다. 그러나 당시 시중 금리는 하루아침에 10%에서 25% 혹은 30%까지 폭등하였고, 급격한 금리 변동에 미처 대비하지 못한 기업과 가계는 큰 충격을 받았다.

IMF는 지나친 고금리 정책으로 타격을 받은 한국경제에 대해 통화량 긴축과 재정긴축까지 요구하였다. 그러한 고금리와 재정긴축에 따른 경기위축은 건전한 기업도 도산시키고, 실업률도 폭등하는 결과를 만들었다. 결과적으로 IMF의 긴축 정책 강요는 지나친 면이 있었다. 다행히 김대중 정부의 발 빠른 대책으로 1998년 2/4분기부터는 이러한 긴축 정책이 완화되어 금리가 10%대로 하락하기 시작하였다.

기업과 금융 노동의 구조조정

IMF가 요구한 또 다른 단기 정책으로는 금융 및 기업 부문 그리고 노동에 대한 구조조정이 있었다. 고정환율제나 국가가 간섭하는 제한적 변동환율제를 폐지하고 완전한 변동환율제를 추진하는 한편, 기업에 대한 구조조정이나 정부 지원을 금지하고 엄격한 시장퇴출제를 채택할 것을 강요하였으며, 경쟁 촉진에 의한 금융산업의 구조조정을 요구하였다. 또한 노동시장의 유연화를 통해 기업과 시장의 자유로운 경쟁을 유도하고, 금융개혁을 통한 재벌의 지나친 차입경영 관행을 쇄신할 것과 기업 경영의 투명성 제고를 요구했다.

사실 고금리 정책이나 급격한 변동환율제와 같은 금융정책을 제외하면, 구조정책 정책은 우리가 언젠가는 받아들여야 할 숙제이자 중요한 의미가 있다. 단 그것이 가계와 기업들이 준비할 시간 없이 너무 급속하게 이루어지지 않는다는 조건이 전제되어야 한다.

박정희식 차입경제와 정부 주도의 중화학공업 위주의 수출경제 체

1998년 1월, 김대중 대통령 당선자가 김우중 회장을 만났다.(출처: 국가기록원)

제를 극복하지 못한 당시의 현실에서는 자본주의적 시장경제 질서가 제대로 수립되었다고 볼 수 없었다. 이것은 비록 IMF가 구제금융의 대가로 요구한 조건이지만, 한국의 기업들이 선진적 기업경쟁력을 갖추기 위해서 넘어야 할 과정이었던 것이다.

한마디로 IMF에서 우리에게 강요한 금융 분야의 요구 조건은 원화 환율을 올려서(원화 가치 하락) 수출을 늘리고, 수입을 줄여서 외환(달러) 보유량을 늘리라는 것이었다. 또한 국내에서는 재정긴축 정책이나 금리 인상 등을 통해 외환 보유고를 늘려 외환위기를 벗어나고, 자기들이 빌려준 IMF 자금을 빨리 상환할 수 있도록 정책을 펼치라는 요구였다.

여기에 덧붙여 기업과 금융도 선진국처럼 M&A나 인수합병이 쉽도록 구조를 바꾸어 신자유주의 경제체제를 갖추라는 것이다.

IMF와 신자유주의

신자유주의(neo-liberalism)란 1970년대부터 떠오르기 시작한 '자본의 세계화' 흐름에 기반한 경제적 자유주의라고 요약할 수 있다. 19세기의 자유방임주의적인 고전적 자유주의의 결함에 대하여, 국가에 의한 사회정책의 필요성을 인정하면서도 자본주의 자유 기업의 전통을 지키고 사회주의에 대항하려는 사상이다. 신자유주의는 정의하는 사람에 따라 조금씩 차이가 있지만 대체로 '시장에서 자유로운 경쟁이야말로 최선의 결과를 낳는다'는 믿음에 바탕을 둔 이념과 정책을 말한다.

신자유주의 이론의 토대를 세운 프리드리히 하이에크는 "시장경제의 자생적 질서를 인위적인 것으로 대체하려면 정부의 영향력이 커지고, 이런 정부는 독재와 전체주의로 흐를 수밖에 없다"고 주장했다. 신자유주의 경제학자들은 "복지국가가 대중의 능동성을 갉아먹고 정부의 각종 규제로 비효율을 낳아 결과적으로 성장이 둔화될 수밖에 없다"고 비판하며, 시장에 대한 각종정부규제의 철폐를 요구한다.

이러한 입장은 '작은 정부, 큰 시장'이라는 구호에서 보는 것처럼, 노동조합도 부정하며 기업 활동에 대한 보조금이나 각종 규제를 없애고, 특히 고용 관련 규제와 정부의 보호 장치를 철폐하도록 요구한다.

재정 정책도 결과적으로 비효율성을 낳는다며 정부의 기능을 극소화할 것을 요구한다. 정부 부문의 축소를 요구하며, 궁극적으로 공기업의 민영화를 주장한다. 한마디로 모든 부문에서 '유연화'를 주장하여, 자본의 승자 독식을 강요한다는 지적도 있다.

신자유주의 이념은 1980년대 미국의 레이건, 영국의 대처 정부에서 현실화됐다. 1990년대 들어서는 미국의 10년 호황을 등에 업고 세

1999년 8월 25일 청와대에서 열린 정·재계 간담회에 참석한 김우중 회장(출처: 국가기록원)

계 각국에 대한 시장개방과 자본의 자유로운 활동을 위한 각종 규제 철폐 요구로 이어져, 선진국이 자기들의 이익을 위해 개발도상국이나 후진국의 경제성과를 도둑질하려 한다는 지적도 있었다.

　문제는 IMF가 구제금융을 주는 대가로 우리에게 요구한 강도 높은 기업 구조조정과 긴축재정 정책, 노동 유연화 정책이 바로 신자유주의 정책이라는 것이다.

김대중 대통령의 IMF Conditionality 해법

　김대중 대통령은 대통령에 당선되기 전부터 IMF 외환위기 상황을 파악하여 대책을 세웠으며, 당선인이 된 다음 날부터 IMF의 요구조건에 따르겠다고 약속해야 했을 정도로 급박한 상황을 마주해야 했다. 당선인 시절부터 경기 일산 자택으로 조지 소로스 퀀덤펀드 회장을 초대해 만찬을 열었고, 국제경제기구와 금융계 인사들을 지속적으로 국내로 초청해 활발한 경제외교를 펼쳤다.

김대중 대통령은 후대의 이명박 대통령과 달리 외환위기 극복 과정에서 계파나 인맥보다 능력을 우선시한 인사를 했다. 당시 1기 경제팀의 핵심인 이규성 재정경제부 장관과 이헌재 금융감독위원장은 김대중 대통령과 일면식도 없는 사이로 오히려 당시 김종필 총재나 이회창 후보와 친한 인물이었다. 고희를 넘긴 나이에도 세계 금융의 중심지를 찾아 경제인·금융인을 만나 한국에 투자해 달라는 설명회를 여는 등 잠시도 쉴 틈 없이 일정을 끌고 나갔다. 외환 유동성 위기라는 급한 불을 끈 김대중 정부는 취임 후 한 달 만에 214억 달러의 외화를 빌려오는 등 유동성 위기를 극복해 나갔다.

그런 다음 기업·금융·공공·노동 등 4대 부문에 걸친 강력한 구조조정에 들어갔다. IMF가 구제금융을 주는 대가로 강도 높은 기업 구조조정과 긴축재정 정책을 요구했기 때문이다. 이에 김대중 정부는 은행 퇴출과 부실기업 정리, 재벌기업 간의 빅딜을 실시하고 은행 등 금융기관의 국제결제은행(BIS) 자기자본 비율 개선 등 사상 유례가 없는 구조조정을 일사불란하게 이끌었다.

김대중 정부에서 시행한 구조조정은 다음과 같다. 5대 재벌들은 스스로 구조조정할 수 있는 자금과 경영 능력을 갖고 있다는 판단하에 과잉 생산설비를 자체적으로 조정할 수 있도록 '빅딜(Big Deals)'을 유도했다. 재벌 간 사업을 맞교환하여 설비에 대한 구조조정도 하고 생산성을 높여 IMF 금융위기를 극복해 나간다는 것이다. 반면 6대 이하의 30대 재벌들에 대해서는 스스로 구조조정을 해나가기에 취약하다는 판단하에 '워크아웃(workout) 프로그램'을 만들었다. 이는 정부

1999년 8월 25일 청와대에서 열린 정·재계 간담회 모습(출처: 국가기록원)

(금감위)의 지도 아래 자금지원을 통해 구조조정을 해나가는 것이다.

사실 구조조정은 시간 싸움이다. 김대중 대통령은 지시만 하거나 입으로만 경제를 부르짖는 전임 대통령들과 달리 직접 재벌그룹 총수들을 만나 압박했다. 그 과정에 IMF 경제위기를 오히려 몸집을 불려 해결하려 한 '대마불사 신화' 김우중의 대우그룹이 몰락했고, 대북사업과 '왕자의 난' 등으로 그룹의 힘이 분산된 현대그룹은 회사를 분할하여 생존할 수밖에 없었다. 기아그룹과 쌍용, 해태, 진로와 같은 재벌그룹들이 잇달아 무너지면서 과거 30대 그룹 중 16개가 퇴출되는 등 한국의 재벌구조가 재편되는 계기가 되기도 했다.

이를 계기로 당시까지 재벌기업의 주 사업 구조였던 무리한 차입경영과 문어발식 사업 확장이 자취를 감췄고, 기업의 경영 방침도 성장 위주에서 수익 위주로 바뀌는 계기가 되었다. 또한 부실 정도가 심한

은행을 정리하는 한편 대규모 공적 자금을 투입했다. 1998년 6월 자력으로 경영 정상화가 불가능하다고 판단한 동화·동남·대동·경기·충청은행을 퇴출시켰으며, 은행의 구조조정을 위해 1999년에만 45조 2천억 원의 자금을 쏟아부었다. 보험사 등 비은행권 금융기관들까지 합하면 정부가 투입한 공적자금은 64조 원에 이르렀다. 1999년 정부 예산과 국민총생산(GNP)이 각각 80조 원과 486조 원이었다는 사실을 감안할 때 당시 투입한 공적자금은 실로 막대한 규모였다. 이렇게 IMF를 극복하기 위한 공적자금은 1997년 외환위기 발생 이후 2006년까지 168조 3천억 원이 투입됐다.

김대중 대통령의 IMF 구제금융에 대한 대처는 해외에서 유례를 찾아볼 수 없는 신속하고 성공적인 것이었다. 2년 만에 IMF 구제금융 자금을 모두 상환하고 관리체제를 졸업하게 되었다. 그리고 집권기간 동안 연평균 6.8%의 경제성장률을 기록하였다.

IMF 구제금융에 따른 그늘

IMF체제의 성공적인 졸업 뒤에는 '신자유주의'라는 어두운 그림자도 드리워졌다. 김대중 정부는 규제완화, 민영화, 시장개방, 정부 역할 축소, 노동시장 유연화 등 신자유주의의 핵심 처방을 외부로부터 강제된 상황에서 어쩔 수 없이 받아들일 수밖에 없었지만, 이를 통해 신자유주의 물꼬를 터주었다는 비판을 받아왔다

외환위기를 맞아 자영업이 무너지고 비정규직이 증가하고 사회적 약자들이 노숙자가 돼 거리로 내몰렸다. 양극화의 짙은 그늘이 드리워진 것 또한 외환위기 직후부터의 일이다. 신자유주의는 철저하게 자본의 이해를 반영하고 정부의 개입을 배제한다.

김대중 정부가 대규모 구조조정 과정에서 정리해고를 밀어붙이고 특히 노동운동 진영과 갈등을 빚긴 했지만, 그 핵심에 과거 대기업 중심의 성장 전략 대신 지속 가능한 성장을 추진하고자 했다는 점을 기억해야 한다. 비판하는 입장에서는 결과적으로 김대중 대통령이 IMF의 요구조건을 너무 쉽게 받아들였고 구조조정 예산을 과도하게 투입하여 국내 산업과 국민에게 부정적인 영향을 주었다고 지적한다.

그럼에도 김대중 정부는 구조조정과 정리해고 허용과 같은 노동의 유연화 과정에서도 국민의 입장에서 시장경제 질서를 확립해야 한다는 원칙을 세우고자 했다. 국가 부도사태 앞에서 IMF의 요구조건을 수용하느라 일부 신자유주의 정책을 채택할 수밖에 없었지만, 김대중 전 대통령 덕분에 우리 경제가 심각한 위기에서 빠져나와 선진국 대열에 들어설 수 있는 기회를 갖게 된 것은 부인할 수 없는 사실이다.

결론적으로 김대중 정부는 일부 신자유주의적 정책을 수용했지만, 사회적 약자에 대한 정책들도 동반 추진하였다. 김대중 정부 들어 외환위기에서 가장 피해를 입은 저소득층을 위한 복지 정책을 크게 확장하였다는 것은 부정할 수 없는 사실이다. 국민기초생활보장제도와 전 국민 단일 건강보험, 빈곤층이 많은 노인들을 위한 노령연금 등이 김대중 대통령 집권기부터 시작되었다. 1998년부터 3년 동안 20조 원 규모의 실업 대책을 위한 정부예산이 집행되었고 국민연금 확대 실시 등 사회 안전망을 확대하는 기반 정책도 추진되었다.

DJ노믹스의 명암

김대중 대통령의 가장 큰 업적이 민주화와 남북평화에 크게 기여한 것임은 누구도 부인할 수 없다. 또한 IMF 외환위기를 조기 졸업하고,

박정희 체제의 차입경영에 의존한 부실기업이나 경쟁력 없는 금융기관들을 구조조정하여 세계화에 걸맞은 기업들로 체질을 바꿔낸 것도 빠트릴 수 없다. 일본이나 미국도 감히 하지 못하던 광통신망을 갖추어 IT와 게임산업을 부흥시켰으며, 뿌리 깊은 부실을 떠안고 있던 중화학 부분을 과감히 수술한 것도 김대중 정부의 업적이다.

김대중 정부의 경제정책을 일컫는 'DJ노믹스'의 기본 명제는 '시장경제와 민주주의의 병행 발전'이었다. '분배와 성장'이라는 두 마리 토끼를 함께 이루고자 고군분투했다. 시장은 철저하게 경쟁과 자율이라는 시장원리에 맡기고, 저소득층 지원은 복지 정책으로 해결한다는 것이 DJ노믹스의 핵심이었다.

그럼에도 노동이나 기업의 구조조정에서는 어쩔 수 없이 신자유주의 정책을 받아들일 수밖에 없었고, 외부로부터의 개혁은 기대만큼 성공적이지 못했다는 한계도 있다. 재벌들은 문어발식 확장보다는 내실 있는 성장 동력에 기반을 둔 장기적 발전 전략을 마련해야 했다. 그러나 IMF 외환위기로 힘을 잃은 중소기업 부분들은 재벌 대기업에 급격히 흡수되었고, 그 결과 재벌의 경제력 집중이 더욱 강화되었다.

금융 개혁 또한 기대만큼 성과를 내지 못했다. 선진국의 금융시스템을 갖춘다고 하였으나 일본식 금융시스템의 잔재를 극복하지 못하고 진정한 글로벌 경쟁력을 갖지 못했다. 섣부른 규제완화로 신용카드 위기를 방조한 것도 뼈아픈 정책 실패로 평가된다. 이는 결국 노무현 정부 시절 신용카드 대란으로 이어져 큰 부담으로 남았다.

대중경제론의 포기인가?

DJ노믹스의 부정적인 측면을 들어 일부 진보정당과 노동단체들은 김대중 대통령이 스스로 주창한 '대중경제론'을 배반하고 신자유주의에 투항했다고 비판하기도 한다. 앞 장에서 본 것처럼, 대중경제론은 정치·경제적 특권주의를 부정하고 민주주의와 시장경제를 옹호하는 데 무게 중심이 실려 있었다. 대중경제론은 박정희 경제체제에 대한 대안이론으로서 출발하였다. 대중경제론은 박현채의 민족경제론에서 상당 부분 영향을 받았지만 출발부터 다른 점이 많았다. 민족경제론은 특권주의보다는 종속주의를 더 강하게 비판했고, 민족주의적 관점에서 생산재 공업이 선도하는 내포적 공업화를 주창했다. 그러나 김대중은 마르크스주의에 대해 비판적이고 시장경제와 개방에 우호적이며, 비교우위를 존중한다는 점에서 서구의 질서자유주의 성향이 가미되었다고 할 수 있다. 외환위기 이후 김대중 정부가 추진한 정책도 신자유주의보다는 질서자유주의에 근거한 것으로 평가하는 것이 타당하다고 본다.

신자유주의보다는 경제민주화 개념으로

신자유주의는 대공황 이전의 자유방임주의로 회귀하려는 경제이론으로, 정부에 대한 불신과 시장주의에 대한 전폭적인 신뢰에 기초하는 반면, 질서자유주의는 대공황 이후 확대된 정부의 사회·경제적 역할을 인정하면서 민주주의와 시장경제의 균형을 모색한다는 점에서 차이가 있다. 김대중 대통령이 일생을 통해 주장해온 경제 이념은 개발독재와 특권재벌 연합에 맞서 중소기업과 농어민을 바로 세우는 자립경제라고 요약할 수 있다. 부정부패와 정경유착 차단 등 특권경제에 맞서려는 그의 근본 사상은 경제민주주의에 근간을 두고 있으며, 이는 이명박 정부 말기에 김종인이 주장하고 박근혜 후보가 선거캠페인으로 채택한 '경제민주화'와도 일맥상통하는 바가 있다. 경제민주화에 관한 박근혜의 주장은 구호에 그친 것이었음이 분명해졌지만, 그 이론적 기조가 박정희 경제체제를 부정하고 대중경제론을 옹호하는 내용이어서 아이러니하기도 하다.

김대중의 대중경제론은 출발 당시 국가의 적극적 역할을 강조하다가, 경제가 발전하여 시장의 역할이 제 기능을 찾음에 따라 '대중참여경제론'으로, 그리고 IMF 외환위기 이후 국제통화기금이 강제한 신자유주의가 일부 반영되어 '민주주의와 시장경제의 병행발전론'으로 변모해 나갔으며, 경제민주화의 개념으로 이어지게 된 것이다.

5장 IMF 외환위기 이후의 금융구조 논쟁

투자은행과 상업은행

IMF 외환위기를 겪으면서 우리나라는 외부로부터 금융정책의 변화를 강요받는다. IMF와 맺은 협약 때문이기도 하고, 당시 우리 금융산업이 변화해야 할 당위성이 있었기 때문이다.

변화의 핵심은 역시 미국식 투자은행이었다. 일본식 금융제도를 따라온 우리가 세계 금융계에 적응하고 경쟁력을 갖춰야 한다는 명목이었다. 과거 박정희가 종금사를 세우며 모델로 삼았던 것도, 김영삼이 OECD에 가입하며 금융산업의 모델로 삼았던 것도 모두 '투자은행'이었다. 투자은행이란 이슈는 박정희와 김영삼 시대의 금융구조, 그리고 IMF 외환위기 이후의 금융구조 논의에서 빠질 수 없는 쟁점이었다. 나아가 오늘날 문재인 대통령 시대에도, 대형은행의 투자은행으로의 변신을 위한 한국투자증권의 발행업무에 대한 인허가 여부가 도

마 위에 오르고 있다.

일반적으로 발행업무란 금융기관이 금융 소비자에게 예금이나 적금을 받아 운용(대출이나 투자)하는 것이 아니라 회사채와 같은 채권이나 주식을 발행하고 이를 판매하여 조성된 자금으로 운용하는 업무 형태를 말한다. 그렇다면 투자은행이 무엇이고 투자은행에 대비되는 상업은행이나 소매은행과 어떤 점에서 다른지 먼저 살펴보아야 한다.

일반적으로 은행은 개인이나 기업으로부터 예금을 받고 이 예금을 고객에게 대출함으로써 이익을 얻는다. 이를 상업은행(Commercial Bank) 혹은 소매은행(Retail Bank)이라 한다. 주로 예금을 받아 자금이 필요한 곳에 대출해 주는 자금 중개 역할을 고유 업무로 수행하면서 예금금리와 대출금리의 차이를 통해 수익을 올리는 방식이 상업은행인데, 다른 말로 기업이나 특수 고객이 아닌 일반 고객을 상대로 한다고 해서 소매은행이라고 한다. 우리나라에서는 국책은행 역할을 하

(출처: 한국은행 경제 교육 자료)

는 한국은행과 산업자금과 관련한 대기업 업무를 주로 하는 산업은행
을 제외한 나머지 은행들을 모두 상업은행으로 분류할 수 있다.

기업활동과 경제성장에서 투자은행의 중요성

상업은행과 달리 투자은행(investment bank)은 고객으로부터 예
금을 받지 않는 대신, 자기 자본과 신용으로 주식이나 채권을 발행하
여 대규모 자본을 조달한 후, 기업이 발행한 채권이나 증권을 인수하
는 증권인수업자(Underwriting House)를 말한다. 우리나라의 증권
회사가 이에 해당하며, 기본적으로 자체적으로 회사채를 발행하여 자
금을 조달하는 발행업무와 단기금융 시장 업무, 선물옵션과 파생금융
상품 업무, 투자신탁과 투자자문 업무, 부동산 관련 업무, 인수·합병
(M&A) 등의 업무를 수행한다.

투자은행의 주요 고객은 기업과 기관투자가들이다. IMF 외환위기 이전에는 종금사와 증권사 그리고 투자신탁사들이 이런 기능을 나누어 수행하였다. 현재는 증권사가 대표적인 투자은행이며, 은행권에서는 인수합병이나 투자 업무를 수행하는 산업은행이 투자은행이라고 할 수 있다. 경제성장에서 투자은행의 역할이 중요한 이유는, 기업 활동과 직접적으로 연관되기 때문이다. 상업은행의 일반 대출과 달리, 회사채 인수나 주식 인수를 통해 기업이 장기적인 자금을 융통할 수 있는 직접적인 창구가 된다. 일반적으로 상업은행은 기업이 아닌 개인을 상대로 예금을 받고, 받은 예금을 기반으로 주로 개인에게 대출을 해주고 일부만 기업에 대출을 해주기 때문에 기업의 다양한 경제 활동을 지원하지 못한다. 또한 담보를 요구하거나 엄정한 신용평가를 통해서만 자금을 제공한다.

이에 반해 투자은행은 자체적으로 주식이나 채권을 발행하여 자금을 모으거나 기관투자가들로부터 대규모로 자금을 투자받아, 개별 기업이 발행한 채권이나 증권을 인수하는 방법으로 기업에 자금을 조달한다. 기업 입장에서는 일정한 기한 내에 반드시 자금을 갚아야 하는 대출과는 달리 주식 발행이나 매매 등과 같은 여러 방법으로 자금 조달 창구를 다양화할 수 있어, 투자은행을 통한 자금 조달이 유리하다. 신기술이나 마케팅에 공격적으로 투자할 수 있는 여력을 갖춘 기업들은 국가 경제발전에도 많이 기여하게 되는 것이다.

초기 투자은행의 변천

앞에서 언급한 것처럼 투자은행은 영국의 머천트뱅크에서 유래되었다. 머천트뱅크란 18세기 이후 유럽 각지에서 런던으로 이주해온 무역업자들이 어음 인수를 위해 설립한 영국 특유의 금융 회사이다. 20세기 초까지 베어링브라더스(현재 ING그룹에 인수되었음)와 로스차일드와 같은 머천트뱅크가 국제금융시장에서 주류를 차지했으며, 이들은 이후 미국으로 진출해 미국의 투자은행이 만들어지는 계기가 되었다.

영국의 머천트뱅크는 외환위기를 겪으며 미국이나 유럽 대륙의 대형 금융회사에 대거 흡수되었다. 미국에서 투자은행이 처음 등장한 것은, 세계 대공황 직후인 1933년 '은행·투자은행 분리'를 원칙으로 하는 '글래스·스티걸 법'이 제정되면서부터였다. 당시 정치가들은 은행의 과도한 주식 투자가 대공황의 주요 원인이라고 보고 글래스·스티걸 법을 만들었는데, 예금과 대출 업무를 주로 하는 상업은행과 기업이 발행하는 증권의 인수·주선 등 도매금융 서비스를 제공하는 투자은행을 엄격히 분리하여 운영하게 하였다. 우리에게 잘 알려져 있는 웰스파고, JP모건체이스, 뱅크오브아메리카(BOA), 시티은행 등이 대표적인 상업은행이고, 골드만삭스, 리먼브러더스, 모건스탠리 등은 대표적인 미국의 글로벌 투자은행들이다.

투자은행들은 대공황 이후 약세를 면치 못하다가 1950~60년대 들어 베트남 전쟁과 복지 정책 확장 과정에서 대규모 경기부양에 따른 주가 급등으로 개인 중심의 주식 투자가 급증하고 메릴린치 등과 같은 소매 위탁매매 중심의 증권업을 통해 성장했다. 그러다가 1970년대 오일쇼크 등으로 경기 침체가 지속되고, 이에 따른 주식시장의 침체가 장기간 지속되자 투자은행 업무에 근본적인 변화가 온다. 수익을 다변화하기 위해 신상품을 개발하고, 선물옵션과 같은 파생상품의 거래 포지션을 늘리고, 인수 주선업무, M&A와 벤처투자 등으로 업무

Rank	Name		Founded	Country
1:	JP Morgan & Co	JPMorgan	2000	US
2:	BoA Merrill Lynch		2009	US
3:	Goldman Sachs	Goldman Sachs	1869	US
4:	Morgan Stanley	Morgan Stanley	1935	US
5:	Citigroup	citigroup	1812	US
6:	Deutsche Bank	Deutsche Bank	1870	Germany
7:	Credit Suisse	CREDIT SUISSE	1856	Switzerland
8:	Barclays	BARCLAYS	1690	UK
9:	Wells Fargo	WELLS FARGO	1852	US
10:	UBS	UBS	1854	Switzerland

세계 투자은행 순위

영역을 확대하게 된 것이다. 1990년대 들어서면서 주식이 일시에 폭락하는 'Black Monday' 등의 충격을 이겨내고 생존한 투자은행들이 본격화된 자본시장의 성장과 상호작용을 일으키며 높은 성장을 이루고, 투자은행간 합병을 통한 대형화가 이어지게 되었다.

21세기 자본시장의 변화

1980년대의 3저 호황을 바탕으로 이루어진 유례없는 경제성장과 IT산업 활성화, 연기금의 증시 유입 등으로 투자은행들은 1990년대 후반까지 빠른 상승세를 지속한다. 우리는 1990년대 후반부터 이루어진 증권거래소로 대표되는 자본시장의 성장에 주목해야 한다.

기업 투자와 관련하여 과거의 금융은 기업의 신용이나 시설을 담보로 한 대출 형태에서 벗어나지 못했다. 투자은행들은 기업이 발행한 채권이나 증권을 인수하는 증권인수업자의 형태로 기업에 자금을 제공하거나 주식매매를 대행하는 브로커리지(Brokerage) 업무로 생존하였다. 그러나 1990년대부터 파생상품이 활성화되고 IT산업과 기술주 위주로 활황을 이루면서, 대형화된 투자은행들이 자본시장의 빠른 성장을 주도하게 되었다. 주식시장이 활성화됨에 따라 M&A 시장 또한 성장하게 되고, 채권시장이 정크본드 시장까지 확대되면서 다양한 자본시장 업무를 바탕으로 투자은행이 더욱 성장한 것이다.

여기에 더하여 1999년까지 60여 년 동안이나 유지된 '글래스·스티걸 법'이 폐지되고 투자은행과 상업은행의 업무를 모두 허용하는 '그램·리치·블라일리 법'이 제정되면서 금융산업은 더욱 번창하게 된다. 투자은행이나 상업은행 또는 소매은행의 구분 없이 다양하게 은행의 업무 영역이 확대된 것이다. 또한 2008년 미국의 금융위기를 겪으며, 투자은행은 상업은행과 합병하여 위기를 넘기기도 한다. 이 과정에서 규제와 관치금융에 익숙했던 우리나라의 금융기관과 금융 시스템이 구조조정과 변화의 필요성에 직면하게 되었다.

규제와 관치금융

모든 경제 문제는 금융과 관련이 있다. 과거 우리나라가 겪은 외환위기와 뒤에서 언급할 카드사태, 그리고 서브프라임 모기지론에서 유발된 미국의 경제위기나 유럽의 경제위기 등도 모두 금융 영역에서 출발하였다고 단정할 수 있다. 금융은 대표적인 규제산업이다. 국가경제의 피를 돌게 하는 심장 같은 존재이며, 국가 경제 전체에 핵심적인 역할을 수행한다. 대부분의 국가에서 금융산업의 인허가뿐만 아니라 금융기관의 영업에 대해 각종 법제와 행정조치 등을 통해 규제하는 이유도 여기에 있다. 동시에 이것은 규제의 변화가 금융산업에 절대적인 영향을 끼치고 있음을 의미한다.

우리나라의 IMF 외환위기와 2008년 글로벌 금융위기 역시 이런 규제의 동향과 밀접한 관련이 있다. 한마디로 IMF 이전까지 우리나라의 금융제도는 모든 것을 정부가 정하고 감독하는 관치금융이었다.

물론 정부가 금융기관을 통제한다고 해서 무조건 관치금융이라고 부르지는 않는다. 중립적인 감독기관이나 위원회를 통해, 원칙을 가지고 규제와 통제를 하는 국가는 관치금융이라 부르지 않는다. 그러나 이런 원칙이나 법제화 없이, 즉흥적으로 정권의 필요에 따라 경제법칙들에 반하는 규제나 통제를 일삼는다면 그것은 관치금융이다.

우리나라 관치금융의 시초는 박정희 정권이다. 자본 축적이 되지 않은 상황에서 대규모 중화학 공업의 설비를 설치하려면 차입경제에 의존해야 했고, 민간 금융기관이라면 적자 출혈 수출을 하는 기업에 돈을 빌려주지 않으려 하기 때문이다.

정부는 산업자본을 육성한다는 명목으로, 산업은행이나 수출입은행과 같은 국책은행을 만들거나 민간은행을 통제함으로써 소기의 목적을 달성하였다. 물론 출혈 수출을 하는 기업에게는 이중 가격체제를 만들어 적자 수출 부분을 벌충케 하고, 금융기관이 부실해지면 정부 예산, 즉 국민의 세금으로 해결하는 악순환이 반복되었다.

한국의 금융구조와 투자은행

앞에서 봤듯이, 우리나라의 금융은 IMF 외환위기 이후 금융권의 구조조정 시기까지 은행, 증권, 투신, 보험으로 대표되는 일본식 금융제도를 취하고 있었으며, 이러한 일본식 금융제도에서는 투자은행 업무가 취약하였다. 박정희 정권은 영국의 머천트뱅크와 미국의 투자은행을 모델로 종금사를 만들었고, 김영삼 정부는 OECD 진입에 따른 금융시장 개방을 앞두고 금융산업에 경쟁력을 높이고자 투자금융사들을 종금사로 전환하여 기존 일본식 금융제도의 약점을 극복하고자 하였다. 그러나 섣부른 시도들은 결국 IMF 외환위기를 낳는 부실의 원인이 되었다.

박정희 시대는 정부의 지시나 통제에 따르는 전형적인 관치금융의 시대였다. 재벌들은 시중금리의 절반도 안 되는 조건으로 시설자금을 받아 자사 소속의 다른 기업의 여신으로 사용하거나 부동산을 구입하는 등 국민의 희생으로 만들어진 금융 자산을 자신들의 이익을 위해 남용하였다. 이를 막기 위해 다른 나라에서는 사례를 찾아볼 수 없는 주거래은행 제도를 두어 조달된 돈이 다른 목적으로 사용되지 않도록 관리하였으나, 선단식 재벌그룹을 제대로 감시·통제하기란 실질적으로 불가능했다.

원래의 목적대로 하자면 주거래은행은 본래의 취지대로 해당 기업에 필요한 자금을 공급하고, 기업신용과 경영정보의 관리에 대한 조정, 기업재무구조 개선 유도, 무분별한 부동산 취득 및 투자 규제, 부실기업 처리 등의 기능을 담당해야 했다. 그러나 우리 금융기관들은 관치금융에 익숙해져 있었다. 또한 재벌기업에 대한 감시 업무에 익숙한 전문가가 없었던 이들 은행으로서는 형식적인 규제조차 제대로 감당하지 못했다.

은행 중심의 금융시스템

외환위기 이전 우리나라의 금융시스템은 은행 중심이었다. 투자은행 업무에 취약한 상업은행과 소매은행 중심의 우리나라 은행들이 시장의 법칙에 따라 금융을 제공하는 것이 아니라, 과거 관치금융에 익숙한 왜곡된 금융시스템으로 운영되었다.

그러한 시스템 속에서 경제성장이라는 명분을 앞세운 대기업들은 은행을 통해 손쉽게 자금을 조달할 수 있었으며, 상대적으로 취약한 위치에 있는 중소기업들은 금융시장을 통한 자금조달이 사실상 불가능한 상태였다. 단순히 담보를 잡아 대출해 주는 간접금융만 익숙하였고, 기업이 직접 주식이나 채권을 발행하게 하여 자금을 조달하는 직접금융 시장은 제대로 운영되기 어려운 상황이었다. 증권거래소와 증권사가 부분적으로 이런 역할을 담당하였으나, 자본시장이 성숙되지 않은 환경에서는 한계가 있었다. 일본식 금융제도를 모방하여 만들어진 투자신탁제도와 선진국에 훨씬 못 미치는 뮤추얼 펀드와 같은 간접투자가, 은행 중심의 금융제도하에서 그나마 빈약한 투자은행 업무의 갭을 겨우 메우는 실정이었다.

금융시장에서 기업 정보가 제대로 공개되지 않고, 시장에 의한 기업 감시 기능이 취약할 수밖에 없는 환경에서 자본시장이 성숙될 수 없었으며, 기업들의 직접금융을 통한 자본조달도 제한적일 수밖에 없었다. 이러한 금융시스템 환경에서 IMF 외환위기에 직면하여 외부로부터의 금융권 구조조정 압력에 직면하게 되었다.

IMF 외환위기 이후의 금융권 구조조정

IMF 외환위기 이후 금융권 구조조정은 과잉인력, 과잉지점 등 은행 경영의 비효율성을 제거하고, 부실여신의 현재화를 시도하고 충당금 부족액을 추가 적립하게 하며, 부실한 유가증권의 처분을 강제화하는 방식으로 진행되었다. 또한 부실자산 매각 등으로 자산의 건전성을 제고하였다. 이 과정에서 14개의 종금사가 강제 퇴출되고 10여 개의 은행이 퇴출되거나 흡수 합병되었다.

또한 BIS 비율을 국제 기준인 8%를 넘어 12%까지 높이도록 강제받기도 하였다. BIS 비율이란 국제결제은행이 일반은행에게 권고하는 자기자본 비율이다. 일반적으로 BIS 비율은 자기자본의 8% 이상을 안정, 합격권으로 보지만, IMF를 겪으며 국내 금융권에 대해서는 12% 이상 요구하여 무리한 적용이란 비판을 받기도 하였다.

위에서 언급한 바와 같이, 결과적으로 국민의 정부와 참여정부에서 진행한 금융구조조정은 수치적으로는 성공한 것으로 보인다. 시중은행의 BIS 비율이 권고 기준보다 높고, 당기 순이익도 안정적으로 유지되고 있으며 금융시스템은 크게 개선된 것으로 나타났다. 또한 2000년 금융 지주회사법이 국회를 통과하면서, 신한금융지주와 우리금융지주, 하나금융지주 등이 설립됐고, 이들 금융기관은 기존의 상업은행 중심에서 투자은행 업무도 수행할 수 있는 종합금융그룹의 위상을 확보했다.

그러나 외환위기 이후 10년간 은행의 외형상 지표는 뚜렷하게 개선되었으나 공공성은 약화되었다는 지적도 존재한다. 사실, IMF 외환위기 이후 정부는 168조라는 막대한 금융구조 자금을 투입하였다. 그러나 은행들이 지나치게 수익성을 추구하면서, 기업의 성장 잠재력보다는 재무제표 등 계량적 기준에 의존해 대출을 해주는 관행이 이어지게 되었다.

이에 따라 성장 잠재력이 큰 혁신 기업이나 기술 기업들에 대한 자금창구 역할을 제대로 해내지 못하고, 저소득층을 대상으로 한 금융지원은 갈수록 위축되어, 신용불량자 양산과 사회갈등을 촉발할 수

1998년 5월 8일 김대중 대통령 주재로 열린 경제대책회의 모습(출처: 국가기록원)

있다는 지적도 있다.

외환위기 이후 은행들은 건전성 지표는 개선되었지만, 오늘날까지도 리스크(위험)가 큰 기업대출은 꺼리고 가계대출에 치중하는 등 수익성 위주의 영업을 해오고 있다는 비판을 받고 있다.

외환위기 이후 제도개혁의 기본 방향

IMF 외환위기 이후 정부는 금융권 구조조정과 함께 기업 및 금융시스템에 일대 변혁을 가져왔다. 명시적으로 선언되지는 않았으나 기업 및 금융 구조조정에서 정부의 목표는 금융 수요자로서의 기업의 체질 변화를 유도하여 은행차입에 의존한 선단식 기업시스템을 해체하는 방향을 모색하는 것이었다. 이를 통해 개별 기업의 수익성과 재무 안정성에 기초한 금융 자원의 배분이 이루어지도록 한다는 목표를 세웠다. 이는 IMF의 요구조건이기도 하였다.

또한 자본시장을 활성화하기 위해 거래소를 통합하고 통합거래소의 효율성, 공정성, 안정성, 혁신성을 갖춘 동북아 금융허브를 만들고자 시도하였다.

이를 위해서는 은행과 거래소, 증권회사 등 금융기관에 선진국 수준의 준법감시 시스템, 내부통제 시스템을 구축하고, 국제회계기준(IFRS)에 따른 BIS 비율과 재무제표를 제공해야 한다. 또한 시스템 리스크 방지를 위한 기업감시 기능의 강화를 위해 은행 중심 금융시스템을 시장 중심 금융시스템으로 전환하는 것으로 요약될 수 있다.

이와 같은 외면적인 시도와 동시에, 한국 자본시장은 모험자본의 공급을 통한 성장이라는 자본시장 본연의 기능을 통해 자본시장이 경제성장과 금융시장의 발전에 기여할 수 있어야 했다. 그러나 IMF 외환위기 이후 금융구조와 관련한 논쟁이 이어졌지만, 자본시장의 본질적 기능보다는 형식적인 변화에만 치우쳤다는 생각이다. 참여정부에서 시도한 자본시장 선진화와 동북아 금융허브는 이명박 정부를 거치며 흐지부지 사라졌다. 그동안 은행과 증권사 등에 준법감시 시스템과 내부통제 시스템 등이 갖추어졌지만 아직 형식적인 수준이었고 달성된 것은 국제회계기준(IFRS)에 따른 BIS 비율과 재무제표 정도라고 할 수 있다.

박근혜 정부에서의 삼성물산과 제일모직 합병과 같이 일부 주주의 이익만을 위한 불합리한 합병에서도 시장 제도나 시장 참여자(증권사, 투자은행)의 목소리는 찾아볼 수 없었다. 삼성바이오로직스 특혜상장 역시 우리 자본시장이 성숙하지 못했음을 증명하는 사례이다.

중소기업이나 벤처기업이 운영 자금이나 개발 자금을 조달해야 하는 자본시장에서, 삼성 같은 재벌이 자본시장을 유린하여 이익을 편취하는 방향으로 왜곡되었다. 이명박 정부와 박근혜 정부에서 반복되는 탈규제, '기업 프렌들리' 정책이 수행되는 동안, 참여정부에서 추진한 자본시장의 활성화 목표는 동력을 잃고 표류했다고 볼 수 있다.

결론적으로, IMF 외환위기 이후 금융구조 논쟁에서 기존의 은행 중심 금융시스템을 투자은행이 주도하는 시장 중심 금융시스템으로 전환하려 했으나 이명박과 박근혜 정부를 거치며 목표를 잃고 다시 정체성의 혼란을 겪고 있다.

은행은 자산 건전성과 이익만 앞세우며 개인 여신이나 담보 있는 대기업에 대한 여신에만 치중하고, 리스크가 큰 벤처기업이나 중소기업에 대한 대출은 회피하는 등 여전히 은행 중심의 금융시스템을 운영하고 있다. 경제가 성장하고 기업이 활성화되려면, 은행 중심이 아니라 발행시장(증권시장) 중심의 금융시스템이 확립되어야 한다. 자본시장은 중소 벤처기업의 신기술에 투자하는 모형자본을 공급할 수 있는 시장으로 발전해야 한다. 이는 IMF 외환위기 이후 금융구조 논쟁의 교훈이자 문재인 정부가 앞으로 중점적으로 추진해야 할 금융정책의 방향이다. 외환위기 이후 못다 한 금융시스템 개혁을 완성할 시대적 소명을 가지고 있는 새 정부에 기대를 걸어본다.

6장 대우그룹 해법과 BFC 해외 비밀계좌

34조의 국고 손실을 끼친 자들의 항변

지금은 사라진 대우그룹(大宇, Daewoo Group)은 1967년 김우중 회장이 대우실업을 모태로 설립하여 한때는 삼성그룹을 뒤로하고 대한민국 재계서열 2위를 기록한 바 있는 성공한 재벌회사였다. 섬유·무역·건설·조선·중장비·자동차·전자·통신·관광·금융 등 다양한 사업 분야를 망라하던 대우그룹은 1993년 세계경영 선언 이후 글로벌 기업으로 발돋움하는 듯했으나, 1997년 방만한 차입경영에 따른 심각한 자금난과 외환위기를 겪고 1999년 10월 워크아웃에 돌입한 후 그룹 해체를 맞게 된다.

대우그룹은 박정희 경제 모델의 전형이자 막대한 수혜를 입은 대표 기업 중 하나였다. 지금은 비밀이 해제된 미국 CIA 보고서에 따르면, "대우의 성공은 박정희 대통령과 김 회장의 각별한 관계에 따른 개인

2012년 3월 22일 대우그룹 창립 45주년 기념행사에 참석한 김우중 전 대우그룹 회장

적 도움의 결과"였다. CIA가 언급한 각별한 관계란, 김우중 회장의 선친이 대구사범학교에서 교사로 있을 때 박정희가 그의 제자 중 한 명이었다는 것이다. 김우중은 그룹이 성장하는 과정에서 철저하게 차입에 의한 회사 설립과 내수보다 수출을 중시하는 경영을 추구하였다. 개인적으로도 그는 박정희의 열렬한 신봉자이자 정권의 혜택을 가장 많이 받은 기업인으로 꼽힌다.

지난 2014년 김우중 전 대우그룹 회장이 스스로를 변명하고 대우그룹 해체와 관련하여 정치적 음모론을 주장하는 책이 출간되면서 세간의 주목을 받았다. 박정희 정권으로부터 받은 혜택과 보살핌 속에서 '재개 빅3'의 반열에 올랐던 그가 그룹이 해체된 지 15년 만에 대우그룹의 몰락은 DJ정부의 기획이었다고 주장한 것이다. 이에 대해서는, 열렬한 박정희 추종자인 그가 박근혜 정부의 출범에 발맞추어 다시 한 번 부활의 기회를 노린 것이라는 분석도 있다. 그에게 부과된 추징금 17조 9253억 원에 대해서도 "대우에 내린 판결은 헌법 정신에 어긋난 기본권을 침해한 것"이라며 헌법소원까지 추진한다는 소식도 들려온다.

대우그룹의 구조조정에 정부가 지원한 금액은 1999년과 2000년에만 34조에 달했다. 정부와 관련 금융기관에서 34조를 들여 채권을 소각하거나 감자한 후 주식으로 전환하는 방법으로 손실을 털어내고, 그 주식을 다른 기업에 매각하여 회수한 돈이 7조 정도이니, 대우그룹의 부실 때문에 약 27조의 국민 세금이 날아가 버린 셈이다. 여기에 더해, 정부 자금 외에 대우계열사의 주식이나 채권에 투자한 개인이나 민간 법인의 손해는 훨씬 더 크다.

대우중공업의 조선 부분인 대우조선해양은 2000년대 잠시 호황을 맞기도 했으나, 2008년 세계 금융위기를 변곡점으로 경기가 악화돼 현재 존폐의 기로에 놓여 있으며, 그동안 대우조선해양의 정상화에만 13조의 구조조정 자금이 투입되었다고 한다. 대우자동차는 GM에 매각되고 난 후에도 산업은행을 통해 3조를 증자했다가 철수를 무기로 추가 증자를 요구하기도 하였다. 대우건설을 인수한 금호그룹도 4조 이상의 구조조정 자금을 투입하는 등, 대우그룹의 부실로 인한 피해는 현재진행형이다. 이러한 민간 부분까지 모두 합하면, 대우사태로 인한 피해는 아마 100조 이상일 거라는 분석도 있다.

당시 겉으로 드러난 대우그룹의 부채만 70조를 상회했는데, 부채 중 일부는 탕감하고 정부에서 40조 정도의 구조조정 자금을 투입했지만 몇 개의 계열사를 제외하고 모두 지구 상에서 사라졌고 살아남은 회사들도 계속 추가적으로 자금이 들어가고 있다.

어떤 사업자가 100억의 부채가 있는데 90억을 탕감해 주고 50억을 더 투자했다고 하자. 그러면 대부분의 회사는 회생할 것이다. 그러나 대우는 망했다. 대우 계열사를 인수한 회사들도 대우 자산의 부실 때문에 망하거나 현재 망해가고 있는 회사들이 많다. 그만큼 대우그룹의 계열사들이 부실했다는 증거이다.

그런데 국민의 세금과 투자자의 피해까지 100조 가까이 손해를 끼친 사람들이 자신의 잘못을 반성하지 않고, 김대중 정부의 기획 해체라고 이제 다시 음모론을 들먹이고 있다. 그들의 양심이나 후안무치함을 거론하기 전에, 이것은 결과적으로 우리 사회가 그들을 제대로 심판하지 못한 결과라 생각한다. 이들이 여전히 활개 치는 이유는, 사실을 왜곡한 주장을 여과 없이 전달하는 언론들이 있고, 김대중·노무현 정부의 일이라면 무엇이든 자신의 정파적 이익을 위해 깎아내리고자 하는 세력이 존재하기 때문이리라. 상식이 통하는 사회라면, 터무니없는 이들의 음모론을 철저히 검증하여 심판해야 할 것이다.

구조조정 자금은 왜 필요한가?

정부가 망해가는 기업에 국민의 세금으로 구조조정 자금을 투입하는 것에 대해 의문을 갖는 사람들이 많다. 일반적으로 회사가 지급불능 상태인 디폴트(Default)에 처하게 되면, 회사를 폐업하거나 잔존가치를 따져 법정관리를 한다. 이 과정에서 법원은 회사의 자산과 부채를 정리하여, 채권자들끼리 채무 조정을 하여 회사를 회생시키거나 청산시키는 절차를 밟는다.

그러나 대우와 같은 재계 서열 2위의 대기업을 폐업하면, 대우에

1994년 2월 4일 대우자동차 부평 공장을 방문한 김영삼 대통령(출처: 국가기록원)

돈을 빌려준 은행들 중 담보를 충분히 확보하지 못한 은행들이 부도 위기에 처하게 된다. 은행뿐만 아니라, 대우와 관련된 채권을 산 증권 사나 공적 연기금, 그리고 개인들도 많은 피해를 보게 된다. 또한 대 우그룹에 근무하는 수십만 명의 근로자들도 하루아침에 일자리를 잃 게 될 것이 뻔하다.

대우 사태 초기에 정부와 금융기관 그리고 투자자들은 관련 채권자 들과 주주들의 채권 비율을 조정하여 주식을 감자하는 한편, 대출금 에 대해 원금 일부를 탕감하고 필요한 경우 추가 지원을 하여 우선 회 사가 생존할 수 있게 한 다음, 회사가 정상화된 후에 출자금이나 대출 금의 일부를 회수하는 방법을 쓸 수밖에 없었다. 이때 국가가 직접 투 자를 할 수 없으니 산업은행이나 수출입은행 같은 공적 은행을 통해 증자를 하거나 새로운 운영자금을 빌려주게 된다. 그러나 이런 상황에서도 회사의 정상화가 어렵게 되면, 경영진까지 교체하고 정부자금을 투입하여 정상화한 후 3자 매각을 통해 투자자금을 회수하는 정책도 사용할 수 있다. 전부 손해를 볼 것인가? 아니면 손해를 줄이기 위해 마중물과 같은 추가자금을 지원하여 살릴 것인가? 이에 대한 판단이 구조조정 자금 투입의 근거가 되는 것이다.

대우그룹의 역사

1967년 김우중은 '대우실업'이라는 작은 섬유무역업체를 설립하였다. 그리고 서두에서 언급한 CIA 보고서에서 나타나듯이, 박정희 대통령과의 각별한 관계를 이용해 급성장하였다. 내수보다는 차입경제에 의존하는 수출 위주의 박정희 경제 모델을 따라, 1970년대의 경제성장 및 수출 호조의 환경 덕분에 비약적인 발전을 이루었다. (주)대우의 출범과 함께 정부의 도움으로 새한자동차를 인수하는 한편, 대우전자를 설립하여 가전사업 진출에도 성공했으며, 단기간 내에 현대, 삼성, 럭키금성(LG) 등과 함께 대한민국 4대 재벌로 성장한다.

1980~1990년대 우리나라 재벌그룹의 성장의 역사는 베끼기의 역사였다. 1995년 타임지는 표지 기사로 한국 재벌들의 문어발식 기업확장과 베끼기 문화를 다루어 큰 화제가 되었다. 타임지에 소개된 내용은 이렇다. "한국 재벌기업에 제품을 팔기는 아주 쉽다. 현대, 삼성, 대우, LG 중 한 기업만 중점적으로 공략하면 된다. 그러면 나머지 3개 기업은 그것이 무엇인지, 자기에게 꼭 필요한지, 이런 것들을 살펴보지도 않고 돈 보따리를 싸들고 와서 팔라고 사정사정한다. 처음 판 재벌에 손해를 보고 팔았다 하더라도 나머지 재벌들에게 비싸게 받고 팔 수 있다." 당시 증권거래소 업무를 지원하러 온 미국인 직원이 준

그 기사를 읽고 부끄러웠던 기억이 필자는 아직도 생생하다.

리스크가 큰 동유럽·개발도상국 진출

대우그룹의 문제 중 하나는 대부분의 사업 분야에서 후발업체의 위치에 있었다는 점이다. 후발기업으로서 국내 다른 재벌그룹과의 출혈 경쟁에서 한계를 느낀 대우는 해외로 눈을 돌리게 된다. 그러나 국내에서도 기술 경쟁력에서 밀려난 대우에게 세계시장은 결코 녹록지 않았다. 기술 경쟁과 마케팅 경쟁이 치열한 선진국이나 기존 시장에 접근할 수 없었던 대우는, 냉전체제가 완화된 동유럽 및 공산권 국가의 리스크가 큰 신규시장에 진출할 수밖에 없는 입장이었다.

그런 환경에서 김우중 회장과 대우는 1993년 '세계경영'을 선포하고 무역상사인 (주)대우가 구축한 세계무역 네트워크를 기반으로 대우자동차(주), 대우중공업(주), 대우전자(주)를 앞세워 선진국들이 쉽게 진출하지 않은 옛 공산권 국가와 개발도상국 시장을 집중 공략하며 본격적인 세계경영을 시도하였다. 당시 대우가 내세웠던 '세계경영'은 처음부터 현지 공장을 설립하기보다는, 문제가 있거나 자금 사정이 어려운 기존 기업을 저가에 인수 합병하거나 투자를 하여 경영권을 확보하고 단기간에 사세 확장을 꾀하는 방법이었다. 실제로 대우가 진출을 시도한 개발도상국 정부에서는 자국의 경제를 활성화할 목적으로 대우에게 전폭적인 지원을 해주었기에, 세계경영 초기 대우의 사업 확장이 용이하게 이뤄질 수 있었다.

경제위기와 차입경영 확대

세계경영을 내세운 대우는 철저한 현지화를 추구하여 초기에는 어느 정도 성과를 거두었다. 그러나 1997년의 경제위기가 닥친 상황에서 자금 사정이 좋지 않음에도 쌍용자동차(주)를 인수하였고, 해외에서도 폴란드의 자동차 현지공장을 인수하는 등 확장을 멈추지 않았다. 그 결과 대우는 IMF 외환위기 직후인 1998년 삼성을 제치고 잠시나마 재계 서열 2위까지 뛰어오른다.

그러나 경기침체가 장기화되고 동남아 외환위기가 발생함에 따라 세계 시장이 급격히 위축되자 대우의 입지는 크게 흔들렸다. 동유럽과 개발도상국 위주로 판매망을 확대해온 대우자동차의 부진이 거듭되었으며, 외환위기가 발생함에 따라 국내에서 조달한 자금의 이자율이 20%대로 올라가게 되었다. 대우는 국내 조달자금뿐만 아니라 해외 투자로 인한 고금리의 금융 부담을 감당할 수 없는 상태가 된다. 경영 여건이 안정되지 못한 상황에서 추진한 쌍용자동차의 인수도 큰 부담으로 작용하였다. 외형 확대에 맞추어 경영해오던 대우는 당시 정부가 요구했던 구조조정에는 소극적일 수밖에 없었다.

김대중 정부의 대우 처리 방향

1998년 말 대우의 자금 위기설이 퍼지자 곧 채권 불능 사태가 발생하였다. 일본의 노무라 증권이 '대우에 비상벨이 울린다'는 보고서를 발표했고, 대우에 이상 징후를 느낀 금융권들은 본격적으로 자금회수에 돌입하였다. 만기가 돌아온 여신을 연장하지 못하자, 단기 여신에 의존하여 세계 공장을 인수하던 대우의 유동성에 급격하게 문제가 생긴 것이다.

당시 정부에서는, 대우처럼 부실한 재벌그룹들에 대해 빅딜과 구조조정을 제안하였다. 김대중 대통령은 5대 재벌들은 스스로 구조조정

1999년 6월, 김종필 총리의 초청으로 방한한 폴란드 예지 부제 총리가 김우중 전국경제인연합회 회장 등 경제단체장이 주최하는 오찬모임에 참석하였다.(출처: 국가기록원)

할 수 있는 자금과 경영 능력을 갖고 있다고 판단하여, 과잉 생산설비를 자체적으로 조정할 수 있도록 '빅딜'을 유도했다. 재벌 간 사업을 맞교환하여, 설비에 대한 구조조정도 하고 생산성을 높여 IMF 금융위기를 극복해 나가라는 것이었다. 정부는 대우전자와 삼성자동차를 맞교환하여 각자의 경쟁력을 높이는 방향을 권장하였으나, 결국 두 재벌그룹의 욕심 때문에 빅딜에 실패하였다.

1999년 여름에 접어들면서, 김우중 회장은 GM과의 협상에 그룹의 운명을 걸게 된다. 협상 초기 GM의 투자 정도만을 생각한 김우중은 헐값으로 경영권을 넘기라는 GM의 요구를 거절한다. 그러나 사정이 더욱 악화되자 김우중은 다시 대우차 매각에 매달렸고, 실사를 마친 GM이 경영권인수를 포기하여 끝내 매각협상에 실패한다.

기대했던 GM과의 협상이 물 건너가자, 대우는 급속한 몰락의 길을 걷게 된다. 자금난이 가중되던 대우는 뒤늦게 자산매각에 뛰어들어 힐튼호텔 매각 등을 성사시키기도 했지만, 1999년 3월에는 이미 부채비율이 400%를 훨씬 넘은 상태여서, 그룹 자체적으로는 수습이 어려운 지경까지 내몰리게 되었다.

1999년 7월 김우중은 개인 재산 1조 3천억 원을 포함해 10조 1천억 원에 이르는 담보를 채권은행에 내놓겠다는 극약처방을 제시하고, 채권단은 대우에 4조 원의 추가자금 지원을 결의하였으나, 대우의 자금위기를 극복하기에는 턱없이 모자랐다. 결국 대우는 1999년 8월 대우그룹 12개 주력 계열사들이 채권단 관리하에 워크아웃을 맞음으로써 그룹 해체의 길로 접어든다. 11월에는 김우중 회장을 비롯한 계열사 사장단이 모두 물러나 대우그룹은 완전히 공중 분해되는 운명을 맞았다.

1967년 창업 이래 32년간 대한민국 경쟁성장의 견인차로 박정희의 차입경제와 중화학공업 육성 경제정책의 충실한 경제모델 역할을 해오던 대우그룹이, 1993년 '세계경영'을 선포한 지 6년 만에 역사 속으로 사라지고 만 것이다.

세계경영의 원천은 분식회계

대우에는 확실히 내세울 수 있는 1등 제품이 없었고, 신제품 개발로 국내외 시장에서 성공을 거둔 사례도 없었다. 단순히 차입만으로 급격히 커진 외형을 떠받치기에는 내부구조가 취약하다는 것이 시장의 평가이자 우려였다. 아울러 외부 차입에 의존해 설립했던 해외 사업장 중 제대로 이익을 내는 곳이 없었다는 것도 이런 우려를 뒷받침

했다. 박정희식 차입경제와 중화학공업 중심의 성장 모델의 대표 주자였던 대우그룹은 '외화내빈'으로 대표되는 한국경제의 압축성장 신화와 영욕을 함께한 뒤 결국 해체되었다.

사실, 대우그룹의 좌초는 1997년부터 감지됐다. 110억여 달러에 달하는 대우그룹의 해외투자는 외환위기를 맞으면서 엄청난 부담으로 '부메랑'이 돼 돌아왔지만, 대우그룹은 '세계경영'을 포기하지 않고 국내외 사업장들의 운영자금 조달을 위해 차입금을 계속 늘려갔으며, 결국에는 심각한 유동성 위기에 직면하게 되었다. 눈덩이처럼 불어나는 차입금(부채)에 깔려 압사당하였다는 만평도 신문에 실렸다.

대우그룹이 세계경영을 내세우며 차입경영을 할 수 있게 된 원인 중 하나가 대우에 돈을 빌려준 금융기관과 이를 강요한 관치금융을 조종한 정부였다. 세계적으로 차입경영에 성공한 개별 기업은 간혹 있지만, 대우처럼 기업 집단 전체가 차입경영으로 성공한 예는 없다고 한다. 그렇다면 전 세계에게 유례가 없는 차입경영을 계속할 수 있도록 자본금의 400%가 넘는 돈을 빌려준 이유는 무엇인가?

대우그룹의 분식회계 규모는 50조에 달하는 것으로 검찰 수사에서 밝혀졌다. 그러나 이는 3년간의 분식회계의 합계이고, 훗날 참여연대 등에서 밝힌 전체 분식회계 규모는 29조에 달한다. 대우의 부채 대부분은 29조의 분식회계가 없었다면 결코 빌려줄 수 없는 돈이었고, 결국 분식회계가 없었다면 세계경영을 내세우며 차입경영을 할 수 없었다는 것이다.

검찰이 발표한 대우의 분식회계 수법을 보면 다음과 같다. 재고자산과 매출채권을 과대 계상하였고, 공사 관련 수익과 유형자산도 과대 계상하였다. 있지도 않은 재고를 가짜로 만들고, 진짜 재고는 두 번 세 번 계산하여 부풀렸다. 이미 팔린 제품이 재고로 둔갑하기도 했다. 또한 계열사나 관계사에 허위 매출을 일으키고, 매출 서류도 가짜로 작성하였다. 선수금으로 받은 제조설비 자금을 기술수출 매출로 위장하였다. 건설과 중공업에서는 공사 예정원가를 낮게 책정하거나, 공사 진행률을 과대 계상하는 방법으로 공사 수익을 크게 하였다. 가공 유형자산을 만들기도 하고, 차입금을 은폐하기도 하였다.

대우의 백화점식 분식회계의 정점은 비자금 조성을 위해 영국 런던에 세운 BFC라고 할 수 있다.

BFC(British Finance Center) 사기

BFC는 (주)대우가 1980년대 리비아 공사대금을 처리하기 위해 만든 김우중과 측근들만이 아는 역외 비밀계좌이다. 공사 후에도 계속 비밀계좌로 존재하며 국내 재산의 해외도피 및 비자금 조성처로 불법 관리해 왔다고 한다.

BFC의 역할과 규모가 비대해지기 시작한 것은 1993년 대우그룹이 '세계경영'을 표방하면서부터였다. 김 전 회장은 현지 금융기관에서 돈을 차입하여, 10여 개에 달하는 해외 무역법인, 자동차 생산법인 및 판매법인 등에 투자했다. 하지만 무리한 투자로 해외 차입금이 60억~70억 달러에 이르러 상환 압력이 거세진 데다, 그 시기가 IMF 직전이어서 더 이상 해외차입이 어려워지게 되었다. 이때부터 김우중은 거꾸로 국내에서 조성한 돈을 해외로 송금한 것으로 밝혀졌다.

이 과정에서 대우는 중계무역을 통한 수입대금으로 위장하여 BFC가 만든 유령회사 명의로 송금하는 전형적인 재산도피 방식을 택했다. 또한 대우자동차에 들어와야 할 자동차 수출대금 15억 달러를 국

김우중 전 대우그룹 회장이 2014년 10월 22일 서울대학교에서 강연을 하고 있다.

내로 송금하지 않고 BFC 계좌에 입금시켜 유용하였다고 한다.

이 돈이 누구의 감독·통제도 받지 않고 김우중 회장의 책임 아래 기업의 정상적인 회계를 거치지 않고 운영된 점에 비추어, 상당 부분이 비자금으로 빼돌려져 지금도 진행 중인 베트남 사업과 같은 개인사업 등에 사용되었을 거라는 의심을 받고 있다.

결과적으로, 이처럼 비정상적인 BFC를 통한 무리한 해외투자 및 해외금융차입이 대우 부도의 주요 원인으로 작용한 것으로 보인다.

대우 몰락의 의미

대우는 박정희 대통령과 각별한 관계에 따른 개인적 도움의 결과로 성장하였으며, 철저하게 내수보다는 차입경제에 의한 중화학 공업 위주의 수출경영을 하는 박정희 경제 모델의 원조 실천 기업이었다.

대우그룹은 1970년대의 경제성장 및 수출 호조에 따른 환경 아래서 비약적인 발전을 하였지만, 차입경영과 출혈 수출에 필연적일 수밖에 없는 문제들을 그대고 안고 있었다. 박정희 경제 모델은 부의 축적이라는 목표 아래 재벌기업을 육성하고 재벌에게 저리의 차관이나 시중금리의 반도 되지 않는 정책 자금들을 지원하여 부를 몰아주는 정책이었다. 그러나 중간재 산업이나 중소기업 육성 없는 중화학 위주의 수출 정책들은 수출을 하면 할수록 중간재 수입 등으로 수입이 더 증가하는 기형구조를 만들게 되었다. 출혈 수출과 이중 가격제에 의한 보상과 같은 정부의 보호 아래 성장한 재벌기업들은, 외화내빈으로 IMF 외환위기 같은 외부의 충격에 취약할 수밖에 없었다.

김우중 회장은 대마불사와 원화 환율 절하의 힘만 믿고 세계경영으로 위기를 모면하려고 하였다. 그러나 후발기업으로서 기술력이 뒤처지는 대우로서는, 선진국 시장보다는 소련의 울타리에서 막 풀려난 동유럽과 개발도상국과 같은 신시장에 집중할 수밖에 없었다.

차입경제와 차입경영, 그리고 허울뿐인 수출경제와 세계경영, 이 모두가 신기루였다는 생각이다. 대우의 몰락은 차입경제에 기반한 수출만능주의의 박정희 경제의 몰락과 같은 의미를 지닌다. 대우의 몰락과 함께 박정희 경제 신화도 최종적으로 무너졌다고 생각한다. 한국의 재벌들도 대우의 몰락을 계기로 구조조정에 힘을 쏟게 된다. 이전보다 내부 회계도 투명하게 하고, 내실을 다지는 기반이 되었다. 그런 대우의 교훈을 통해 내실을 다졌기에, 2008년 미국발 경제위기에 따른 금융위기가 발생했을 때도 큰 영향 없이 넘어갈 수 있었다. 대우 사태를 통해 얻은 쓰라린 교훈들을 우리는 잊지 말아야 할 것이다.

7장 사모펀드 논쟁: 이명박 시장과 맥쿼리

성공한 투자자와 사기꾼의 차이

투자에는 성공과 실패의 두 갈림길이 있다. 투자에서 성공은 시장 이자율 이상의 수익을 얻는 경우이며, 실패는 원금 손실을 보거나 시장 이자율보다 낮은 수익을 얻는 경우라고 할 수 있다. 그런데 시장 이자율 이상의 투자 이익을 얻으려면 큰 위험 부담을 감수해야 한다. 'high risk high return'이란 말이 있듯이 투자 위험이 큰 곳에 높은 수익이 존재하는 것이 경제법칙이고 투자 현실이다.

IMF 외환위기 이후 한국 금융계에는 모험적인 투자로 유명한 3인이 있었다. 잘되면 IMF 외환위기 상황에서도 성공한 3대 투자가가 되고 실패하면 3대 사기꾼이 된다는 말이 회자될 만큼 당시 큰 리스크를 안고 투자했던 그들은 IMF 이후 중앙종금 회장으로 High Risk 채권과 주식에 투자했던 김석기 씨(연극배우 윤석화의 남편으로도 알려

2015년 2월 12일, 금융정의연대 김득의 대표(왼쪽)와 장흥배 참여연대 경제노동팀장이 외환은행과 김한조 외환은행장을 고발하는 고발장을 접수하고 있다.(출처: 참여연대)

져 있다), 중졸 학력으로 사채시장과 M&A를 통해 성장하여 현재는 NH증권에 합병된 세종증권을 일군 김형진 씨, 그리고 우리나라 벤처투자의 개척자로서 한때 냉각캔으로 유명한 군자실업에 투자하여 큰돈을 벌고 최근까지 KTB증권과 벤처투자자문사를 운영했던 권성문 씨 3인이다. 권성문 회장은 최근 KTB증권을 2대 주주에게 매각하고 경영 일선에서 퇴진하였다. 세 사람은 모두 IMF 외환위기 이후 채권시장이나 주식시장 그리고 M&A시장에서 큰 리스크를 안고 성공을 거두었지만, 오늘날까지 합법과 위법의 경계에 있었다고 해서 논란이 되고 있다.

그런데 위 세 사람보다 한 차원 높은 수준에서 합법과 위법의 경계선을 걸은 사람이 있었으니, 그가 바로 외환위기 직후 온 국민들에게

'바이코리아' 열풍을 몰고 왔던 현대증권의 이익치 전 회장이다.

바이코리아 펀드 열풍과 이익치

이익치 전 현대증권 회장은 IMF 외환위기 이후 바이코리아 열풍을 일으킨 사람이다. 바이코리아 펀드를 앞세운 그는 1999년 8월 대우사태가 터지기 전까지 현대증권에서만 11조 원의 개인 자금을 끌어들여 대한민국에 펀드의 대중화를 이끌었다. 그런데 문제는 "곧 주가가 3000선을 넘어서고 몇 년 뒤에는 6000선까지 오른다"는 말로 펀드 투자자에게 환상을 심어주면서 대중들의 펀드 참여를 이끌어냈다는 점이다.

당시 이 전 회장이 투자설명회에 나서면 수천 명의 인파가 몰려들어 인산인해를 이루었고, 정치권에서도 그를 끌어들이기 위해 치열한 물밑작업을 벌였다는 설이 있다. 이 전 회장의 말에 대학생들이 등록금을 깨서 투자할 정도로 대한민국에 펀드 광풍이 몰아쳤다.

이 전 회장은 바이코리아 펀드의 자금력을 앞세워 당시 자금난에 시달리던 현대그룹 계열사의 증자를 성사시킨 것은 물론, 현대그룹의 부채비율을 낮추는 데도 크게 공헌하였다. 그런 사유로 한때 IMF 이후 현대그룹을 살린 일등공신으로 그룹 내에서 존재감을 높였다.

그러나 대우사태가 터지면서 '이익치 성공신화'는 급격하게 무너지기 시작하였다. 대우사태로 외국인들은 주식을 팔아치웠지만, 바이코리아 펀드는 그 뒤로도 돈을 더 끌어들여 주식을 매입하였다가 훗날 투자자들과 현대그룹에 큰 손해를 안겼다. 뿐만 아니라 현대중공업의 자금으로 현대전자(현 SK하이닉스)의 주가조작에 가담하여 도덕적인 면에도 상처를 입었고, 후에 현대가의 후계자들의 권력 투쟁이라고

이익치 전 현대증권 회장

할 만한 '왕자의 난'에 개입하여 사법적인 처벌도 피할 수 없었다(이익치 전 회장은 1998년 현대중공업과 현대상선 자금 2134억 원을 모은 뒤, 시세 조종을 통해 현대전자 주가를 1만 4800원에서 최고 3만 4000원 선으로 끌어올린 혐의로 1999년 기소돼 2003년 12월 대법원에서 징역 2년에 집행유예 3년을 선고받았다. 시민단체에서는 이 전 회장이 현대중공업의 최대 주주인 정몽준의 이익을 위해 주가조작에 개입하였다고 소송을 제기했으나 정몽준은 이익치와 달리 최종 무혐의 처분을 받았다).

뮤추얼 펀드와 헤지 펀드, 그리고 사모펀드

바이코리아 열풍이 꺼질 무렵, 그 책임을 놓고 우리 사회에서는 뮤추얼 펀드(mutual fund)와 헤지 펀드(Hedge Fund)에 대한 논쟁이 벌어졌다. 당시 우리나라 펀드 구조를 놓고 '뮤추얼 펀드가 아니라 헤지 펀드 구조이다'라는 주장들이 언론을 통해 제기되었으나, 모두 틀린 내용이었다. 두 용어에 대한 통일되거나 단일한 정의는 없지만, 일반적으로 이는 미국의 투자 형태를 지칭하는 말이다.

뮤추얼 펀드는 일반인을 대상으로 공모하여 모은 돈으로 주식이나 채권에 투자한다. 미국에서는 증권거래위원회(SEC)에 등록해야 하고, 어떤 상품에 투자하여 어느 정도의 수익률을 올릴 것인지 공시를 하게 된다. 규제가 까다롭고 정해진 수수료율 안에서 수수료를 취할 수 있다. 뮤추얼 펀드는 별개의 SPC회사 형태로 운영되고, 투자자는 연간 단위로 회사가 거둔 수익 범위 내에서 배당금 형태로 수익을 받는다. 뮤추얼 펀드는 우리나라처럼 기준가 제도를 통해 중간에 펀드에 들어오고 나가는 것을 원칙적으로 허용하지 않는다.

반면 헤지 펀드는 공모 방식을 취하지 않고 사모 방식으로 운용되는 투자 펀드이다. 또한 주식과 채권에만 투자하는 것이 아니라, 보다 위험이 큰 선물이나 파생상품에도 투자하고 M&A 자금 등과 같은 다양한 거래 활동과 투자를 허용한다. 일반 투자가를 상대로 하지 않기 때문에 공시할 필요도 없고, 감독기관의 감독을 받을 필요도 없이 수익이나 이익에 따라 펀드를 만들고 다양하게 투자한다. 일반적으로 헤지 펀드는 펀드매니저가 제너럴 파트너(general partner)가 되고, 투자자가 리미티드 파트너(limited partner)가 되는 파트너십의 형태로 설립되어 운영되며 일정의 요건을 만족시키면 법적인 제한을 거의 받지 않는다.

사모펀드(private equity)는 헤지 펀드와 유사한 점이 많지만, 비교

	뮤추얼 펀드	사모펀드	헤지 펀드
모집 방식	공모	사모	사모
투자자	일반 개인투자자 기관투자자	소수 거액투자자 기관투자자	소수 거액투자자 기관투자자
공시	공시	비공시	비공시
정보 공개	공개	비공개	비공개
경영 참여	참여 안함	적극 참여	참여 가능
투자 기간	중장기	중장기(10~12년)	제한 없음
레버리지	불가	원금의 2~5배	원금의 2~5배
주요 투자대상	주식, 채권, MMF	구조조정 기업	주식, 채권, 파생, 1차상품
자기 자금 출자	불가	가능	가능
차입	규제	제한 없음	제한 없음
공매도	규제	규제 없음	규제 없음
통제	감독기관	주주 자율규제	주주 자율규제
성과 측정	상대수익률	절대수익률	절대수익률
운용 보수	순자산가치 기초	순자산가치 기초	순자산가치 기초
성과 보수			실현 및 미실현 수익으로부터 연간 발생

적 단기간 투자하는 헤지 펀드와 달리 중장기 투자를 한다는 점, 그리고 프로젝트별로 다른 계약 내용으로 각기 다른 투자자들의 참여에 의해 운용된다는 점에서 헤지 펀드와 구별된다.

우리나라 펀드는 다른 개념

우리나라에서는 IMF 외환위기 이후 칼라일과 론스타가 한미은행과 외환은행을 인수하는 과정에서 사모·헤지 펀드 논쟁이 있었다. 외환위기 직후 한동안 바이코리아 열풍이 불다가 1999년 대우사태로 일부 펀드런이 발생하여 금융시장에서 펀드 책임론이 불거졌다. 당시 우리나라의 펀드는 뮤추얼 펀드도 헤지 펀드도 아닌 일본식 투자금융제도하에 만들어진 계약형 펀드 상품이었다. 굳이 미국식 투자펀드 형태로 분류하자면 '수시 지급식 계약형 뮤추얼 펀드'로 분류할 수 있는 것이 우리나라에서 유행하는 투자 펀드였다. 따라서 당시 언론에서 언급되었던 뮤추얼 펀드나 헤지 펀드 논쟁은 정확하지도 않았고 무의미한 것이었다.

펀드 책임론은 리먼브라더스에 의해 촉발된 2008년 금융위기 때 다시 한 번 불거진다. 당시 미래에셋 박현주 회장이 주도했던 디스커버리 펀드 열기가 2008년 세계 금융위기를 맞아 급격한 환매 요구에 급전직하하자 다시 한 번 펀드 책임론이 불거지게 되었던 것이다.

일본식 투자신탁제도는 계약형 뮤추얼 펀드

일본식 투자신탁제도가 문제가 된 것은 첫째, 투자자들의 자유로운 가입 및 해지가 가능했다는 점, 둘째, 일반적인 뮤추얼 펀드와 같은 회사형이 아니라 계약형 펀드였다는 점에 있었다. 당시의 투자신탁제는 기준가 제도를 통해 펀드 가입이 자유롭고 기준가에 의한 중도 환매가 가능한 구조였다(미국의 뮤추얼 펀드는 가입과 해지가 자유롭지 않은 회사형이어서, 운영 실적에 따라 연간 배당이익을 받는 형태로 수익을 돌려준다).

이런 제도에서는 실현되지 않은 이익을 중도 환매자들이 가져가 버리는 문제가 발생하여 펀드에 편입된 채권이 부도나거나 유동성 위기가 닥쳤을 때 펀드런이 발생할 수 있다는 점에서 문제가 있다. 가령 100억의 펀드가 결성되어 단순하게 50억은 A자동차의 채권을 사고, 나머지 50억은 정기예금에 예치했다고 가정하자. 채권은 액면가나 할인가 발행에 따라 채권 구입 시 지급하는 금액이 다르긴 하지만, 경과 기간에 따라 지급한 이자와 미경과 기간에 지급받을 이자를 선급비용과 미수이자로 분류하여 기준가에 반영한다. 정기예금도 경과 기간에 따라 이자를 받으면 기준가에 반영하여 일반적으로 펀드 설정시의 기준가보다 날짜가 경과함에 따라 기준가가 올라가게 된다. 이때 아직 발생하지 않은 A자동차의 채권에 대한 이자를 기간 안분하여 기준가에 반영하였기에 중도 환매자는 채권의 매입이나 정기예금 이자 등으로 아직 실현되지 않은 이익을 반드시 실현된다는 가정하에 가져가는 것이다.

해당 채권이 만기에 채권 발행자로부터 원금과 이자를 다 받게 된다면 문제는 발생하지 않는다. 그러나 외환위기와 같은 외부적인 요인으로 A자동차가 지급불능 상태가 되면 해당 채권은 휴지가 되고, 앞에서 설명했던 중도 환매자가 가져간 이익까지 펀드에 남아 있는 다른 투자자들이 책임져야 하는 사태가 발생할 수 있다. 따라서 다른 투자자가 환매하기 전에 먼저 환매해야만 손해를 줄일 수 있기에 펀드런이 발생하게 되는 것이다.

대우사태가 발생했을 당시 정부가 대우를 바로 부도 처리하지 못하고 시간을 끈 것은, 일본식 투자신탁제도의 맹점 때문에 펀드런이 발생할 가능성이 있어 이에 따른 금융시장의 혼란을 방지하기 위한 목적이었다. 사정이 이러한데도 당시 언론이나 경제전문가들조차 실현되지 않은 채권의 가치가 기준가에 반영되어 거래되는 일본식 투자제도의 문제점을 보지 못하고 대우 채권을 당장 부도 처리하라는 주장들을 펼친 바가 있다.

물론 대우사태를 겪고 나서는 펀드 기준가의 산정에서 확정되지 않은 이익에 대해 유보이익 형태로 시차를 두고 기준가에 반영하는 제도를 도입하여 급격한 펀드런의 발생을 방지하게 되었기에, 2008년 금융위기 시에는 펀드 구조에 따른 혼란이 이전처럼 크지 않았다.

타이거 펀드, 칼라일과 론스타

타이거 펀드는 전설적인 펀드 매니저인 줄리언 로버트슨이 1980년 8백만 달러를 투자해 설립한 초대형 헤지 펀드로 IMF 외환위기 이전 우리나라와 동남아시아에서 공격적으로 투자했던 단기투자 성향의 펀드이다. 우리나라에 외국 투자자본의 출현을 처음 알린 계기가 되기도 하였다.

타이거 펀드는 한때 퀀텀펀드로 유명했던 조지 소로스의 소로스 펀드매니지먼트에 이어 세계에서 두 번째로 큰 개방형 헤지 펀드였으나, 1997~98년 IMF 동남아 외환위기를 예측하지 못하여 엔화 및 주식투자에서 연이은 실패로 사양길에 접어들었다. 타이거 펀드는 IMF 외환위기 때 한국에서 많은 피해를 보고, 그 피해를 만회하기 위하여 리스크가 큰 시장인 러시아 국채시장에 진출하였다가 더 큰 피해를 보았다는 보도도 있다.

칼라일 그룹은 조지 부시 전 미국 대통령, 존 메이저 전 영국총리, 피델 라모스 전 필리핀 대통령 등과 연결되어 있는 헤지 펀드이자 사모펀드 회사로 알려져 있다. 우리나라에서는 한미은행을 헐값으로 인수하여 시티은행에 50%에 가까운 수익을 받고 되팔았다. 2011년 칼라일 그룹은 연방증권감독국(SEC)에 기업 공개(IPO) 신청서를 제출하여 사모 헤지 펀드 역할을 마치고 공모 펀드로 새 길을 찾게 된다.

론스타 펀드는 1989년 미국 댈러스에서 설립된 부동산투자 전문 헤지 펀드다. 부동산에만 투자하며, 아시아에서는 주로 태국, 일본, 한

칼라일 그룹과 론스타 펀드의 로고

국에 투자하였다. 우리나라에서는 극동건설 빌딩과, 외환은행, 강남 파이낸스 빌딩 등을 구입한 후 매각한 바 있다.

2003년 론스타는 외환은행 주식을 51%가량 헐값으로 매수하여 최 대주주가 되었으나, 다른 나라에서 골프장을 운영하는 등 우리나라 금산분리 정책에 의하면 은행과 같은 금융기관을 인수할 수 없는 산 업자본의 성격을 띠고 있다는 문제가 있었다. 금산분리법(金産分離法) 은 금융자본과 산업자본을 분리시키기 위한 법률이다. 실질적으로 산 업자본의 금융자본 소유를 허가하되, 은행자본에 대해서는 소유를 금 하고 있으므로 실제적으로는 금산분리법이라기보다 은산(銀産)분리라 고 해야 한다는 견해도 있다.

론스타는 국내의 다른 사모펀드와 달리, 외환은행을 헐값으로 인수하기 위해 외환은행 경영진과 공모하여 외환카드의 부실을 부풀리고 주가를 조작했다는 혐의를 받았다. 론스타는 외국에서도 과거 주가조작을 통해 싸게 기업을 사들이고 비싸게 되파는 것으로 악명이 높은 금융 집단이었다.

　　타이거 펀드는 주로 한국 주식시장에 유동성을 공급하다가 동남아 금융위기의 파고를 넘지 못하고 손해를 보고 물러났고, 칼라일 펀드는 우리의 경제 위기 시의 기회를 이용하여 상당한 이익을 거두었지만, 겉으로 나타난 불법적인 요소는 없었다. 이에 반해 론스타는 당시 외환은행 경영진과 공모하여 주가를 조작하고 금산분리법에 의해 인수 자격이 없음에도 불구하고 위법적으로 외환은행을 인수하고, 후에 하나은행에 되팔아 많은 이익을 남긴 펀드로 오늘날까지 국민들로부터 지탄의 대상이 되고 있다.

　　사실 외환은행의 부실 원인 중에는 주거래 기업인 현대건설과 현대그룹의 부실이 큰 몫을 차지하고 있다. 현대건설과 현대그룹은 2002년 은행 구조조정 당시 각각 7천억 원과 2조 8천억 원의 대출을 외환은행에서 일으키고 있었다. 당시 외환은행이 이들의 채무를 조정하는 과정에서 거의 대부분을 손실이나 충당금으로 쌓게 되어 부실이 커졌다는 것이다.

　　특히 현대건설의 부실채권 중 6천억 원은 당시 이명박 회장이 이라크 전쟁이 발발하자 위기는 기회라고 생각하고 철수하는 국내 건설사나 외국 건설사들의 자산을 무차별적으로 인수한 데서 비롯되었다. 그 자산들은 10여 년이 넘도록 현대건설의 부실 자산이 되어 회수하지도 못하고, 매년 13~15%대의 차입금 이자를 계속 내게 되면서 현대건설을 뼛속까지 깊이 병들게 한다.

이명박 회장의 잘못된 판단이 현대건설의 부실을 만들고, 이에 따라 주거래은행이던 외환은행의 부실로 이어지고, 결국은 론스타 펀드에 헐값 매각을 일으킨 근본적인 원인이 된 것이다.

이명박과 맥쿼리

이명박이 한국경제에 끼친 악영향은 그뿐만이 아니다. 대통령 집권 시절 4대강이나 자원외교로 많은 손해를 끼쳤고, 박정희나 김우중처럼 수출로 경제부흥을 이루겠다며 집권 초기에 급격한 환율인상(원화 절하)을 하여, 그나마 재벌과 대기업 틈에서 명맥을 유지하던 중소기업들을 더 병들게 하였다(당시 원화절하로 수출 대기업은 큰 이익을 보았으나 대기업에 중간 부자재를 공급하는 중소기업은 원자재의 수입단가 인상으로 이중고를 겪게 된다). 서울시장 재임 말기에는 맥쿼리와의 지하철 9호선 계약과 AIG와의 여의도 IFC 금융센터 계약이 불공정하게 이루어져 국부유출을 초래했다는 비판을 받고 있다.

맥쿼리는 호주 시드니에 본사가 있는 은행이다. 맥쿼리는 우리나라뿐만 아니라 호주에서도 자회사를 통해 부동산, 에너지, 물, 도로, 공항, 항만, 철도 등 돈 될 만한 민간사업에 투자하는 회사이다. 호주에서도 시드니 국제공항과 공항철도가 맥쿼리 계열사로 넘어간 이후 공항 이용료와 공항철도 요금이 엄청나게 올라, 공항철도를 타는 것보다 택시를 타고 공항에 가는 것이 오히려 싸다고 하는 현지의 평가도 있었다.

우리나라에서 맥쿼리는 지하철 9호선과 같은 기형적 민자사업을 많이 수행하였다. 지하철 9호선은 3조 원 넘는 사업비 가운데 국가와

2012년 8월 16일, 이명박 대통령이 구미전자정보기술원에서 열린 제131차 비상경제대책회의에서 투자유치 확대방안에 대한 보고를 듣고 있다.(출처: 국가기록원)

서울시의 세금이 80% 들어가고 맥쿼리인프라로 대표되는 민자사업자들은 20% 정도밖에 투자하지 않았다.

외국의 민자사업은 거의 100% 민간자본으로 사업을 진행한다. 지하철 9호선은 사업비의 80%를 국가와 서울시가 지원하고, 20%를 지급한 민자 사업자에게 지하철 운영권과 부수적으로 호화롭게 지어진 9호선 역내의 상가 운영권까지 허용한 기형적 민자사업이다. 이러한 기형적 민자사업을 허용한 사람이 이명박 당시 서울시장이다.

맥쿼리는 맥쿼리한국인프라투융자회사(맥쿼리인프라)를 통해 지하철 9호선 외에도 14개 민자사업에 투자하여 사실상 대한민국 지방자치단체와 국민을 상대로 '고리대금업'을 운영한다고 비판받고 있다. 이들이 운영하는 사업은 백양터널(100%), 광주 제2순환도로 1구간(100%), 인천국제공항고속도로(24.1%), 부산 수정산터널(100%), 대

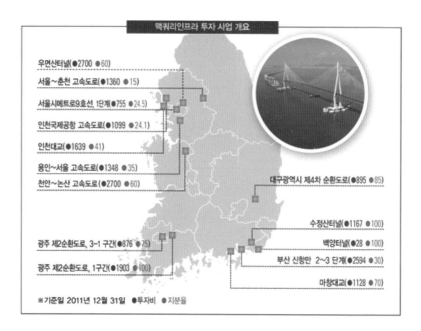

맥쿼리가 투자한 사업들(출처: 위키백과)

구 제4차순환도로(85.0%), 천안~논산고속도로(60.0%), 우면산터널 (36.0%), 광주 제2순환도로 3~1구간(75.0%), 마창대교(100%), 용인~ 서울고속도로(35.0%), 서울~춘천고속도로(15.0%), 서울 도시철도 9 호선 1단계(24.5%), 인천대교(41.0%), 부산 신항만 2~3단계(30.0%) 가 있다. 맥쿼리는 이들 사업을 통해 매년 이자 수익과 운영 수익으로 수천억 원의 국민 세금을 가져가고 있다.

이들이 이자 수익을 가져가는 방법은 비정상적이고 사기에 가깝다. 각각의 민자사업별로 SPC를 만들고, 부도 날 위험이 없는 그들 사업 의 SPC회사에 후순위 대출을 일으켜 공사를 진행한다. 그리고 후순위 대출의 이자율을 10~20% 정도로 취하고, 또 필요하면 선순위 대출도 일으켜 이자 수익과 운영 수익을 함께 가져가는 방식이다.

금융시장에서 선순위 대출은 회수 가능성이 크기에 시장 이자율에 가깝다. 그러나 맥쿼리의 선순위 대출의 이자율은 7.85~15%에 이르게 하여, 2009년에만 이자 수익은 1,578억여 원, 전체 운영 수익은 1,539억여 원의 막대한 이익을 가져갔다(오마이뉴스, 2012년 4월 21일자 선대인 작성 기사). 이처럼 맥쿼리인프라는 변형된 민자사업 투자와 운용을 통해 막대한 수익을 올리고 있지만, 배당세액은 물론이고 이중과세 조정제도에 따라 법인세조차 내지 않고 있다.

맥쿼리는 이름만 호주 기업이고, 문제가 된 서울지하철 9선의 맥쿼리인프라의 실제 주인은 군인공제회(11.8%), 신한금융그룹(11.2%), 한화생명(7.2%) 등 국내 기관투자자들이며, 이들이 모두 61.7%의 지분을 갖고 있다. 또한 20.8%가 개인투자자들이고 외국인 지분은 17.6%밖에 안 되며, 정작 호주 맥쿼리 그룹의 지분은 3.8%에 지나지 않기에, 실질적으로는 외국회사가 아니다. 대신 맥쿼리는 이름을 빌려주고 맥쿼리인프라의 관리를 대행해주는 조건으로 매년 200억 정도의 운영비를 가져가는 것으로 알려져 있다.

많은 국민은 이명박 서울시장이 임기 말기에 왜 맥쿼리인프라에 큰 혜택을 주었을까 고개를 갸우뚱한다. 로비 자금이 들어갔거나 아니면 개인투자가 지분 중 이명박 전 대통령의 차명 지분이 있는 것 아니냐는 의구심을 갖게 하지만, 명백한 증거는 없다. 이명박 전 대통령의 그동안의 행태를 보면 아주 작은 개인의 이익에도 국가의 손해를 무릅쓰고 혜택을 준 사례가 종종 있었다. 특히 자원외교 사업 행태를 보면 그런 의심이 더 강하게 든다.

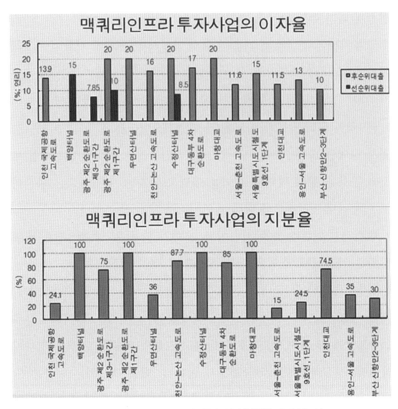

맥쿼리인프라 투자사업의 지분율과 이자율(출처: 오마이뉴스)

펀드논쟁에서 얻은 교훈

1997년의 IMF 외환위기와 2008년의 리먼브라더스발 금융위기를 겪으면서, 투자신탁제도의 문제 중 하나였던 실현되지 않은 이익의 기준가 반영으로 인한 펀드런의 위험은 거의 사라졌다. 그러나 국내 채권시장과 주식시장이 충분하게 성숙되지 않은 상태에서 이익치의 바이코리아 펀드나 박현주의 디스커버리 펀드와 같은 대형 펀드에 집중적으로 자금이 모이게 되면, 성장하는 경제에서는 경제성장이 더 가속화되는 긍정적인 면이 있겠지만, 후퇴하는 경제나 경제위기 시에는 금융시장의 혼란이라는 큰 문제가 발생하게 된다.

후퇴하는 경제나 경제위기 시에는 주식이나 채권의 수요가 적어지고, 바이코리아나 디스커버리 같은 대형펀드에 대한 환매 요구가 증가하기 때문이다. 그런데 그런 대형 펀드의 물량을 받아줄 수 있는 시장은 많지 않다. 투자신탁 상품 제도가 개선되었다고는 하지만, 아직 우리나라에서는 중간 환매를 허용하지 않는 순수한 뮤추얼 펀드로 바꾸지 않는 한, 위험이 완전히 해결되지는 않았다고 할 수 있다.

현재 우리나라의 증권사나 은행에서 판매되는 투자신탁 상품은 굳이 이름을 붙이자면 '수시 입출식 계약형 뮤추얼 펀드'가 되는데, 후퇴하는 경제나 외환위기 시와 같은 급격한 경기 변동 때에는 대형 펀드의 환매 요구를 받아들일 수 없는 구조이다. 수시입출식 펀드는 아무리 제도적으로 보완을 한다 해도 실현되지 않은 이익을 처리하는 데 공정성 문제가 생길 수 있으며, 대형 펀드와 함께 유동성에 문제가 있을 수 있다. 그래서 일정 수준 이상의 대규모 펀드는 수시입출을 허용하지 않거나, 외국의 뮤추얼 펀드처럼 계약형이 아니라 회사형으로 유지해야 하며, 매년 운영 수익을 배당으로 지급하는 방식으로 전환하여야 한다.

또한 사모펀드에 대해서는 론스타와 외환은행 사례에서 볼 수 있듯이 매각 기준을 더욱 엄격히 하고, 외국의 사모펀드에게 헐값으로 금융기관이나 회사를 넘기지 않도록 공정하게 감독해야 한다.

그리고 지하철 9호선 같은 기형적 민자사업으로 국민 세금이 더 이상 낭비되지 않도록, 깨어 있는 시민으로서 감시 역할을 충실히 해야 한다. 그러기 위해서는 이명박 서울시장 시절 잘못 진행된 민자사업들을 재점검하여 개선하고, 조사할 것이 있으면 검찰에 수사를 의뢰해야 한다는 생각이다. 이명박 서울 시장 재직 말기에 허가가 난 IFC 금융센터와 AIG에 대한 의혹도 아직 제대로 조사되지 않고 있다.

비록 시간은 많이 지났지만 이들에 대하여 강한 개혁 의지를 보이는 박원순 서울시장이나 문재인 정부에서 잘 처리되기를 바라며, 다시는 이런 일이 없도록 교훈으로 삼아야 할 것이다.

8장 CEO가 갖추어야 할 진정한 가치
– CEO 논쟁 1: 이명박·신현우·문국현

CEO형 대통령의 추억

지난 2007년 대선에서는 경제대통령 혹은 CEO형 대통령을 표방하는 후보들이 큰 이슈가 되었다. 두 명의 후보가 CEO형 대통령을 표방하였는데, 필자가 아는 상식으로 그중 한 후보는 실패한 CEO에 불과하며 결코 존경할 만한 기업인은 아니었다는 생각이다.

또 다른 한 명의 후보는 CEO로서는 존경할 만한 덕목은 갖췄지만, 정치인으로서는 역량이 없으며 서민들을 품고 이끌어낼 수 있는 큰 그릇이 될 아량도 비전도 없었다는 판단이다.

국민들은 수구 부패세력의 집권을 막기 위해 상대적으로나마 좀 덜 부패한 후보를 중심으로 단일화하기를 바랐는데, 그는 결과적으로 끝까지 완주함으로써 실패한 CEO이자 박정희 대통령 이상으로 부패한 후보가 당시까지 최대 표차로 당선되는 데 일조하였다(이명박 대통령

2007년 대통령 선거 주요 후보 포스터

의 최대 표차 당선 기록은 2017년 문재인 대통령에 의해 깨졌다).

이러한 문제의식을 가지고 필자는 2007년 대선을 앞두고 '진정한 CEO의 가치'에 대한 글을 쓴 적이 있다. 그 글을 쓴 대가는 컸다. 대통령 후보에 대한 '사실을 적시한 명예훼손'으로 '전기통신법 위반'이라고 경찰서에 불려가 조사도 받았다. 결과적으로 당시 많은 사람들의 우려에도 불구하고 대통령에 당선된 이명박 후보는, 그가 주장한 경제대통령이나 성공한 CEO 대통령과는 전혀 다른 길을 걸었고, 현재까지도 수많은 국민들의 원성과 손가락질을 받고 있다. 역사적으로도 박근혜를 제외하고는 최악의 지지율을 기록한 대통령이 되었다.

이 주제를 다시 다루며 필자로서는 여러 가지 감회가 생기지 않을수 없는데, 또 하나 오늘날까지 마음이 편치 않은 이유가 있다. 글을쓰던 당시는 가습기 살균제 사건이 가시화되기 전이었고, 이명박 후보와 대비되는 CEO를 찾다가 당시 수단과 방법을 가리지 않고 목표한 실적을 올리고자 하는 옥시의 신현우 사장과, 비록 정치적으로는실패했지만 CEO로서 인간 중심의 경영을 했던 킴벌리클락의 문국현사장을 비교 대상으로 선정하였다. 당시 글에서는 이명박 후보와 대비하기 위하여 경영 능력과 실적 측면만 강조하다 보니 옥시의 신현우 사장을 일부 미화한 부분도 있었던 것 같다. 결론적으로는 신현우옥시 사장도 CEO의 진정한 덕목과 가치를 갖춘 사람은 아니라고 평가했지만, 당시 벌어졌던 CEO 논쟁의 교훈을 잊지 않았으면 하는 바람에 오래전에 썼던 부끄러운 글을 손보아 다시 내놓고자 한다.

다시는 이명박 전 대통령과 신현우 사장 같은 CEO가 나오지 않기를 바라며, 가습기 피해자 분들에게 심심한 위로를 드린다.

개발시대의 CEO

우리나라에 있는 수십만에 이르는 법인과 기업(Corporation)의 대표이사 또는 사장이라는 직함을 CEO(chief executive officer, 최고경영책임자)라고 인정한다면, 우리나라에는 수십만 명의 CEO가 존재하는 셈이다. 문제는 그 많은 CEO 중에서 진정으로 존경받고 자격을갖춘 CEO는 얼마나 될까 하는 것이다.

개발시대, 국민소득 1000불과 100억불 수출을 목표로 하던 그런

현대건설 사장 재임 당시 이명박(출처: 국가기록원)

시대에는 땅 파고 말뚝 박고 공장만 세우면 돈을 벌 수 있었다. 은행에서 시장 금리의 절반 이하로 돈을 빌려 공장을 세우고, 외국보다 싼 임금과 노동력으로 외국 제품 적당히 베껴, 값싼 제품을 만들어서 정비되지 않은 유통망에 마케팅 전략도 없이 적당히 팔던 그런 동화 같은 시대 말이다. 당시에는 속도가 성공의 열쇠라고 생각했다. 법 지키고 절차 밟아 일을 진행하면 늦는다. 일단 일을 벌여놓고 나중에 돈이나 인맥 등으로 해결하는 방식의 CEO들이 많았다. 물론 적당히 법도 위반하여 전과자가 되는 사람도 있었다.

그때 그 시절에는 그렇게 하는 것이 당연했다고 말하겠지만, 민주 정부가 들어선 첨단 21세기에 그런 CEO가 존경받고 유력 대통령 후보까지 된다면 좀 비정상적인 사회라는 생각이다. 또한 그 시절의

CEO들은 다 그랬다고 말한다면 그것도 큰 오산이다. 법을 위반하고 수습하지 못할 일만 벌여놓아 후임 CEO가 해결하게 만드는 그런 기업인들과 다른, 올바른 가치와 더 높은 경영 이상을 추구하며 성공적으로 기업을 이끈 CEO들도 많기 때문이다.

신문이나 언론지상에는 잘 소개되지 않지만, 합법과 불법, 편법과 비법(非法)을 넘나들며 승승장구해온 이명박 후보와는 확연히 다른 길을 걸어온 CEO들에 대한 이야기를 몇 가지 소개하고자 한다.

옥시의 신현우, 그리고 CEO의 가치

한국의 기업 경영인 중에서 획기적인 경영 성과와 CEO로서 진정한 가치를 갖춘 사람으로 주목받는 이들이 둘 있다. 한 사람은 2007년 대통령 선거를 통해서 많이 알려진 문국현 사장이며, 다른 한 사람은 2000년도 중반 경영학자들이나 기업가들을 중심으로 많이 알려진 옥시의 신현우 사장이다. 신현우 사장은 2005년 옥시를 매각하고 매각된 법인에서 몇 년간 일하다가 2007년 동양화학그룹으로 돌아갔고, 문국현 사장은 2007년 대선을 위해 회사를 사직했다. CEO로서의 덕목이나 기업 경영의 성과라는 측면에서 두 사람은 개발시대의 왜곡된 CEO 상(像)을 대표하는 이명박 후보와는 다른 길을 걸은, 우리가 연구할 만한 대상이라고 생각한다.

당시는 가습기 살균제 사건이 세상에 알려지기 전이라 일반인들은 '옥시'라는 회사는 잘 몰라도 '옥시크린'과 '물먹는 하마'란 상품으로 옥시를 인지하던 시절이었다. 전라북도 익산에 있는 동양화학 3공장이라는 작은 공장에서 시작한 옥시는 다른 기업이 손을 댄 아이템은 시작하지 않는다는 독특한 경영철학을 가지고 있었다.

염소계 표백제 일색이었던 세제 시장을 평정한 베스트셀러 '옥시크린'

옥시가 세제 시장 진출을 고민할 당시 세제 시장에는 이미 국내 대기업 중심의 메이저 브랜드 경쟁자들이 자리를 잡고 있었다. 옥시는 이미 시장을 형성하고 있는 기존 세제로 승부한다면 실패할 것이라는 사실을 간파했다. 옥시가 세제 시장에 진출하기 전까지만 해도 세탁 보조제인 표백제는 염소계 표백제인 락스뿐이었다. 이 틈새를 겨냥하고 옥시는 산소계 표백제를 출시했다.

결과는 대박이었다. 주부들은 지금도 '옥시크린'을 산소계 표백제의 대명사로 인식하고 있다. 옥시의 또 다른 히트 상품인 '물먹는 하마' 역시 당시까지만 해도 세상에 없던 제품이다. 옥시는 고객의 잠재적 요구를 파악하여 새로운 시장을 창출하는 기업이었다. 남들이 진입하지 않은 시장, 블루오션을 창출하는 것이 옥시의 성공 노하우였다. 신현우 사장이 당시 블루오션을 창출하는 데 성공한 CEO임은 부정할 수 없는 사실이다.

2016년 8월 29일 아타 샤프달 옥시코리아 대표가 '가습기 살균제 사고 진상규명과 피해구제 및 재발방지 대책 마련을 위한 국정조사 특별위원회' 청문회에 출석해 질의를 듣고 있다.

2016년 8월 29일 국회 정론관에서 열린 가습기살균제 청문회 1일차 옥시 3,4단계 피해자 기자회견에서 피해자들이 증언하고 있다.(출처: the300)

또한 그는 일찍부터 환경을 생각하고 보호하는 환경친화적인 기업 윤리를 표방하였다. 외부적으로는 기업의 존재가치가 생활을 보다 청결하고 편리하게 돕는 제품을 개발하는 데 목표를 두었다고 선전하였으며, 기업의 1차적인 목표는 이익 창출에 있으나 단기간의 이익 추구에 급급해 기업 이념을 저버리거나 소비자를 기만하는 제품을 생산하는 것이 아니라 환경을 생각하는 기업, 소비자의 잠재적 수요까지 캐치하는 소비자지향, 사람 중심의 기업이 되고자 한다고 늘 이야기하였다.

그러나 결과적으로 가습기 살균제 사건으로 인해 그가 주장한 환경보호나 소비자를 위하는 제품이라는 것은 허울에 불과하였고, 단기간의 이익을 위해 국민의 건강까지 담보로 삼았다는 것이 드러났지만, 초창기의 옥시는 명목상으로나마 그러한 새로운 경영 이념을 표방하여 승승장구할 수 있었다.

유한킴벌리의 문국현과 CEO의 가치

한편 유한킴벌리의 문국현 사장이 추구했던 경영 가치는 흔히 '윤리경영', '투명경영', '환경경영'과 '인간 중심'을 지향하는 블루오션으로 알려져 있다. 그가 주장하는 '뉴웨이 경영 혁신'은 상품 생산자 중심으로 설계되어 있던 모든 프로세스를 고객과 사람 중심에 맞도록 바꾸는 작업이었다고 한다.

이러한 인식의 전환을 바탕으로 기술과 원가 경쟁력, 품질과 서비스 등 '유한킴벌리'를 구성하는 모든 요소를 세계 최고 수준으로 만들고자 하는 전략이었다. 문국현의 신경영 전략은 프로세스 혁명뿐만 아니라 유한킴벌리 전체의 혁신을 주도하는 강력한 힘이 되었다.

유한킴벌리의 윤리경영 시스템은 통제를 위한 시스템 구축이 아니라, 업무 프로세스를 윤리적 기준에 맞춰 개선함으로써 비윤리적 행위를 원천적으로 차단하는 작업을 의미한다. 이 점에서부터 옥시의 신현우 사장의 실적 위주의 경영가치와는 다른 문국현만의 가치, 즉 CEO의 가치가 달라지기 시작한다.

서로 다른 실천전략을 추구한 신현우와 문국현

박정희 개발시대의 경제 모델과 경영 행태에서 벗어나지 못한 우리에게 IMF 금융위기는 큰 충격으로 다가왔다. 옥시와 유한킴벌리에도 심각한 위기로 다가왔다. 옥시는 IMF 이후 차입금과 이자 비용을 견디지 못하고 결국 2001년 영국 기업인 R&B(Reckitt Benckiser)에 매각되었고, 신현우 사장은 매각된 회사의 CEO 자리에 올랐다.

이때부터 그는 서구 다국적 기업의 경영 목표인 '이익 창출과 주주 가치의 향상'이라는 R&B사의 경영 목표를 달성하기 위한 혹독한 경영 혁신에 들어가게 된다. 쉽게 말해 신현우 사장은 다국적 기업인 R&B사의 경영 이익을 위한 철저한 신자유주의의 전도사로 이름을 날리게 되었다는 의미이다.

그가 추진한 경영 방향은 핵심 사업을 제외한 모든 사업 부분을 정리하는 한편, 직원들에게는 지속 가능한 성장과 이익 창출을 위한다는 명목으로 매주 엄격하고 냉정하게 영업 목표와 이익 목표를 체크하는 것이었다. 또한 IMF 외환위기를 극복하기 위해서는 구조조정이 필요하다는 명분으로 조직을 더욱 슬림화하고 효율화하고자 하였다. 한 달이라도 할당된 목표를 달성하지 못하는 직원에게는 퇴출과 채용을 반복하면서 조직을 효율화하였다. 능력이 안 되는 직원들은 비용을 들여 재교육하고 훈련시키기보다는 냉철하게 퇴사시키며, 철저한 회사 이익, 궁극적으로는 주주의 이익을 위한 도구로 활용하였던 것이다. 회사 직원이나 노동자들은 착취의 대상일 뿐이었다.

R&B에 옥시를 매각한 이후의 신현우는 냉정하고 매몰찬 서구식 경영가치와 통제 경영을 한국에서 가장 엄격하게 실천하는 CEO가 되었다. 한국적 시스템과 문화를 가지고 있었던 회사를 철저하게 '옥시

R&B'라는 다국적 기업 문화에 맞게 변화시켰던 것이다.

그는 경이로운 성장과 실적을 달성하여 주주가치를 철저하게 신봉하는 신자유주의적 경영 모델이 되었다. 어쩌면 이런 냉혹한 성과주의가 결국은 가습기 세제 사건을 만든 것이 아닐까.

반면 유한킴벌리의 문국현 사장은 1990년대 중반, 시장 경쟁력 상실로 지분을 팔고 떠나려는 유한과 킴벌리클라크의 마지막 소방수로 나선 경영인이었다. 문국현 사장은 당시의 상황을 이렇게 이야기한다. "회사는 지분을 팔려고 했고 직원들은 불난 집에서 서로 빠져나가려고 아우성을 쳤으며, 공장에서는 노조의 꽹과리 소리가 떠나지 않았다." 이러한 상황에서 그는 '투명·윤리 경영'과 '환경 경영'을 내세우며, 4조 교대 근무를 통한 직장 내 평생학습 등 3가지 개혁 프로그램을 내세워 회사를 재정비하려 했다.

판공비를 없애고 술, 골프, 선물 접대를 금지했으며, 그 영향으로 대형 유통매장에서 쫓겨나 매출은 급전직하하였다. 영업사원들이 신임 사장이 회사를 망친다고 난리치는 상황 속에서 문국현 사장이 직접 물건을 들고 약국과 독립 슈퍼를 돌아다니며 솔선수범으로 저인망 마케팅을 펼쳤다는 일화는 이제 경영학에 관심 있는 사람이라면 누구나 아는 사실이다.

문국현은 노조와 사회에 경영 자료를 공개하고, 최고 경영자가 곧 최고 환경 책임자, 최고 윤리 책임자, 최고 학습 책임자가 돼야 한다는 논리를 폈다. 주주가치나 기업의 이익 앞에 구성원들을 희생하고 경영 효율화만 추구하는 서양식 경영, 즉 신자유주의의 거센 파도를 거부하고 직원과 사회에 꿈을 주는 한국식(한류) 경영 모델을 전파하게 된 것이다. 한마디로 문국현의 CEO적 가치는 사회와 기업의 동반

문국현 사장의 경영 철학을 조명한 도서

성장을 위한 리더십에 있다고 할 수 있다.

다국적 기업에서 한류경영 실천

전 세계를 상대로 사업을 벌이는 다국적 기업에서 개별 국가의 사례를 뽑아 기업 전체의 경영에 적용하기란 쉽지 않은 일이다. 30여 년의 직장생활 중 20여 년을 외국인 회사에서 근무한 필자로서는 당시 문국현 사장이 한류경영을 킴벌리클라크에 수출했다

는 사실 하나만으로도 뛰어난 경영 능력을 지녔다고 평가하고 싶다.

1994년 최고경영자에 취임한 문국현 사장은 유한킴벌리를 환경친화적 기업으로 각인시켰으며, 취임 이후 13년간 '투명경영'이란 경영 원칙을 사수하면서도 매출을 300% 신장시키고 순이익을 9배로 증대시키는 경영 능력을 발휘하였다. 2003년 다국적 기업 킴벌리클라크가 문국현 사장을 '북아시아 총괄 회장(한국, 일본, 중국, 대만, 홍콩, 몽골)'으로 임명한 뒤, 킴벌리클라크 본사가 직영하던 시절 참패를 거듭하던 중국 시장에서 연 40%라는 기적 같은 성장을 이끌어 내면서 그의 경영 능력은 국내뿐 아니라 국외에서도 인정받았다.

2007년 대통령 선거 국면에서 한나라당은 문국현을 '화장지나 생리대 만드는 회사'의 CEO라고 폄하했지만 킴벌리클라크는 40조 정도의 시가총액을 가진 다국적 기업이었다. 당시 문국현 사장의 지위

유한킴벌리가 꾸준히 실천한 환경보호 캠페인 이미지(출처: 유한킴벌리)

는 일본과 중국을 비롯한 북아시아의 대표경영자로서, 한국에는 잘 알려져 있지 않았지만 이명박이 CEO로 근무했던 현대건설보다 훨씬 큰 매출 규모와 종업원을 거느린 회사의 대표였다고 할 수 있다.

더욱이 문국현 사장은 그런 회사에서 한국식 경영가치를 세계에 전파하였으며, 이명박 후보처럼 기업 경영을 핑계로 불법을 일삼거나 부동산 투기를 하지도 않고 투명경영과 윤리경영, 환경경영으로 블루오션을 창출하고 새로운 CEO의 가치를 창출한 경영자이다.

현대건설보다는 옥시, 옥시보다는 유한킴벌리

우리의 기업 경영이나 국가 경영 현실에서 CEO의 가치나 경영가치를 따져볼 때, 옥시의 신현우 사장이나 유한킴벌리의 문국현 사장은 선구적인 실천가로서 획기적인 이정표를 세운 사람들이다.

기업의 이념이나 경영가치, 블루오션과 실천 측면에서 과거지향적이고 토목과 건설 중심의 사회를 지향하는 이명박 후보와는 완전히 대조적이다. 이명박 후보는 1970년대식의 토목공사로 박정희 때의 복고풍 개발경제의 부활을 내세우며 대운하 공약을 내놓는가 하면, 서울시장 재직 시에는 SH공사를 통한 재개발이나 뉴타운으로 부동산 가격만 올려놓았다는 비판을 받는다.

　그래서 선거 당시까지 높아진 토지수용 비용과 난개발을 이유로 뉴타운은 점점 멀어져가고 개발업자들의 불로소득만 키워준 개발 리더로서의 이명박 후보의 정체를 국민들은 확실히 알아야 했다.

　현대건설 재직 당시 이명박 사장은 "위기는 기회다"라고 외치며 이라크 전쟁으로 철수하는 국내외 기업들의 건설공사와 기자재를 무리하게 인수했다가 IMF 외환위기 때까지 거의 20여 년 넘게 6~7천억 원에 달하는 인수대금이 잠겨 있어 원금은 물론 당시 10% 이상의 높은 이자를 꼬박꼬박 물어야 했던 부담 때문에 결국 현대건설이 부도위기로 내몰리는 주요한 원인을 제공하였다.

　서울시장 때는 지하철 9호선의 맥쿼리와 여의도 IFC 빌딩의 주체인 AIG에 불공정 계약으로 엄청난 국민의 세금을 헌납했다는 비난도 받고 있다. 서울시장 재직 시 전국에서 최하위의 성장률을 보였다는 평가도 있다. 당시 이명박 후보는 CEO로서의 능력과 가치를 조금도 보여주지 못한 인물이었다.

　이와 달리 신현우는 신자유주의의 다국적 기업의 경영가치를 충실히 실천하여 획기적인 업적과 성과를 일구어낸 경영자이자, 적어도 외면상이나마 블루오션을 개척한 실천력을 보였다는 점에서 과거지향적인 이명박 후보보다는 비교우위에 있다고 평가할 수 있다. 다만

2012년 2월 29일, 이명박 대통령이 경기도 안산시에서 열린 제1기 청년창업사관학교 졸업식에 참석해 격려사를 하고 있다.(출처: 국가기록원)

가습기 세제 사건에서 보듯이 지나친 성과주의만을 목표로 한 CEO의 말로는 비참하였다.

반면에 한류경영의 실천가로서 문국현 후보는 이명박 후보를 능가하는 실물경제에 대한 경험과 능력을 보여준 성공한 경영인이었다. IMF 때의 기업 경영 측면에서도 이명박 후보를 능가하는 위기 대처 능력, 그리고 질적으로 다른 국제적으로 공인받은 경영 능력, 인간 중심의 상생 개혁 그리고 사회적 약자에 대한 가치관과 국가 가치관까지 겸비한 인물이었다.

특히 '생명의 숲', '내셔널트러스트', '우리 강산 푸르게', '뉴패러다임', '희망포럼', '세계경제포럼' 등을 통한 시민운동 경력에서 보듯이 문국현 후보는 정치 경력을 제외한 모든 능력에서 이명박 후보를 앞선 능력과 CEO적 가치를 갖춘 사람이라고 평가하고 싶다.

2007년 당시 국민들이 냉철한 눈으로 이명박 후보의 허상과 실제 모습을 직시하였다면, 이명박 대통령은 결코 태어나지 못할 역사였을 것이다. 이명박 전 대통령이 되돌린 박정희식 토목 경제의 폐해도 없었을 것이고, 또 그 뒤를 이어 상상을 초월한 무능력함을 보인 박근혜 대통령도 나오지 않았을 것이다.

정치, 경제, 사회, 문화 등 모든 면에서 20여 년은 후퇴한 이명박·박근혜 정권의 역사를 돌아보며, 진정한 CEO의 가치와 리더십을 다시 한 번 생각해본다.

9장 4차 산업혁명 시대의 CEO 상(像)
- CEO 논쟁 2 : 잡스·이해진·이재웅·김범수

재벌 2세, 3세와는 다른 외국의 기업문화

우리나라 경제의 중심은 재벌이다. 특히 2008년 이명박 정부의 집권을 기점으로 박정희식의 재벌 기업을 위한 수출경제를 표방하며 추진된 규제완화와 고환율 정책으로 인해 재벌들에 대한 경제력 집중이 심화되었으며, 지금까지 그 영향이 미치고 있다. 2014년 경제개혁연구소의 발표에 따르면, 우리나라 경제에서 재벌그룹이 차지하는 비중은 2001년 46.0%에서 2012년 말 57.37%로 24.6% 증가하였으며, 재벌 중심의 정책을 이어온 박근혜 정부를 거치며 현재는 60%를 넘었을 것이라고 전망하기도 한다.

정의당 노회찬 의원은 "3천억 원의 주식을 물려받은 오뚜기 회장은 1500억 원의 상속세를 냈는데 10조 원의 재산을 물려받은 삼성 이재용 부회장의 상속세는 16억 원밖에 안 된다"고 비판의 목소리를 높인 바 있다. 이렇듯 실제로 우리나라의 부와 경제 권력을 주무르는 재벌 오너들 중에는 제대로 된 기업 윤리나 사회적 책임감을 지닌 CEO가 잘 보이지 않는 것이 현실이다.

한국의 재벌 오너들이 주로 부모의 재산을 기반으로 성장한 것과는 달리, 해외의 자수성가한 사업가들의 대다수는 막대한 유산을 자녀들에게 남기지 않는다. 마이크로소프트사의 빌 게이츠, 버크셔 해서웨이 회장인 워렌 버핏, 화장품 업계의 최고 기업 에스티 로더의 회장인 레너드 로더, 페이스북 창업자인 마크 주커버그, 월가의 큰손인 조지 소로스, 블룸버그 통신의 설립자인 마이클 블룸버그, 세계 최대 유통 업체인 월마트를 운영하는 월턴 패밀리, 인텔 창업자인 고든 무어 부부, 이들 세계 부호들의 공통점은 사업에서 어마어마한 성공을 거둔 것도 있지만, 매년 기부 랭킹 순위에 오르는 CEO들이라는 것이다.

과거 기부에 인색하다고 비판받던 애플의 스티브 잡스까지도 유가족들이 많은 기부를 하고 있고, 사후에 숨은 기부를 많이 한 CEO로서 미담이 속속 밝혀지고 있다.

기존 재벌들과 다른 IT 기업 창업자

한국의 재벌들은 엄격한 법 규정(우리나라의 상속세법은 법망을 피해가는 재벌들 덕분에 미국이나 유럽보다 훨씬 더 엄격하고 상세하게 규정되어 있다)에도 불구하고 온갖 편법과 불법을 동원하여 상속세를 거의 내지 않고 2세와 3세들에게 재산을 물려주고 있다. 그들이 행하는 사회적 기부도 덩치에 비해 극히 미미한 수준에 그치고 있다. 뿐만 아니라 중소기업 영역까지 문어발식 확장을 하며, 때로는 중소기업을 착취하여 부의 집중을 더욱 심화시키고 있다.

과거 현대그룹의 '왕자의 난', 그리고 최근 롯데와 효성그룹의 '형

제의 난'에서 보는 것처럼, 그룹 승계를 위해 형제 간 소송은 기본이
고 부모와 자식 사이에 '전쟁'을 벌이는 경우도 종종 보게 된다. 또한
대다수 재벌들은 사후에도 기부보다는 편법으로 상속하며, 부정으로
얼룩진 과거의 경영 문화와 단절하지 못하고 있는 실정이다.

세계에서 유례를 찾아보기 힘든 정경유착과 언론유착 그리고 족벌
경영 등이 우리나라 재벌들의 역사이며, 이제 새 시대를 맞이하여 이
러한 재벌의 관행들과 이별을 고해야 한다. 4차 산업혁명 시대에 미래
를 바라보는 비전이나 혁신과 같은 새로운 CEO 가치를 가진 인물들
이 CEO가 되어야 하며, 그런 인물들에 의해 재벌이 다시 태어나야 하
는 것이다.

이러한 부도덕한 재벌들과는 달리, 우리에게도 IT 기업으로 자수성
가한 사업가들이 있다. 과거 인터넷과 모바일 기업으로 창업하고 성
공하여 서로 경쟁하기도 하고 합병과 같은 합종연횡을 하기도 하며
성장해온 네이버와 다음, 카카오의 창업자인 이해진과 이재웅, 김범
수가 바로 그들이다.

이들은 스티브 잡스나 빌 게이츠와 비교하기에는 부족한 점도 있지
만, 기존 재벌과는 다른 새로운 기업인의 이미지와 가치를 지닌 CEO
들이라고 기대하고 싶다. 그들의 CEO로서의 가치와 경영 이념이 지
금은 고인이 된 애플의 스티브 잡스와 어떤 점에서 같고 다른지 이 글
에서 살펴보려 한다.

스티브 잡스의 CEO 자격

애플사의 로고가 '한 입 베어 문 사과'인 것에 대해 많은 이들이 궁
금증을 가졌으리라 생각한다. 여기에는 여러 가지 설이 있다.

애플사의 로고 변천

화가인 르네 마그리트의 푸른 사과 그림에서 영감을 얻은 스티브 잡스는 애플사의 로고로 푸른 사과를 결정했지만, 이 푸른 사과의 상표권은 이미 비틀즈의 폴 메가트니가 멤버들과 함께 사업을 하기 위하여 'The Apple Corp.'라는 이름으로 등록한 상태였다고 한다. 애플은 30여 년간 법정에서 소송과 합의를 반복했고, 2007년이 되어서야 법원이 애플의 손을 들어주었다는 것이 정설이다.

그런데 일반에 퍼져 있는 애플의 사과 로고에 대한 인식은 이것과 조금 다르다. 한때 우리나라 TV에 소개된 일화 때문인지, 천재수학자이며 컴퓨터 공학자인 앨런 튜링의 이야기가 대중에게 더 잘 알려져 있다. 그는 인공지능(AI)의 실질적 창시자이며 제2차 세계대전 중 암호 해독기를 만들어 연합군이 승리하는 데 결정적으로 기여하였다. 암호해독기로 제2차 세계대전을 승리로 이끈 천재임에도 불구하고, 튜링은 동성애자였던 사실이 알려져 당시 영국 사회에서 갖은 핍박을 받고 화학적 거세 명령을 받는다. 천재 튜링은 세상의 멸시와 손가락질로 괴로워하다가 청산가리가 든 사과를 베어 먹고 자살했다.

그의 슬픈 죽음을 기려서 잡스가 자사의 애플의 두 번째 로고로 사용했다는 이야기가 사실처럼 일반인들에게 전해져왔다. 물론 스티브 잡스는 생전에 이런 이야기는 사실이 아니라고 해명했다. 이러한 실제 사실과 무관하게 세상 사람들은 애플의 사과 로고를 '이브의 사과', '뉴턴의 사과', '화가 폴 세잔의 사과'와 함께 인류 역사에 큰 영향을 끼친 네 번째 사과라고 인정하고 있다.

잡스는 애플사를 설립한 후 애플Ⅱ와 매킨토시같이 당시로서는 창조적이고 혁신적인 그래픽을 제공하는 제품으로 개인용 컴퓨터를 대중화하는 데 이바지하였으며, 세상에 개인용 컴퓨터 시대를 연 IT 분야의 큰 위인으로 인정받고 있다.

또한 한 차례 회사를 쫓겨났다가 재입사한 이후에는 주머니에 넣고 다닐 수 있는 스마트폰인 아이폰과 아이패드를 내놓으면서 사실상 PC 시대에 이별을 고했다는 평가도 받는다.

결과적으로 스티브 잡스는 'PC시대의 개척자'로 추앙받는 인물인 동시에 'PC 시대의 파괴자'가 된 셈이다. 이제 잡스는 우리 시대에 '포스트 PC시대의 선구자'로서 우뚝 서게 되었다.

그는 앞선 미래를 선취하는 혁신적인 기술뿐만 아니라 융합학문, 인문학과 기술을 모두 아우르는 융합적 기술을 주창하며, 4차원 융합기술의 논의를 앞당기는 촉매가 됐다는 평가도 받는다.

한계에 도전한 잡스의 아이디어는 큰 성공으로 이어진 경우도 있지만, 상업적으로 또는 기능적으로 참담한 실패로 끝난 경우도 적지 않았다. 애플Ⅱ의 후속작으로 내놓은 업무용 애플Ⅲ(1981년), 그래픽 사용자 환경에 맞춰 출시한 리사(1983년) 등이 실패하며 회사를 어렵게 한 시절도 있었다.

잡스는 IT 업계 표준을 따르지 않았다. 또한 너무 튀는 아이디어를

신형 아이폰을 소개하고 있는 스티브 잡스

적용한 탓으로 실패를 거듭하며, 1985년에는 자신이 영입한 존 스컬리에 의해 회사에서 쫓겨나기도 하였다. 그러나 1997년 다시 애플로 돌아온 잡스는 온라인 스토어와 아이맥, 아이팟 등을 성공시켜 화려하게 재기하게 된다.

더욱이 아이폰과 아이패드는 20세기 최고작으로 꼽히고 있으며, '다르게 생각하라(Think different)'고 말한 잡스의 회사 슬로건은 반항적 젊은이 사이에 유행어가 되기도 했다.

일반적으로 사업가가 어느 분야에서 성공하면, 성공으로 얻게 된 부와 명예를 지키려고 현실에 안주하고 급격한 변화를 추구하지 않는 것이 보통이다. 그러나 스티브 잡스는 큰 성공에도 불구하고 안주하지 않고 끊임없이 변화하며, 다르게 생각하고 일반인의 인식과는 다른 톡톡 튀는 아이디어를 내놓았다. 우리는 그런 그의 행동과 실천을 '앞을 내다보고 미래를 바라보는 능력'이라 부른다.

다음과 카카오 그리고 네이버에 얽힌 인연

카카오의 김범수와 네이버의 이해진은 서울대학교 동기동창이다. 두 사람 모두 이사회 의장을 맡고 있다가 2018년 2월 이해진은 네이버의 이사회 의장을 사퇴하였다. 김 의장은 산업공학과, 이 의장은 컴퓨터공학과에 1986년 나란히 입학하여 1990년 함께 졸업했으며 서울대와 카이스트에서 각각 석사과정을 마쳤다.

두 사람은 1992년 삼성에스디에스(SDS)에서 다시 만났다. 이후 김 의장은 1998년 게임 포털 한게임으로 먼저 창업을 선택했고, 1년 뒤인 1999년 이 의장도 검색 포털 네이버로 새로운 길을 갔다.

다음의 이재웅은 김범수와 이해진보다 1년 늦게 연세대학교 컴퓨터공학과에 입학하였고, 졸업 후에는 프랑스에서 인지과학을 공부했다. 이후 한국으로 돌아와 이택경, 고(故) 박건희와 함께 1995년 2월 다음커뮤니케이션을 설립한다. 이후 그는 1997년 한메일을 시작으로 인터넷 비즈니스에 본격적으로 참여했고, 1999년 다음 카페 등의 서비스를 성공시키면서 대한민국 포털 1위로 성장시키게 된다.

김범수와 이해진 두 사람은 당시 포털 1위인 다음에 대응하기 위하여 2000년 한게임과 네이버를 합병해 엔에이치엔(NHN)을 탄생시킨다. 당시 한게임을 네이버에 넘긴 사건은 네이버가 다음을 앞서게 되는 계기가 되어 지금도 '신의 한 수'라고 불린다.

이 합병으로 당시까지만 해도 다음커뮤니케이션의 한메일 서비스에 밀려 고전을 면치 못하던 네이버는 도약의 날개를 달았다. 당시 합병의 영향으로 네이버는 당시 포털 검색 시장 1위인 다음을 앞서가게 된다. 네이버의 성장으로 1위를 내준 다음의 이재웅은 이후 석종훈에게 (주)다음커뮤니케이션의 대표를 넘겨주고 2008년 6월 퇴사해 현재는 다음의 대주주 지위를 유지하며 사회활동에 전념하고 있다.

김범수와 이해진 두 사람은 2000년부터 NHN의 성장을 위해 함께 일하였다. 그러나 2007년 김범수는 NHN 대표에서 물러났고, 대신 이해진이 회사를 맡아 성장시키게 된다. 2013년에는 NHN이라는 이름을 다시 네이버주식회사로 변경한다.

한편 미국으로 건너가 새 길을 찾던 김범수는 2010년 모바일 메신저 '카카오톡'을 출시한다. 카카오톡은 국내 출시 후 국민 메신저로 불리며 국내 모바일 메신저 시장을 점령한다. 돌아온 김범수와 이해진 사이의 숙명의 라이벌전이 시작된 것이다.

당시 네이버는 '네이버톡'과 '라인'으로 분리되어 있던 메신저 제품을 모바일 메신저인 라인으로 통합하고 카카오톡과 경쟁하였으나 국내 경쟁에서 밀린 나머지 해외시장에 전념하게 된다. 하지만 미국에서는 '왓츠앱', 중국에서는 '위챗' 등 거대 사업자와의 경쟁에서 고전하면서 동남아 시장으로 눈을 돌렸다. 한때 라인의 월간 이용자는 일본, 대만, 태국, 인도네시아와 같은 일본과 동남아에 집중하면서 3억 명 이상을 기록하기도 했다.

다음과 카카오의 합병

카카오를 출범시킨 김범수는 이미 거대 IT기업이 된 네이버에 맞서기가 벅찼는지 모른다. 2014년 카카오의 김범수 의장은 카카오 창업 전 자신이 직접 이해진 의장과 합병 설립해 이름을 날리며 일했던 네이버와 경쟁하기 위하여, 다음과 카카오의 합병을 발표한다. 결과적으로 이 합병에 의해 세 사람의 얽히고설킨 인연이 다시 주목받게 되었다.

김범수 의장의 입장에서는 2000년에 있었던 네이버와의 합병은 당시 1위 포털이었던 다음에 대결하기 위함이었고, 2014년의 다음과의 합병은 이전에 자기가 결정한 합병으로 이제 1위가 된 포털 네이버와 대결하기 위함이었다.

물론, 당시 다음커뮤니케이션(대표 최세훈)과 카카오(공동대표 이

카카오 이범수 의장(왼쪽)과 네이버 이해진 의장(출처: 뉴비씨)

재범, 이석우)의 공동 대표는 다르다. 김범수와 이재웅은 최대주주 혹은 공기업을 제외한 민간 부분의 최대주주로, 이들 두 기업의 실질적인 지배력을 가지고 있어 실제로는 이들이 합병을 주도했을 것으로 판단한다.

2014년 합병은 상장 회사인 다음이 비상장사인 카카오를 인수합병하는 형식을 취하였다. 그러나 실제 내용을 들여다보면 당시 다음의 시가 총액이 1조 원 정도이고 카카오의 비상장 주식이 2조 5천억 원 가량이었기 때문에 카카오의 우회상장을 통한 다음 인수로 평가된다. 합병 후 지분을 봐도 김범수 의장은 관계사 지분을 포함하여 50% 이상의 주식(합병 후 김범수는 회사 인수 등으로 30%대로 주식 수가 떨어지게 된다)을 가진 반면 다음 이재웅 창업주는 4.1%로 주식 비율이 축소되어, 합병법인의 실질적 주인이 김범수임을 알 수 있다.

2000년과 2014년 합병의 다른 점

2000년의 합병은 당시 포털 1위인 다음을 이기기 위하여 김범수의 한게임을 이해진의 네이버에 넘겨, 네이버 측에 날개를 달아주었다는 의미가 있다. 이에 비해 2014년 합병은 2위 포털 다음을 인수하여 국민 메신저 카카오톡을 다음의 날개로 삼아 네이버를 상대할 수 있게 하기 위함이었다.

2014년의 합병으로 김범수가 직접 네이버의 이해진에 대응하는 구도를 갖추었다. 이제 김범수는 네이버의 최대주주인 이해진 의장과 국내 모바일·아이티(IT) 시장 및 글로벌 모바일 메신저 시장에서 자존심을 건 한판 승부를 벌이는 것이 불가피하게 되었다.

사실 네이버도 카카오의 돌풍에 대응하기 위해 '라인'을 내놓았지만, 국내 시장에서만큼은 카카오톡을 넘지 못했다. 대신 일본과 동남아 등 글로벌 시장에 진출하여 카카오를 위협하기 시작한다. 반면에 김범수의 카카오는 많은 돈과 시간 그리고 노력이 필요한 포털 시장에 진출하기가 어려웠다.

한편 네이버는 국내에서도 구글 등에 점유율을 잠식당하기 시작하면서 해외에서도 기대만큼의 성과가 나타나지 않자 새 활로가 필요하였고, 스마트기기로 무장한 모바일 시장을 통해 차별화하려 했다.

네이버 쪽에서 라인과 밴드 등으로 카카오의 텃밭인 모바일 메신저 시장에 대한 공세를 강화하자 김 의장도 또 다른 승부수를 띄울 수밖에 없었던 것 같다. 스마트폰의 성장과 함께 모바일 인터넷 시대에 완전 적응한 카카오톡을 출시하여 단숨에 국민 메신저로 성장했지만, 모바일 메신저만으로는 성장의 한계를 느낄 수밖에 없었다.

더욱이 메신저를 풍부하게 할 콘텐츠는 돈으로도 살 수 없고, 단시간 내에 준비되지 않는다. 콘텐츠 없이는 카카오톡 사용자들을 계속 잡아놓을 수도 없었다. 또한 결정적으로 메신저 자체만으로는 수익 모델에 한계가 있다.

이재웅 다음 창업자가 느끼는 위기감은 더 컸을 것이다. 운 나쁘게 본사를 제주도에 이전한 이후, 네이버와 격차는 더욱 벌어져 당시 점유율 20% 지키기도 어려워졌다. 모바일 인터넷 시대 개막과 함께 '마이피플'이라는 메신저 앱으로 부활을 노렸지만, 카카오톡과 라인에 밀려 사람들에게 존재감도 없이 철저하게 실패했다. 이러한 위기감 속에 카카오의 창업자이던 김범수와 '한메일'로 한때 대한민국 대표 포털의 지위를 누렸던 이재웅이 의기투합하여 합병을 한 것이다.

2014년 합병으로 다음 지분 13.7%를 가진 이재웅 창업자의 합병회사 지분은 4.1%로 줄어, 최대 주주에서 5대 주주로 밀려난다. 이에 카카오 쪽이 이러한 이재웅을 배려하는 차원에서 통합법인 이름에서 다음을 앞세웠다는 뒷얘기도 들린다.

다음카카오의 합병 후 성과

2014년 카카오와 다음이 합병하여 다음카카오가 설립된 후 4년의 시간이 흘렀다. 합병 당시 한국 인터넷 산업의 선두주자였던 '다음'과 모바일 환경의 지배자였던 '카카오'의 합병 발표는 대한민국 인터넷 산업계의 가장 뜨거운 뉴스였다.

당시 다음 최세훈 대표와 카카오 이석우 대표는 "카카오의 강력한 모바일 플랫폼 경쟁력과 다음이 보유한 우수한 콘텐츠 및 서비스-비즈니스 노하우, 전문기술이 결합하면 최상의 시너지 효과를 내게 될 것"이라고 자신감을 나타냈다.

그러나 합병 후 결정적으로 가장 큰 문제는 인터넷 사업에서 가장 확실한 수익 모델인 검색 서비스인 다음의 존재감이 점차 사라지고 있으며, 최근 다음의 검색 점유율은 겨우 10%를 넘는 수준이라는 점이다. 합병 전 20%를 웃돌던 다음의 점유율이 현저하게 저하되고, 다음의 빈자리는 해외 검색엔진인 구글이 차지하는 모습이다.

또한 다음과 카카오는 합병을 통해 포털과 모바일 메신저를 통합하여 '글로벌 시장 진출'을 추구하였으나, 아시아 시장은 '위챗'과 '라인'에 내주고 서구권 시장은 '왓츠앱'과 '페이스북' 메신저와의 경쟁에서 밀리며, 해외시장의 개척에 실패하고 최근에는 글로벌 시장을 포기한 듯한 모습까지 보이고 있다.

글로벌 시장을 포기한 듯한 카카오는 국내 시장에서 영역을 넓히는 데 한층 주력하는 모습이다. 특히 카카오택시의 성공에 힘입어 O2O(Online to Offline, 단어 그대로 온라인이 오프라인으로 옮겨온다는 뜻. 정보 유통 비용이 저렴한 온라인과 실제 소비가 일어나는 오프라인의 장점을 접목해 새로운 시장을 만들어 보자는 데서 탄생함)를 새로운 성장 동력으로 결정한 듯하다. O2O로 사업 방향을 잡은 다음카카오는 택시에 이어 대리운전, 미용실, 집 청소 등 오프라인 산업에 온라인을 접목해 수익원을 늘리는 것에 집중하는 모습이다.

합병 후 현재까지 다음은 그나마 웹 생태계에 초점을 맞추어 변화를 추구하는 것으로 보이지만, 카카오는 거대 IT 선도기업이자 업계 리더로서 책임감을 가지고 움직이는 것이 아니라 눈앞의 이익만을 찾아 돈 되는 사업만 추구하는 기업으로 변질했다는 비판을 받고 있다.

다음과의 합병을 통해 국민들은 다음카카오가 네이버와 서로 경쟁하며 서로 발전하는 모습을 바랐다. 이들의 경쟁이 서로를 자극하여 종래에는 해외의 구글, 페이스북과 경쟁하길 바랐는데, 그들과 경쟁하기보다는 국내의 영세한 대리운전회사, 심부름센터 그리고 영세 소프트웨어 개발업자들과 경쟁하는 모습이다.

IT기업 CEO들의 재벌 따라하기

과거 우리 경제는 재벌 위주의 압축 성장을 해온 결과 지역격차와 빈부격차가 커졌고, 노동문제와 환경문제, 재벌기업들의 문어발식 확장에 따른 중소기업 문제를 안고 있다. 그리고 변화하는 IT 환경에 맞추어 세계에 유례가 없는 과거의 정경유착, 언론유착 그리고 족벌경영 등의 재벌 폐해들을 개선해야 할 시대를 맞이하고 있다.

과거 편법으로 재벌기업을 승계한 재벌 2세나 3세의 재벌 CEO보다 미국이나 선진국의 CEO들처럼 기부도 많이 하고, 스티브 잡스처럼 4차 산업혁명 시대의 미래를 여는 CEO들이 나타나기를 국민은 기대한다. 무엇보다 부도덕한 재벌들과는 달리 인터넷이나 모바일 시대에 자수성가한 이해진, 김범수와 이재웅 같은 성공한 기업인에 대한 기대가 크다고 할 수 있겠다.

그러나 현재는 그런 기대와 달리 합병 후 카카오가 눈앞의 이익만을 찾아 돈 되는 사업 아이디어만 추구한다고 비판받고 있다는 점은 아쉬운 대목이다. IT 선도기업이자 업계 리더로서 책임감을 가지고 앞을 내다보는 CEO로서 기술과 변화를 선도하기를 바랐는데, 그들은 재벌 따라 하기로 몸집 불리기에 열중하고 있다는 비판도 있다.

카카오는 다음커뮤니케이션과 2014년 9월 합병한 이후 36개의 계열사를 거느리고 있었는데, 3년 만인 2017년 12월 현재는 계열사 숫자가 두 배 이상인 80개에 육박하고 있다. 네이버는 2018년 3월 말

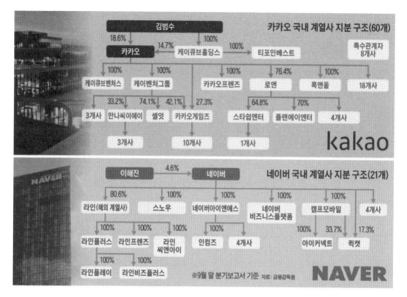

다음카카오와 네이버의 계열사와 지분 구조(출처: 조선비즈)

기준 70개로 카카오보다 적지만, 기존 재벌보다 훨씬 많은 계열사를 가지게 된다. 카카오의 계열사가 급격히 불어난 이유는 활발한 인수 합병과 분사 전략 때문이다. 카카오와 네이버는 웹툰 등 신시장 개척을 위해 콘텐츠, 소셜미디어, R&D(연구·개발) 분야에서 외부 기업 인수와 분사를 계속하며 계열사 수를 크게 늘린 관계로 계열사가 급격하게 증가하였다.

기존 재벌의 문어발식 확장과는 다른 기업 확장

카카오와 네이버의 몸집 불리기가 과거 대기업의 계열사 확장과는 다른 점들도 있다. 몸집 불리기 영역이 기존의 재벌들처럼 고급 외식업까지 진출하며 본업과 동떨어진 분야가 아니라, 인터넷·IT 등 주력 분야에 집중되어 있다는 점이다. 또한 오너 지분도 많지 않으며, 계열사 간 순환출자가 별로 없다는 점도 기존이 재벌들의 문어발식 확장과는 다르다고 보아야 한다.

그러나 오너 지분이 많지 않은 것은 단기간에 IT 분야에서 사업을 일으켜 성장하기 위하여 외부의 투자 자금을 많이 받아 회사가 성장하였기 때문이라고 볼 수도 있다(과거 재벌들은 외부의 투자자금을 조달받지 않고, 정부의 정책지원자금을 통한 은행 대출로 성장하였기에 일부 재벌을 제외하고는 대주주의 지분율이 높은 편이다). 또한 계열사 순환출자가 적은 것도 지금 현실이 성장과 투자가 이루어지는 투자 초기 단계이기 때문이며, 현재 대주주의 지분이 많지 않은 상태에서 향후 자회사나 손자회사들의 증자와 확장을 진행할 때 기업 지배력을 확보하기 위해 순환출자나 변칙출자가 이루어질 여지가 있다는 점을 경계하여야 한다.

IT 중소기업이 발전하기 위해서는 지금처럼 네이버나 다음카카오와 같은 IT 대기업들이 계열사를 무차별적으로 확장하여 중소기업 영역까지 침범하여 모든 것을 다 하는 사업 구조는 바람직하지 않다. 핵심 기술만 개발하고, 세부 개발 항목은 중소기업과 협력관계를 이루어 개발해 나가는 방법이 좋을 것이다. 문어발식으로 사업 영역마다 진출하여 회사를 만들고 모든 부분을 직접 다 하기보다는, 필요한 기술기업에 정당한 대가를 주고 기술을 사거나 개발을 의뢰하며 협력하는 업무 형태가 더 바람직해 보인다.

부득이하게 상대 회사를 인수할 때도 인수 가격을 낮추기 위하여 그 분야에 선진출한 후 협박으로 가격을 다운시키는 방법보다, 좋은 가격으로 기술 대가를 지불하고 인수하는 방법을 써야 한다(필자는 재벌기업의 중소기업 기술 빼 가기로 인한 소송을 여러 차례 경험한 바 있으며, 국내 IT 거대 기업에서 헐값으로 인수하려는 기술을 중국 기업에게서 국내 기업 제안가의 5배나 높은 가치로 투자를 받은 경험이 있다). 일반적으로 국내 거대 IT기업들의 기술 인수나 투자는 많이 인색한 편이다. 최근에는 풍부한 자금력을 가진 중국 기업의 투자 평가가 한국 거대 IT기업보다 훨씬 후하다.

기업이 진화하고 살아남기 위해선 투자를 해야 한다. IT기업으로 보면, 자율주행차, 사물인터넷, AI(인공지능), 블록체인 등 IT 기초 신기술 분야와 미래를 바라보는 안목에 투자해야 한다. 그러나 지금처럼 온라인과 오프라인을 연결하는 수익산업에만 투자하고, 당장 돈이 되는 게임산업에만 집중하는 행태를 보이고 있는 네이버나 다음카카오의 투자는 개선되어야 한다.

준대기업집단 지정의 불편함

2017년 9월 네이버와 카카오가 준대기업집단으로 지정되었다. 준대기업집단이란 자산 총액이 5조 원 이상 10조 원 미만의 공시 기업집단을 뜻한다. 자산 총액 10조 원 이상인 상호출자제한 기업집단(대기업집단)과 비교했을 때 한 단계 낮은 집단 지정이다.

준대기업집단으로 지정되면 대기업집단과 마찬가지로 비상장사의 중요 사항 공시나 대규모 내부거래 이사회 의결 공시, 기업집단 현황 공시의 의무를 지게 된다. 또한 이는 명실상부한 우리나라 대표 기업집단으로 성장했다는 증거이고, 이에 따른 사회적 책임이 커지고 정부의 감시도 한층 엄격해진다는 의미이다.

최근 네이버가 준대기업집단 지정에 반발하여 공정위에 항의를 하고, 이에 대하여 김상조 공정위원장이 스티브 잡스와 비교하며 미래를 바라보는 시각을 지적하자, 이재웅 다음 창업자가 '김상조 위원장이 오만하다'고 반박하는 글을 올려 화제가 된 적이 있다.

네이버의 이해진 창업자의 항변은 4%대의 낮은 지분을 보유하고 있으며, 계열사 간의 순환출자도 없을 뿐 아니라 전문경영인과 이사회 중심의 경영체계도 확립하고 있어 준대기업집단으로 지정된 것이 억울하다는 이야기이다.

그러나 지금의 네이버는 국민연금과 같은 국가기관이나 소액주주인 국민들의 지원에 힘입어 4%대의 지분을 가지고도 70여 개의 계열사들의 경영권을 독점하고 있다. 기업이 규모에 걸맞은 사회적 의무를 다하고 투명성을 갖춰야 한다는 데 동의한다면, IT업계의 특수성이나 낮은 지분을 이유로 사회적 책임과 감시를 피하려 하는 것은 옳지 못한 행동이라는 생각이 든다. 더욱이 그동안 부패정권과 재벌 편들기에 앞장서던 공정위가 새롭게 태어나고자 하는 마당에 개혁적 공정위원장에게 '오만하다'고 반기를 드는 행위는 이해하기 어렵다.

깨어 있는 시민들은 이재웅 창업자가 경쟁자인 이해진 당시 의장과 막역한 사이여서 그를 옹호한다고 생각하지는 않는다. 이재웅 창업자 역시, 카카오와 합병하여 80여 개의 계열사를 가진 다음카카오의 대주주이자 준대기업집단 지정의 이해 당사자이기 때문이다.

현재의 기업집단 지정 제도는 대기업들이 순환출자, 일감 몰아주기, 주식시장의 비정상적인 증자를 통해서 소액주주를 희생하여 총수 일가의 사익 편취 등을 막기 위해 만들어졌다. 네이버 측에서는 '준대기업집단'으로 지정되면 기업을 지배하는 주체인 '동일인'을 지목해야 하며, 문제가 발생하면 동일인이 책임을 져야 함을 문제로 지적한다. 또한 국내에서 드문 투명한 지배구조를 가졌으며 전문경영인 체제를 갖춘 만큼, 총수를 개인으로 정할 수 없다고 주장한다.

필자는 네이버가 단순히 지분이 적다는 이유와 전문경영인 체제를 표방했다는 이유로, 공시 대상 기업집단의 지정을 피하려는 의도에 동의할 수 없다. 다음과 카카오의 합병 과정에서 보듯이 김범수와 이재웅이 전문경영인 체제를 갖추었다고 하더라도, 이재웅이 지분이 적은 상태에서도 실질 민간 최대 주주로서의 영향력이 합병을 결정하고 영향력을 끼쳤다고 볼 수 있기 때문이다. 네이버나 다음카카오의 사례처럼 최대 주주가 기업을 실효 지배하고 있는 상태에서, 전문경영인 체제 혹은 적은 지분을 핑계로 법을 피해 나가려 하는 의도는 좋은 의도는 아니라는 생각이다.

스티브 잡스와는 다른 기대

현재와 같이 네이버가 인터넷 검색 시장의 70% 안팎을 차지하는 상황에서, 정부가 견제하지 않으면 스타트업 후발 기업들의 성장은 요원하다. 국내 인터넷·모바일 시장에서는 네이버가 한 번 움직일 때마다 그 분야 벤처기업들은 생존을 걸고 싸워야 할 정도로 인터넷 대기업의 힘이 막강한 상황이다. 현재 IT 분야의 스타트 기업이나 벤처기업 같은 소규모의 중소기업들은 네이버나 다음카카오의 눈치를 보며 사업을 영위하고 있다고 해도 과언이 아닐 것이다.

그들은 필요한 부분의 일들을 찾아서 하다가 네이버나 다음카카오가 그 사업 분야에 진출한다고 하면 헐값으로 회사의 기술을 팔거나 추진하던 사업을 포기하고 다른 방향으로 재빨리 업종 전환을 하여야 기업이 생존할 수 있는 환경이다.

우리나라가 IT 분야에서 지금처럼 세계 일류 기업과 어깨를 나란히 하고 네이버와 다음카카오의 성공이 있기까지는 창업자였던 이해진, 김범수, 이재웅의 노력과 공헌이 컸다는 데 대해서는 이론의 여지가 없다. 그러나 그들이 성공하기까지 선진국에서조차 감히 시도하지 못한 광대역 통신망 구축과 집중적인 IT 분야의 벤처투자를 정부와 국민이 했다는 사실도 기억해야 한다.

이 기업들은 규모 면에서 이제 세계적인 IT기업 수준으로 성장하였으니, 준대기업집단 지정에 반발하거나 정부에 규제완화만 요구하기보다는 애플의 창업자 스티브 잡스처럼 새로운 비전을 가지고 미래 시장을 개척하는 데 적극 나설 때라고 생각한다. 그들이, 과거 아이러브스쿨이나 싸이월드처럼 세계 최초로 SNS 사업을 선보였음에도 글로벌 시장으로 진출하지 못한 한계를 극복하고, 스티브 잡스처럼 미래를 바라보는 위대한 CEO로 거듭나기를 기대해 본다.

10장 재벌개혁 논쟁: 장하성 vs 장하준
- 주주가치이론과 대안연대회의의 비판

2003년 발생한 SK㈜의 경영권 분쟁으로 촉발된 소버린 사태는 해외 헤지 펀드의 위험성을 알렸으며, 지배구조가 취약한 재벌들로 하여금 지주회사 체제를 갖추도록 하는 계기가 되었다. 또한 이 사태를 거치면서 재벌개혁 방법론을 두고 참여연대 경제개혁센터를 이끌던 장하성 당시 고려대 교수의 주주가치이론과 신자유주의 극복을 위한 대안연대회의(이하 대안연대)의 주장이 격돌해 주목을 받았다.

재벌개혁이라는 목표는 같았지만, 그 방법론을 놓고 주주가치 자본주의 이론과 대안연대의 이론이 대립했던 상황은 미국 주류경제학을 대표하는 시카고학파와 사회통합을 중시하는 유럽식 자본주의론의 차이에서 그 원인을 찾기도 한다.

결론적으로 대안연대회의는 자본의 '국적성'을 강조하여 국내 기업이 외국의 투기적 자본에 넘어가는 것을 막기 위해서라도 급진적인 재벌개혁보다는 온건한 개혁을 주장한다. 대안연대회의의 주요 학자들은 유럽의 사례에서 보는 사회적 대타협과 같은 이상적인 재벌개혁을 이야기한다. 그러나 참여연대 활동을 하며 재벌그룹의 폐해와 한국경제의 구조적 문제들을 몸소 겪고 느낀 장하성 교수 등은 한국 재벌의 특수성을 감안한 강력한 개혁을 요구한다. 한편, 소버린 사태의 진행 과정에서 참여연대가 결과적으로 소버린 측의 손을 들어줘 해외투기자본의 '먹튀' 행위를 도왔다는 비판적 시각도 있다.

2008년 세계 금융위기로 신자유주의가 퇴조하면서 주주가치이론과 대안연대의 주장이 전과 같이 주목받지는 못하지만, 사내 유보금의 처리를 놓고 벌인 장하성과 장하준의 논쟁은 오늘날까지도 유효하게 검토되어야 하는 논쟁거리라고 생각한다.

SK그룹과 소버린 사태

2003년 봄, 국내 최대의 정유회사이며 SK그룹의 지주회사인 SK㈜의 경영권을 놓고 주식 전쟁이 벌어졌다. 모나코에 있는 '소버린자산운용'의 국내 자회사인 '크레스트 증권'이 SK그룹과 주주 쟁탈전을 벌였는데, 여기에 시민단체인 참여연대까지 가세하여 큰 화제가 되었던 것이다. 당시 SK그룹 경영진은 JP모건과의 옵션 이면계약을 체결하여 1조 5천억 원대의 분식회계를 해 회사에 손해를 끼쳤다는 이유로 검찰의 수사와 재판을 받고 있었고, 그 여파로 한때 2만원까지 올랐던 SK㈜의 주가는 5천원대로 추락했다. 너도 나도 SK㈜ 주식을 팔아 치우기 바쁠 때, 소버린은 주식을 헐값으로 대량 매입했다. 지금은 지주회사 체제를 갖추어 재벌의 지배구조가 다소 개선됐지만, 당시 우리나라 재벌들의 기업 지배구조는 대단히 취약했다. SK그룹 지주회사

소버린은 1,700억 원으로 SK(주)의 주식 14.99%를 사들여 1대 주주가 된다.

인 SK㈜에 대한 최태원 회장 등 총수 일가의 직접 지분은 1.39%에 불과했다. 소버린은 SK㈜의 약점을 파악하고, 1,700억 원이 채 안 되는 자본으로 SK㈜의 주식 14.99%를 사들여 1대 주주가 된다.

당시는 참여연대에서 소액주주 운동을 이끌던 장하성 교수가 재벌 개혁과 '좋은 기업지배구조 운동'을 하던 때여서, 논란의 대상이 된 SK그룹을 상대로 일전을 벌이던 상황이었다. 결과적으로 참여연대의 소액주주 운동은 소버린과 함께 SK그룹 오너의 경영권을 위협하는 데 일조했다고 평가할 수 있다. 14.99%의 주식을 사들여 SK㈜의 1대 주주가 된 소버린은 경영권을 획득하기 위한 본격적인 전쟁에 돌입한다. 주주총회와 임시총회에서 이사들의 자격 요건을 내세우며 SK그룹 일가와 경영권을 놓고 대결하게 된 것이다.

그러나 2005년 6월까지 2년간의 지루한 싸움 끝에 소버린은 소액주주들의 지지를 얻지 못해 세가 불리하게 되자 SK(주)의 보유 목적을 '경영 참여'에서 '단순 투자'로 바꾸고, 2005년 7월 18일 주식 전량을 처분했다. 당시 소버린이 SK(주) 주식 보유분을 처분하여 얻은 이익이 1조 원이라는 것이 정설이다. 2년 만에 투자금의 5배가 넘는 수익을 거둔 것이다(〈한겨레21〉 959호 기사 참조).

소버린 사태는 그 당시까지 우리나라 재벌의 기업 지배구조가 얼마나 취약하고, 윤리경영이나 투명경영에 대한 의식이 얼마나 후진적이었는지를 보여주는 사건이다. 2천억도 되지 않는 돈으로 1조 원 가까운 이익을 내고 철수하면서 외국자본의 '먹튀' 논란을 일으켰지만, 이를 계기로 적대적 인수·합병(M&A)이 판치는 주주자본주의(주주자본주의는 주주가치이론의 출발점이다)가 정착되면 외국자본의 손에 국내 우량기업을 넘겨줄 위험이 있다며, 보수 진보 가릴 것 없이 '외국자본 경계론'을 내세우는 계기가 되었다.

장하성의 주주가치이론과 대안연대회의의 비판

신자유주의 세계경제에서 이동이 자유로워진 헤지 펀드가 시장을 교란한 후 차익을 챙기고 떠나면, 남는 것은 국부 유출과 투자자의 손해뿐이다. 소버린이 엄청난 차익을 남기고 떠나자 국내외 투자자들은 주가 하락으로 큰 손해를 입게 되었고, 증권가에서는 헤지 펀드에 대한 문제의식이 커지게 되었다. 투기자본이 공격적으로 경영권을 탈취하거나, 단기적 이익만을 고려한 행동으로 국내 산업 기반에 악영향을 끼칠 수도 있고 일자리도 줄어들 수 있다는 우려가 확산되었다.

다른 한편으로 이런 투기자본의 문제 때문에 이전에 재벌들과 전경련 등에서 반대하던 차등 의결권, 의무 공개 매수제, 포이즌 필, 황금주 등의 장치들을 통한 규제의 필요성에 대하여 진보나 보수 할 것 없이 요구하기 시작하였다. 이는 물론 미국·일본·영국 등 상당수 국가가 채택하고 있던 제도들인데, 이전까지는 전경련 등에서 '규제완화에 역행된다'며 반대하던 것들이다.

한편 장하준 교수와 함께 신자유주의 극복을 위한 대안연대를 주도

한 정승일 교수(복지국가소사이어티 운영위원)는 참여연대가 이끈 소액주주 운동이 영미계 투자펀드들과 소수의 주식투자가들을 위한 재분배만 추구한다고 비판하며, 이러한 행동은 '월가의 논리'를 따르는 일이라고 주장하였다.

소버린 사태가 한국경제에 끼친 영향을 좀 더 자세히 살펴보자.

첫째, 당사자인 SK그룹은 이사회 제도 등으로 지배구조를 개선하고, 사외이사 비율을 75%로 확대하였으며, 투명경영위원회 등 관련 위원회를 설치하여 그룹이 더욱 발전하고 성장하는 계기를 만들었다. 이후 SK그룹은 다른 재벌들보다 지배구조가 안정화되고 투명경영을 한다는 평가를 받았으며, 최근에 벌어진 최순실 국정농단 사태에서도 최순실의 지원 요구를 거절하여 국정농단의 공범이 되는 위험을 비껴갈 수 있었다.

둘째, 투자자와 기업이 달라졌다. 과거 주주총회에서 경영진이 제시한 안건에 무조건 찬성하던 소액주주들이 거수기 역할을 거부하고 자신의 의견을 내는 경우가 많아졌다. 이로써 많은 기업들이 주주의 의견에 귀를 기울이는 계기가 되었으며, 투명경영을 위한 사회적 기반이 넓어지기 시작했다.

소액주주 운동의 이론적 기반이 된 주주가치이론은 2001년 삼성전자 주주총회 등을 통해 처음 제기되었는데, 소버린 사태를 계기로 당시 재벌의 경제 독점을 완화하고자 하는 '경제민주화 운동'으로 점차 나아갔다(경제민주화 운동에 대해서는 뒤에서 다시 살펴볼 것이다).

그러나 이에 대해 대안연대 쪽에서는 주주가치이론이 추구하는 기업 지배구조 개혁은 단지 주식투자자들에게만 좋을 뿐 사회와 국민경제에는 좋지 않은 결과를 초래한다고 주장하며, 노사와 지역사회 등

2004년 SK(주) 소액주주 운동에 참여했던 장하성 교수와 김상조 교수(출처: 참여연대)

이 연대하는 사회적 합의를 통한 해결을 대안으로 제시하였다.

두 입장 중 어느 한 쪽이 절대적으로 옳고 그르다고 할 수 있는 문제는 아닌 듯싶다. 그러나 적어도 우리나라에서는 소버린 사태가 신자유주의 체제에서 작동하는 외국자본의 폐해를 조기에 알려 주고, IMF 외환위기 이후 재벌의 취약한 지배구조와 시급하게 요구되는 재벌개혁의 필요성을 알게 해주는 일종의 예방주사를 맞는 효과를 낳았다는 평가이다. 아울러 재벌개혁을 위한 주주가치이론과 경제민주화, 재벌개혁의 대안에 대한 풍성한 논의의 출발점이 되기도 했다.

한국 재벌의 특성과 공과

한국 재벌 문제의 이면에는 한국경제가 그동안 축적해온 성공과 실패의 경험이 고스란히 응축되어 있다고 할 수 있다. 또한 이것은 순수하게 경제적 관점에서만 접근할 수 없는 정치, 사회, 문화적인 요소들도 복잡하게 연관되어 있다.

일제로부터 해방되자마자 분단과 전쟁을 연달아 겪어야 했던 저개발국이었던 우리나라는 취약한 생산 시설과 국내 시장 그리고 불완전한 금융시장의 한계를 한동안 벗어날 수 없었다. 국내외 시장 환경 변화에 따른 새로운 사업 진출과 신속한 투자 확대를 위해 박정희 군사정부는 재벌에게 돈과 사업을 몰아주면서 국내 시장을 육성하는 전략을 채택하였다. 처음에는 국내 시장이 제대로 형성되지 않았기에 수출만이 살길이라며, 기업에게는 적자 수출, 즉 출혈 수출을 강요하고, 그 대가로 국내 소비재는 높은 가격을 유지하도록 '이중 가격'을 고수해 출혈 수출로 인한 손해를 보상받도록 하였다. 그러나 산업 기반이 형성되지 않은 상태에서의 기술력이 없는 출혈 수출은 일본 등 해외에서 사오는 원자재에 의존해야 했고 수출이 늘수록 수입이 더 크게 느는 현상이 박정희 집권 기간 내내 지속되었다. 결과적으로 대기업 위주의 수출 중심 경제는 국내 중소기업의 성장도 더디게 하였으며, 내부 시장의 형성도 더디게 만들었다.

성숙되지도 않았지만 그나마 미약했던 금융시장에서 위험을 수반하는 신규 사업에 선뜻 자금을 빌려주려고 하지 않을 당시에도, 재벌들은 그룹 내부에 축적한 자금력을 동원해 새로운 사업에 쉽게 진출할 수 있었다. 물론 정부나 정치권에서 관치금융이라 불리는 정책금융과 장기 저금리 차관 등을 이용하여 시중 금리의 절반 이하로 특혜 자금들을 재벌기업에 집중적으로 제공하면서, 불합리한 재벌의 내부 시장을 확대시켰다.

1971년 제7대 대통령 선거에 야당 후보로 나선 김대중 후보의 『대중경제론』의 내용처럼, 출혈 수출 정책보다는 수입 대체산업부터 우선 성장시키는 정책을 썼더라면 내부 시장 형성이 더 빨리 진행되었을 것이고, 이중 가격제에 의한 국민들의 고통과 희생도 적었을 것이라고 주장하는 학자도 많다. 그러나 이러한 국가와 재벌에 의한 내부 시장의 인위적인 형성은, 제한된 범위에서는 투자의 확대뿐만 아니라 경영상의 위험을 분산시키는 장점도 가지고 있었다. 적어도 이론적으로는 자동차 수출의 부진이 반도체의 호황으로 상쇄되고, 반도체의 불황이 또 다른 분야의 호황으로 상쇄되어, 불황이나 위기 상황에도 국제 경쟁에서 살아남을 수 있는 장점도 있었다.

재벌경제의 폐해: 차입경제

아울러 우리나라의 재벌들은 설립 초기부터 정경유착을 통해 시중 금리의 절반도 되지 않는 특혜 금융과 정책적인 인허가 특혜를 누려왔다. 이러한 특혜를 이용하여 정부와 재벌은 국가 자원의 비효율적인 배분을 유도하였고, 대다수의 국민들과 기업들에게 돌아가야 할 자금 공급을 왜곡시켰다. 또한 특혜를 바탕으로 한 불공정 경쟁을 통해 이득을 취해왔고, 그 이득이 오늘날 재벌 성장의 근간이 되었다. 이러한 부채에 의존한 방만한 차입경영은 국가 경제에 심대한 부담을 주었고, 결국 이것이 1997년의 IMF 사태를 불러오는 또 하나의 원인이 되기도 하였다.

재벌에 의한 경제력 집중은 수많은 문제점을 야기했다. 재벌그룹간의 교차 보조를 통해 경영상의 위험을 분산한다는 본래의 목적은 부실기업을 유지하는 수단으로 변질되었으며, 과잉투자와 문어발식 확대를 통해 덩치만 키워 무리한 기업 경영을 하였다.

재벌이 비대해짐에 따라, 규모의 경제를 통해 내부 시장을 육성한
다는 목표도 사라지고, 경영의 비능률이 초래되었다. 그들이 생존하
기 위해서 중소기업과 같은 하청업체를 더욱 쥐어짤 수밖에 없었다.
경영의 투명성 부족과 소유 지분에 비해 지나친 오너의 영향력 행사
등 여러 부작용이 나타나기 시작했다.

또한 재벌들은 비상장사 주식 매매와 사채 차입 등과 같은 다양한
편법을 통해 주식을 2세에게 증여하는 과정에서 상속세와 증여세를
탈세하는 등 막대한 부를 세금 없이 물려주는 일을 해왔다. 우리나라
상속세법이 세계 어느 나라보다 정밀하게 만들어져 있다 하더라도 재
벌그룹들이 변호사와 회계사들을 수백 명씩 채용하여 그 허점만 파고
드는 것이 현실이다. 역대정부에서 포괄적 상속세법을 적용하여도 이
를 감시해야 할 관계기관이나 여론이 그 책무를 다하지 못할 때, 공정
한 법 집행과 경쟁을 통해 기업이 운용되는 것이 아니라, 편법과 혈연
을 기초한 전근대적인 부의 세습과 경영이 이루어지고 있음은 부정할
수 없는 사실이다.

과거 재벌 문제 핵심은 지배구조의 문제

재벌 문제의 핵심은 결국 지배구조의 문제이다. 불과 5%도 되지 않
는 지분을 가진 사람이 수십 개의 기업들을 좌지우지할 수 있도록 만
드는 비정상적인 지배구조 말이다. 우리나라 재벌그룹들의 이러한 지
배구조 때문에, 회사의 중요한 결정들을 일반 주주들이 통제할 수 없
는 상황을 만들어 정경유착, 편법 상속, 부채 중심의 방만한 경영이
아무런 통제 없이 이루어지게 되었던 것이다. 재벌 오너가 회사 전체

나 주주 전체의 이익이 아닌 자기들의 이익만을 위한 결정을 해도 이를 적절하게 통제할 수단이 없었던 것이다.

사실 지금까지 역대정부에서 논의되었던 재벌개혁과 관련한 수단(출자총액 제한제도, 금융계열사 의결권 제한, 연결납세제도, 외부 사외이사 추천제)들은 모두 재벌의 지배구조의 문제점을 완화하고자 하는 목적에서 출발한 제도들이다. 재벌개혁의 기본 방향은 재벌이 세계시장에서 가지고 있는 경쟁력을 극대화하는 한편, 재벌의 부실을 가져오게 한 기업 지배구조, 공정 경쟁의 취약성, 기업회계의 투명성 부족, 금융시장의 후진성 등을 개선함으로써 보다 건전한 경제 권력으로 거듭나게 하는 것이라 요약할 수 있다.

오늘날 재벌에의 경제력 집중이 낳는 가장 큰 문제 중 하나는 일자리와 중소기업의 문제이다. 일자리가 늘지 않고 중소기업이 제대로 성장할 수 없는 이유는, 우리 경제가 재벌 집중으로 일자리가 상대적으로 많은 중소기업이 활성화되는 것을 방해하고 있기 때문이다.

물론 과거 십여 년간 대부분의 재벌들은 정부가 유도한 지주회사 방식으로 형식상으로는 지배구조 문제를 해결한 듯 보인다. 그러나 지주회사에 의한 재벌그룹의 지배는 대주주의 지배력 강화만 가져왔을 뿐, 일자리와 중소기업 문제는 해결하지 못한다. 이러한 한계는 근본적으로 성장과 분배를 해결하지 못하게 되고, 결과적으로 착한 성장을 이끌어 내기에는 많은 부족함이 느껴진다.

대안연대회의와 참여연대

참여정부 집권기에는 신자유주의 세계경제의 여파로 대안연대회의와 참여연대의 논쟁이 활발하게 이어졌다. 과거 개발경제 시대의 한국 재벌그룹들의 공헌에도 불구하고, 과거와 같은 재벌의 행태로는 자유롭고 공정한 시장 질서의 구축을 막는 최대 장애물이 될 수밖에 없다는 공동의 인식이 있었다. 이러한 문제인식에서 재벌개혁의 전면에 주주가치 극대화의 원리를 내세우는 한편, 기업은 주주의 것이며 이사회와 경영자는 주주 이익의 극대화를 최우선으로 추구해야 한다는 영·미식 기업 지배구조를 통하여 개혁을 이루어야 한다는 주장을 펼친 그룹이 장하성을 중심으로 한 참여연대이다.

물론 참여연대는 대기업 주주를 위함이 아니라 소액주주를 위하는 정책임을 기본으로 하였다. 이들이 글로벌 스탠더드로 대표되는 세계화를 직접 주장한 것은 아니지만, 기업 투명성과 소액주주 보호를 명목으로 정당성을 주장했기에 참여연대의 소액주주 운동은 글로벌 스탠더드라는 세계화 추세를 따르는 신자유주의적 요소를 지녔음을 부정할 수 없다.

반면에 대안연대회의는 정부의 특혜를 받으며 성장한 재벌은 사유재산인 동시에 국민자산이기에, 주주가치이론으로 무장한 투기자본이 재벌을 흔드는 것보다는 재벌이 경영 안정성을 유지하면서 국민경제에 기여하도록 해야 한다는 신(新) 재벌개혁론의 입장에 서 있었다.

재벌을 개혁하자고 하는 목표는 같았지만, 주주가치 자본주의 이론과 대안연대회의 이론의 이러한 대립은 프리드리히 아우구스트 폰 하이예크로 대표되는 미국의 시카고학파와, 정보 비대칭과 불완전 경쟁이 존재함을 인정하고 노동자와 생산자 등 다양한 경제 주체들이 다각적이고 전략적으로 행위할 수 있음을 강조한 신케인즈학파의 대립에서부터 그 기원을 찾기도 한다.

글로벌 스탠더드를 강조하는 주주가치 자본주의 이념

전통적으로 소유가 광범하게 분산된 미국의 대기업들에서는 전문 경영자들이 기업을 운영하는 '경영자 지배'라는 현상이 일반적이었다. 1970년대 석유 파동으로 2차 세계대전 이래 고성장을 주도하던 미국의 대기업들이 경영 위기에 빠지자 경영자 지배를 모럴해저드로 비판하고 주주 지배를 요구하는 주주가치이론이 미국의 시카고학파에 의해 주장되기 시작하였다.

전통적으로 공화당의 보수적 경제정책을 지지해온 시카고학파의 경영이론이 1980년대 레이건과 부시(아버지 부시) 대통령 집권기에 주요한 경제정책으로 등장하게 되면서, 주주가치 자본주의 이념이 도입되기 시작했다고 한다.

물론 영국에서도 마거릿 대처 수상이 미국과 같이 보조를 취하면서 신자유주의와 함께 주주가치 자본주의 이념을 유행시켰고, 2008년 미국 발 금융위기로 신자유주의가 퇴색하기 전까지 주주가치 자본주의 이념은 미국과 영국을 지배하는 패권적 경제 논리가 되었다. 이들은 금융과 증권 그리고 기업시스템에서까지 주주의 이익을 우선시하는 주주가치 자본주의를 확립함이 기업과 금융시스템을 혁신시키는 길이라고 주장하였다.

결론적으로 주주가치이론은 미국 재무부가 주도하여 전 세계, 특히 힘없는 개발도상국이나 동남아 신흥시장에 요구하는 미국의 패권주의 정책을 반영하는 핵심 아젠다의 하나라고 보기도 한다.

과거 김대중 대통령의 국민의 정부가 '투명성'(transparency)이라는 이름으로 도입한 적대적 인수합병 허용, 소액주주 권리 강화, 공시제도 개혁 등은 주주 자본주의 이념을 지향하는 재벌개혁 정책이라고 할 수 있다. 또한 참여정부에서 채택한 연기금 기관투자자 의결권 행사 촉구, 집단소송제, 출자총액제한 강화 등도 주주가치 자본주의를 강화하는 재벌 정책으로 분류될 수 있다.

물론 참여연대, 경실련 등 시민단체들이 이 주주가치이론을 직접적으로 채택하자고 주장한 것은 아니다. 다만 명시적으로 미국식 주주가치 자본주의를 채택하지는 않았지만, 한국 사회의 뿌리 깊은 문제인 재벌 문제를 해결하기 위하여 주주가치이론이 주장하는 핵심 정책들의 채택을 요구하게 된 것이다. 그들은 집중투표제, 집단소송제 등을 요구하였고, 캘리포니아연기금 등 뉴욕, 런던의 외국투자자(펀드매니저)들과 장하성 교수의 '좋은 기업지배구조 연구소'가 교류하면서, 결과적으로 주주가치 자본주의를 주장하는 신자유주의 기수들이라고 손가락질 받기도 하였다.

주주가치 자본주의 이념의 모순에서 태어난 대안연대회의

한편 대안연대회의의 입장은 우리나라의 재벌그룹들이 해외의 거대 다국적 기업들에 대항할 수 있을 만큼 경쟁력을 갖추도록 하고, 외국자본의 위협으로부터 국내 대기업을 보호, 육성해야 한다는 문제의식에서 출발했다고 할 수 있다.

주주가치이론에 따르면 글로벌 스탠더드라는 구호 아래 금융 세계화를 실천하고 기업과 주식시장을 완전 개방하는 것은 당연한 흐름이다. 그러나 주주가치 이념의 기본을 이루는 '공정 경쟁' 이념은, 실제로는 공정하지도 개혁적이지도 않은 불공정하며 보수적인 이념과 정책으로 평가된다. 자유시장(free market) 이데올로기에 따른 '공정거래'의 이념은 시장에서의 '공정 경쟁'이 만인에게 이익이 된다고 가정할 때만 성립할 수 있다. 그러나 선진국과 후발국간에, 초대형 다국적 기업과 개발도상국의 후발 기업 간에 '공정 경쟁'은 실제 가능하지도 않고 요원한 이야기이다.

특히 적대적 M&A까지 가능하게 하는 기업지배권시장(주식시장)에서 완전 경쟁이나 공정 경쟁은 결코 가능하지 않다. 참여정부 집권기 우리나라의 주식시장에서 유통 주식의 상당 부분을 뉴욕과 런던의 투자가들이 가지고 있었다. 이러한 유통 주식과 그들이 주식 가격 결정에 끼치는 영향을 보면, 결국 한국경제의 핵심이 사실상 외국인들에 의해 점령당한 것이나 다름없었다.

당시 세계는 신자유주의의 영향으로 금융 세계화의 흐름이 지배적이었다. 기업들이 투명하게 개방되어야 하고, 주식시장도 글로벌하게 규제 없이 개방되어야 한다는 신자유주의의 명제 아래, '공정 경쟁'을 강조하는 주주가치 자본주의 정책은 '중소기업 등 약자 보호'라는 공정거래법의 원래 취지를 실현한다고 보기 어려웠다. 오히려 다국적 기업, 외국 금융기관과 외국 투자자들의 불공정 이익을 증대시킬 수 있는 수단이 될 수 있다.

또한, 선단식 재벌기업을 해체하여 독립 기업화하는 것은, 삼성전자와 현대자동차와 같은 우량기업이라 하더라도, 고수익이 계속 유지될 때에는 적대적 인수 위협으로부터 보호하고 독립 기업으로서 안정적인 대주주 역할을 하며 성장할 수 있으나, 수익이 악화될 경우에는 적대적 인수 위협으로부터 보호할 수단이 없게 된다.

주주가치 자본주의가 신자유주의적 세계화에 가깝다고 보고 이에 맞서 '대안적 세계화'를 모색한 그룹이 장하준 교수를 중심으로 한 대안연대회의였는데, 이들은 이념적으로 '유럽식 사회민주주의' 또는

'케인즈식 수정자본주의'로 분류될 수 있지만, 궁극적으로는 한국 사회의 구체적 현실에서 '대안적 세계화'의 답을 찾고 있다.

이들은 기업이 투기적 외국자본에 넘어가는 것을 막아야 한다고 주장함으로써 재벌을 옹호한다는 비판을 받기도 하지만, 재벌 총수에게 경영부실의 책임을 묻고 기업의 사회적 책임을 강력하게 요구하는 '신 재벌개혁론자'들이기도 하다.

이들은 유럽식 사회민주주의를 지향하면서 1997년 말 외환위기 이후 김대중 정부에서 추진하던 신자유주의적 개혁에 맞서 대안이 될 정책을 모색하고 공론화하기 위한 노력으로 은행간 합병을 통한 구조조정, 단기이익을 노린 투기성 외국자본에 국내 기업의 경영권을 넘기는 기업 매각 등의 정책에 강력히 반대해 왔다.

결론적으로 대안연대회의의 경제이론은 자본과 기업의 '국적성'을 강조하여 국내 기업이 투기적 외국자본에 넘어가는 것을 막는 것에 주력하였다. 그들은 급속한 재벌개혁보다는 온건한 재벌개혁을 주장하며, 성장과 분배의 균형을 통해 시장을 활성화하고, 사회통합을 통해 성장 기반을 육성하며, 금융자본보다는 산업자본 위주로 경제를 개혁해야 한다고 보았다.

주주가치이론과 대안연대회의 이론의 퇴조

IMF 외환위기를 겪으면서 뜨겁게 논쟁을 벌였던 주주가치이론과 대안연대회의 이론이 2008년 미국의 금융위기를 겪으면서 대중의 관심에서 사라졌다. 주주가치이론은 주주가 정점에 있는 미국식 주식회사를 중심으로 1990년대 말 동아시아 금융위기 이후 세계화와 함께 꽃피운 신자유주의 경제의 주류였다. 그러나 전통적으로 일본이나 프

장하성, 장하준 교수(출처: 참여연대)

랑스에서는 정부의 강력한 영향 아래 기업이 존재하는 국가 중심 모델이 주류였다. 독일에서는 노동자가 이사회까지 참여하는 노동자 중심 모델이 주류였다. 각 모델에 맞춰 투자자의 기대, 소비자의 기대, 노동자의 기대, 그리고 경영자의 의사결정 기준도 달랐다.

그러나 2008년 글로벌 금융위기 이후 미국식 주주 중심 경영이 쇠퇴하면서, 기업 경영은 더 다양화하고 있다. 주주가치 중시 경영을 앞장서 외치던 투자은행들은 파산한 뒤 스스로 국가의 투자를 대규모로 유치하여 간신히 살아남았다. 제너럴일렉트릭사의 전 회장인 잭 웰치처럼 주주가치 증대만을 소리 높여 외치던 이가 '단기적 주주가치를 위해서만 경영하는 것은 어리석다'고 고백하기도 했다. 다른 한편 주주가치 자본주의의 대안으로 태동되었던 대안연대회의 이론도 함께 빛을 잃게 되었다.

장하성과 장하준, 그리고 끝나지 않은 논쟁들

과거 주주가치이론과 대안연대회의 이론을 주장하던 장하성 교수와 장하준 교수는 사촌 사이면서도 이론적 지형은 반대이다. 장하준 교수가 주주가치 자본주의론을 비판하면서 재벌과 사회적 대타협이 필요하다고 제안한 것과 달리, 장하성 교수는 한국의 특수한 재벌경제 상황을 주주가치 자본주의에 충실하면 해결될 수 있다는 주장을 펼쳤다. 그는 소액주주 운동을 주도하면서 재벌 저격수로 활동하며, 비록 크게 성공하지는 못했지만 직접 지배구조 개선 펀드를 만들어 주주행동주의에 나서기도 하였다.

두 사람은 재벌개혁에 대한 인식과 실천, 그리고 신자유주의적 주주가치에 대한 판단뿐만 아니라 몇 가지 점에서 이견을 보이고 있다. 기업들이 투자를 안 하고 돈을 안 쓰는 이유를 장하준 교수는 주주 자본주의 때문이라고 주장한다. 주주의 이익을 챙겨 주느라 투자를 안 한다는 것이다. 또한 주주들 배당 주느라 임금을 깎거나 비정규직을 늘릴 가능성이 크다고 한다. 반면 장하성 교수는 우리나라는 주주 자본주의가 가장 약한 나라이며, 기업들이 배당을 거의 안 하고 사내 유보이익 형태로 가지고 있기 때문에 투자를 안 한다고 한다.

실제로 우리나라는 재벌 총수가 지분을 많이 갖고 있는 회사는 배당을 많이 하고, 재벌 총수 지분이 적은 회사는 배당을 거의 안 한다. 이런 현상 때문에 장하성 교수는, 과거 우리나라는 재벌 총수의 가치가 주주가치보다 앞선다는 주장을 하였다. 대신 사내 유보이익에 과세를 해야 한다고 주장한다. 사내 유보이익에 과세를 하면, 세금을 적게 내려고 배당을 할 수밖에 없다는 것이다. 반면 장하준 교수는 배당을 많이 하면 투자를 안 하기 때문에 도움이 안 된다고 보고 자본소득에 비례하여 과세를 늘려야 한다고 주장한다.

당시 장하성 교수는 우리나라는 노동소득도 낮지만 배당소득은 더 낮다고 주장하였다. 통계적으로 상장기업의 배당이 이들 기업들의 임금의 5%밖에 안 된다고 한다. 그래서 노동소득과 자본소득을 둘 다 올려야 한다는 것이다. 사내 유보이익에 과세를 해서라도 기업이 투자하게 하고, 그 일부가 배당으로 가더라도 큰 문제가 없다는 것이다.

장하성 교수는 여전히 국내 경제 문제를 재벌과 시장의 대결구도로 인식하는 듯하다. 기업의 역할은 이익을 내고 그걸 분배하는 것인데, 분배하는 방법이 하나는 배당이고 다른 하나는 임금이다. 그런데 우리나라는 임금도 낮지만 배당은 더 낮다는 것이다. 그걸 기업들이 현금으로 쌓아두고 있으니까 과세를 해서 사내 유보금 문제를 풀자는 것이 장하성 교수의 주장이다.

다른 한편 장하성 교수는 한국적 특수성을 이야기한다. 그는 2014년 8월 미디어오늘과의 인터뷰에서 "한국 사회의 불평등의 원인은 자본소득이 경제성장률을 앞질러서가 아니라 노동소득이 경제성장률을 따라잡지 못해서다. 지난 10년 동안 국내총생산이 38.8% 늘어났는데 실질임금은 23.2% 늘어나는 데 그쳤다. 노동소득 분배율은 1998년 80.4%에서 2012년 68.1%까지 줄어들었다"고 주장하면서 노동소득의 증대가 자본소득의 증대보다 더 긴급하다고 역설하였다.

물론, 산업화가 진행되며 생산에 참여하는 노동이 적어지고 로봇이나 자동화가 대체되는 추세를 핑계로 노동소득 축소를 당연시하는 세력도 있다. 그러나 SW산업과 게임과 같은 IT산업 분야와 지식산업 등 기존 산업과 달리 노동소득 비율이 높은 산업들이 많아지고 있어, 급속한 노동소득 분배율의 저하를 설명하기가 어렵다.

필자가 느끼기로 장하준 교수는 해외에서 글로벌한 경제 환경을 연구하여 얻게 된 일반적인 개발도상국에 대한 이론을 한국에도 똑같이 적용하고 있으며, 장하성 교수는 국내에서 참여연대 활동을 하며 재벌그룹의 폐해와 한국경제의 구조적 문제들을 몸소 겪고 느낀 체험에서, 한국 재벌의 특수성을 감안한 주장을 하고 있다는 생각이다.

자본시장의 본질적 기능, 사내 유보금 문제와 일자리

장하성 교수가 말하는 한국의 특수성에는 주식시장이 제 기능을 못하고 있는 측면도 있다. 삼성전자나 현대자동차와 포스코 같은 우량기업들은 거의 20년이 되도록 유상증자와 같은 주식 발행을 하지 않고 있다. 사내 유보금이 많은 상황에서 굳이 주식 발행을 해서 투자를 하려고 하지 않기 때문이다.

주주 자본주의를 비판하는 사람들은 배당 압박 때문에 임금이 안 오르고, 비정규직을 늘리는 것도 모두 배당을 위해 사내 유보금을 늘리기 때문이라는 주장을 한다. 또한 그들은 주주 자본주의의 압박에서 재벌의 경영권을 보호해야 한다고까지 주장한다. 그러나 이는 틀린 주장이라는 생각이다.

일반적인 기업이라면, 이익이 많이 생기면 사내 유보금으로 보유하기보다는 주주들의 요구에 의해 배당을 하게 된다. 그리고 대규모의 투자나 M&A가 필요하면 주식시장에서 유상증자나 다른 수단을 통해 조달하게 된다. 미국이나 해외의 기업들은 대개는 이렇게 한다.

그런데 유상증자를 하게 되고, 대주주가 지분율을 확보하려면 유상증자에 참여해야 한다. 유상증자에 참여하려면 기업에 개인적인 돈을 다시 지불해야 하고, 그렇지 않으면 대주주의 지분율이 줄어들 수밖

문재인 정부의 초대 공정거래위원장에 오른 김상조 교수(출처: YTN)

에 없다. 그래서 대규모 투자를 하는 서구의 기업들은, 실제로 창업주
나 대주주의 지분이 적다. 이와 달리 국내 재벌들은 지분율을 유지하
기 위해 배당을 꺼리고 사내 유보금만 키우고 있는 현실이다.

사회가 좀 더 투명해지고 윤리적으로 된다면, 재벌기업도 사내 유
보금으로 쌓아놓고 자기 재산처럼 사용하거나 행사하기보다는, 주주
들에게 배당도 늘리고 줄어들기만 하는 노동소득을 증가시키는 데 힘
을 쏟을 것이라는 생각이다. 노동소득이 증가된다는 것은 임금도 늘
어나고 일자리도 늘어나는 것이다. 그래야 경제가 순환되어 잘 돌아
갈 것이다.

결론적으로 주주가치이론과 대안연대회의의 논쟁을 통해 재벌의
지배구조 문제가 어느 정도 해결되었다고 보는 시각이 많다. 재벌들
은 그들의 체제를 근본적으로 뜯어고치지 않고서 적은 지분으로 선단
식 그룹 전체를 지배하기 위해 지주회사 체제의 전환이 이상적이다.

실제로 우리나라 재벌기업들은 지난 글로벌 금융위기 이후, 각고의 노력으로 지주회사 체제가 어느 정도 완성된 것처럼 보인다.

그러나 아직 우리 경제는 재벌의 경제력 집중은 더욱 강화되고 있으며, 재벌의 사내 유보금 증대와 함께 투자에 대한 노력도 아직 요원한 편이다. 이명박·박근혜 정부를 거치며, 각 경제 주체의 경제민주화도 후퇴하였다. 재벌이 국가 경제의 집중력을 높이는 동안 중소기업 문제와 일자리 문제는 더욱 악화되고 있다. 이러한 환경에서 국민들은 문재인 정부에서 장하성 정책실장과 김상조 공정거래위원장이 근본적인 재벌개혁을 어떻게 완성할 것인가에 대한 기대가 클 수밖에 없는 것이다. "지난 30년 동안 재벌개혁이 실패해 왔으며, 저마저 실패한다면 대한민국의 미래는 없다"고 한 김상조 공정거래위원장의 최근 발언에서 보듯이 정부와 시민사회는 각별한 의지를 가지고 재벌개혁에 총력을 기울여야 할 것이다.

11장 2002~2006년 신용카드 대란 논쟁
– 국민의 정부와 참여정부를 뒤흔든 카드채

카드채 논쟁의 중요성

'카드채 위기'는 국민의 정부 마지막 해인 2002년 초 시작되어 수백만 명을 신용불량의 늪에 빠트리며 대한민국 경제와 사회에 큰 충격을 주었던 사건이다. 참여정부는 출범 초기부터 카드채에서 발화한 경제위기를 안고 태어난 셈이다. 참여정부의 지속적인 대책 마련과 적극적인 경기 부양으로, 출범 2년여 후인 2004년부터 한국경제는 카드 위기를 극복하고 다시 정상 궤도에 오른 것처럼 보였다. 그러나 사실 카드사 위기가 완전히 정리된 것은 아니었다. 2004년 이후에도 신용불량자는 줄지 않았고 카드사 정리 과정에서 외환카드의 부실을 막지 못한 외환은행이 외국계 사모펀드 론스타에 매각되는 계기를 제공하였다. 또한 지주회사 논쟁을 일으켰던 LG카드는 결국 2006년 LG그룹이 75%의 부실을 안은 채로 신한금융지주에 매각된다.

2002년 초부터 본격화된 카드채 위기는 막 출범한 참여정부에게 큰 부담으로 작용하였다.

당시 노무현 대통령과 참여정부 경제 관료들의 신속한 대처로 잘 마무리되어 지금은 국민의 머릿속에서 잊혔지만, 당시 카드사 위기는 국민의 정부 말기와 참여정부 초기 경제를 뒤흔든 폭풍과도 같은 사건이었으며, IMF 외환위기를 갓 벗어난 국민들에게 다시 경제위기를 걱정해야 하는 부담을 안겨주었다.

카드사 위기와 카드채 논쟁은 한국경제사에서 잊지 말아야 할 몇 가지 중요한 교훈을 남겨주었다. 첫째, 카드사 위기는 앞서 'IMF 이후의 금융구조 논쟁'에서 거론한 소매은행과 투자은행에 관련된 금융구조 시스템과 관련되어 있다. 우리는 세계 금융시스템의 중심이 투자은행에서 소매은행으로 이동하게 된 원인과, 카드산업이 소매은행에서 핵심 경영 키워드가 되었던 이유, 그리고 김대중 대통령의 국민의 정부가 불황 극복의 수단으로 카드산업을 육성하게 된 배경과 원인을 잘 살펴봐야 한다.

둘째, LG카드를 처리하는 과정에서 재벌개혁과 관련된 지주회사제 논쟁이 유발되었다. LG그룹은 IMF 외환위기 이후 첫 번째로 지주회사 체제로 전환한 재벌그룹이다. 그러나 당시 LG카드의 유동성 위기가 발생했을 때 전환된 지주회사 체제가 카드사 위기에 효과적으로 작동했는지에 대한 논쟁이 있다.

셋째, 카드채 위기는 참여정부 말기 미국의 리먼브라더스 사태에서 벌어진 미국발 주택모기지 사태와 같이 유동화 증권의 남발이라는 원인을 공유하고 있다. 카드사 위기를 불러온 카드채나 미국에서 금융위기를 불러온 서브프라임 주택 모기지는 모두 유동성이 낮은 자산을 기초로 하여 이를 유동화한 후 여신을 일으킨 과잉 유동화증권이 위기의 주요 원인이었다.

신용카드 정책의 두 가지 목적

1998년에 집권한 김대중 대통령의 국민의 정부는 외환위기로 파탄 난 경제를 살리기 위하여 전임 김영삼 정부가 시행한 공급확대 정책보다 소비확대를 통한 경기 부양을 추진하였다. 사실 이 문제는 좌파 정부와 우파 정부가 바뀔 때마다 계속 논의되는 문제이기도 하다. 경기를 살리기 위해 우파 정부는 주로 공급확대 정책을 쓰는 경향이 강하고, 좌파 정부는 소비를 향상시켜 경제를 끌어올리는 수요 측면의 확대 정책을 사용하는 경향이 있다.

IMF 외환위기 속에서 급격한 환율 상승과 높은 이자는 국민들의 실질적 소득 감소와 소비 위축을 불러왔기 때문에 위축된 국민들의 소비 성향을 끌어올리는 정책이 급선무였다. 당시 김대중 정부는 외환위기 이후 구조조정 자금으로 투입된 정부 지출이 많아 여분의 공급 확대 정책을 쓰는 것은 불가능하였다. 소비 증진을 위해 신용카드의 현금서비스 한도를 폐지하고, 신용카드에 대한 소득공제 제도를 처음 만들게 된다. 그리고 2000년에는 신용카드 영수증 복권 제도까지 도입하여 카드산업을 육성한다. 당시 정부의 신용카드 경기 부양 정책은 두 가지 목적이 있었다.

첫째, 화폐론적 측면에서 신용카드의 사용을 빈번하게 하면 민간의 화폐보유 수요가 작아지게 되고 통화승수가 커지게 된다. 이렇게 되면 정부가 본원적 통화량을 늘리지 않고도 통화량을 증가시키는 효과를 얻을 수 있다. 통화량의 증가는 국민들의 소비 증가로 이어지고, 카드는 미래 소득을 당겨 사용하는 효과가 있어 민간의 소비 성향도 증대시키게 된다. 그런 면에서 카드 정책은 경기 활성화를 위한 효과적인 정책으로 아주 유용하다는 것이 정설이다.

둘째, 카드를 사용하게 되면 국세청에 모든 거래가 파악되어 원활한 세금 징수가 가능하게 된다. 당시 국민의 정부는 IMF 외환위기에 따른 구조조정 자금 집행 등으로 경제를 살리기 위한 지원에 쓸 예산이 많이 부족했는데, 카드 사용이 늘게 되면 세금 발굴이 용이해져서 국가재정에 도움이 되게 할 수 있었다. 소비 성향을 늘려 경기부양에도 도움이 되고, 세수도 증가되니 신용카드 활성화 정책은 '꿩 먹고 알 먹기' 정책인 셈이었다.

세계 금융산업의 구조 변화

국민의 정부 말기에 찾아온 카드 위기를 이해하려면, 당시 세계 금융환경이 급격하게 변화하였다는 점에 주목해야 한다. 1990년대부터 파생상품, IT산업과 기술주 위주의 주식시장이 활성화되며 대형화된 투자은행들이 자본시장의 급속한 성장을 주도하였다. 주식시장이 활성화됨에 따라 M&A 시장 또한 성장하게 되고, 채권시장이 정크본드 시장까지 확대되며, 다양한 자본시장 업무를 바탕으로 투자은행이 더욱 성장하였다. 그러나 1997~98년 동남아 금융위기가 변곡점이 되어, 폭풍 성장하던 투자은행들은 변화의 요구에 직면하게 된다.

구체적으로 미국에서는 투자은행의 몸집이 커져 늘어난 자산만큼 투자은행의 위기 분산이 필요하게 되자 1933년부터 1999년까지 '글라스·스티걸법'에 의해 엄격하게 구분되었던 투자은행과 소매은행의 분리 정책을 자본시장의 변화에 맞추어 투자은행과 소매은행의 업무를 동시에 허용하는 방향으로 고치게 된다.

이렇게 소매은행과 투자은행의 업무 영역이 허물어지면서 기존의 투자은행들도 개인 고객 업무를 늘려나갔고, 기존 소매은행의 핵심을 이루었던 카드산업의 중요성이 커지게 된다. 카드산업은 고객들의 소비 정보와 소비 성향까지 파악할 수 있는 데이터베이스를 기반으로 한 소매금융의 핵심 분야이기 때문이다. 고객 데이터베이스를 바탕으로 첨단 금융 업무를 수행할 수 있는 기반이 마련되자, 전 세계적으로 금융기관들은 카드산업을 확대한다.

우리나라에서도 IMF 외환위기 과정에서 제일은행, 조흥은행처럼 기업금융을 많이 취급하던 은행들이 몰락하고, 상대적으로 개인 고객의 비중이 높던 국민은행과 주택은행 같은 소매은행들이 우량은행이 되면서 기존의 소매은행과 투자은행의 역할을 동시에 수행하게 되어 이들 은행에서도 카드산업의 역할이 점차 중시되었다.

카드산업은 고객의 소비 성향까지 파악할 수 있는 소매금융의 핵심 분야로 떠올랐다.

카드사 위기의 원인

이제 카드산업이 금융산업의 중심이 되었고, 금융기관이 아닌 대기업도 카드사를 소유할 수 있게 된다. 카드산업은 비즈니스 마케팅에 필요한 고객 정보를 손쉽게 확보할 수 있으므로, 우리나라도 이러한 세계 흐름에 맞추어 금융권과 대기업에서 카드사를 중점적으로 육성한 것은 당연한 결과였다.

그러나 경쟁이 치열해지면 무리한 정책이 나오게 마련이다. 당시 카드사를 위기로 몰았던 신용카드 위기 사태의 원인은 다음과 같다. 첫째, 카드 남발이다. 신용카드를 사용하기에 부적합한 사람들에게도 손쉽게 카드를 발급해 주었다. 은행과 금융기관에서 카드산업을 확장하고 더불어 대기업에서도 카드산업에 뛰어들어 경쟁이 치열해졌다. 이들은 기존 고객을 유지하고 신규 고객을 더 많이 확보하기 위한 경

〈신용카드 사용액 추이(단위: 조 원, %, 한국금융연구원)〉

	1996	1997	1998	1999	2000	2001	2002
이용액 계	67.0	72.1	63.5	90.7	224.9	443.4	622.9
판매신용	36.6	38.2	30.8	42.6	79.6	175.7	265.2
현금대출	30.4	33.9	32.7	48.1	148.3	267.7	357.7
현금대출비중	45.4	47.0	51.5	53.0	64.6	60.4	57.4

쟁을 더욱 치열하게 벌였고 과열 경쟁에 따라 카드 남발 현상이 발생했다. 1990년 1000만 장에 불과했던 신용카드 수는 2002년에는 무려 1억 장을 넘겼으며, 이는 경제활동 인구 1명당 무려 4.6장의 카드를 보유하는 셈이었다.

또한 신용카드 사용액은 1998년 63조 5천억 원이었던 것이 2002년에는 622조 9천억 원에 이르는 등, 정부의 세제혜택 등으로 4년 만에 10배 가까이 급증하였다.

신용카드 사용은 현재의 소비를 미래의 부채로 떠넘기는 행위이다. 때문에 신용이 낮은 무자격자에 대한 카드 남발은 심각한 사회문제를 일으키게 된다. 특히 고정 소득이 없는 젊은 세대들에게도 카드를 발급하여 사용하고 결제하지 못하게 되자 카드빚에 쫓기는 청년들이 생겨났다. 외환위기 이후 소득이 줄어든 빈곤층 역시 낮은 신용 때문에 은행 대출이 어려워지자 신용카드의 현금서비스로 생활비를 충당하는 일도 만연했다. 무자격자에 대한 카드 남발과 현금서비스 한도 폐지로 인하여 카드사의 부실채권이 눈덩이처럼 불어나며 카드사 위기가 시작되었다는 것이 객관적인 사실이다.

둘째, 카드사 위기가 최초로 외부에 알려지게 된 2002년 초, 카드사 거래수수료의 급격한 인하와 카드사에 대한 대손충당금 적립비율의 급격한 상향 조정이 있었다. 당시 카드 사용이 급격하게 늘어나 카드사의 순이익이 크게 예상되자, 시민단체와 국가는 큰 폭의 수수료 인하를 요구하였다.

한편 당시는 IMF 관리체제를 벗어났다고는 하나 IMF가 요구한 규제조건을 충실히 따라야 하는 분위기여서, 카드사들이 엄격한 대손충당금 적립비율을 준수해야 했다. 이러한 상황이 복합적으로 작용해, 적립비율을 맞추지 못한 카드사들의 부실을 조장한 주요한 요인이 되었다. 수수료 인하 요구는 당연했지만, 당시 인하 비율이 기존 수수료의 40% 이상이어서 그렇지 않아도 대손충당금 적립 부담이 큰 카드사의 수익구조에 큰 문제를 일으키게 되었고, 결국 유동성 문제를 발생시켰다. 정부는 2004년 인하되었던 카드 수수료를 다시 올려 카드사 부실을 줄이는 데 도움을 주고자 하였다.

〈정부의 신용카드 정책 변화〉

	정책내용	정책목표
1997.8	카드회사의 일반 대출 업무 허용	카드소비 활성화
1999.5	현금서비스 월 이용한도 폐지	
1999.8	카드 소득공제제도 도입	
2001.1	카드영수증 복권제 시행	
2001.5	미성년자 카드발급 시 부모 동의 의무화 현금대출 업무 취급 비중 제한 길거리 회원 모집 금지	카드소비 억제
2002.11	카드사 대손충당금 적립기준 강화	
2003.10	카드 연체율 기준 폐지 현금대출 업무 취급 비중 제한 3년 연장	카드사 대책 완화

〈2003년의 1·2차 신용카드 종합대책〉

구분	주요내용	주요내용
1차(3.17)대책	수익개선 관련	-현금서비스 수수료율 자율화 -연회비 면제 혜택 축소 -무이자 할부 중단, 가맹점 수수료 면제 중단 -자산관리공사를 통한 카드사 부실채권 인수
	유동성 개선 관련	-신용공여기간 단축 -증자 유도
	연체율 관리부담 완화	-현금서비스 업무 50% 제한조치 연기
2차(4.3) 대책	유동성 개선	-신용카드사의 카드채 만기연장 -투신사 환매자금 지원을 통한 5조 원 조성 -신용카드사의 증자규모 확대(4조6000억 원)

셋째, 카드사들의 부실은 유동화증권의 한 종류인 '카드채'가 큰 부분을 차지하였다. 일반적으로 카드사들은 고객이 신용카드로 결제를 할 경우 결제를 일단 대신해 준 뒤 이 돈을 카드대금 결제일에 돌려받는 방식으로 이득을 취한다. 또한 현금서비스의 경우 30% 수준의 높은 이자를 받고 있었기 때문에 이 역시 수익이 좋은 편이었다. 문제는 당시 카드사들이 급격히 고객을 늘리려다 보니 이러한 비용을 충당할 수 없어, 카드채(카드사의 회사채로 이를 다시 유동화하여 증권사 등에 판매함)를 발행하여 단기로 자금을 많이 차입하게 되면서 발생하게 되었다. 유동화 증권은 관리를 철저하게 하지 않으면 언제든지 담보 부족에 따른 부실채권 남발의 요소가 많은 수단이다.

카드사들의 공격적 영업으로 카드채 발행이 증가했으나, 연체율이 점점 높아지자 덩달아 카드채 이자율이 올라가 카드사들은 이자 상환에 어려움을 겪게 되었다. 결국 신용평가사들이 카드채 신용등급을 일제히 하향 조정하면서 카드사들의 유동성 위기가 시작되었다.

참여정부의 카드사 처리

금융감독위원회 자료에 의하면 참여정부 출범 직후인 2003년 3월 금융회사가 가지고 있던 카드사의 채권은 총 88조 8천억 원으로, 카드사가 자체 발행한 회사채와 자산유동화채권(ABS)의 형태였다. 참여정부는 빠른 시간 내에 특단의 대책을 통해 정면 돌파를 시도하였다. 정부가 발표한 신용카드사 종합대책의 주요 내용은 카드사의 자구 노력과 외부 자금 조달을 통해 빠른 시간 내에 정상화를 꾀한다는 것이었다. 세부적으로는 현금서비스 수수료율 자율화, 무이자 할부 중단, 가맹점 수수료 면제 중단, 자산관리공사를 통한 카드사 부실채권 인수를 통한 수익성 개선 등이 포함됐다. 이후 유동성 개선을 위해 신용카드사의 카드채에 대한 만기 연장, 투신사 환매자금 지원을 위한 5조 원의 자금 조성, 신용카드사 증자 규모 확대를 통해 정상화를 꾀했다.

당시 국민, 우리 등 은행계 카드사들은 모(母) 은행과 합병하는 방식으로 위기를 회피할 수 있었고, LG카드와 삼성카드, 현대카드 등 대기업집단 소속의 카드사들은 계열사 증자나 채권단 증자 등의 방식을 통해 초기 위기를 모면할 수 있었다. 그러나 외환카드의 경우 외환은행이 카드사의 부실을 감당하기 어려워 결국 '론스타'라는 사모펀드에게 매각될 수밖에 없었던 한 원인으로 작용했다.

LG카드의 지주회사 논쟁

참여정부 초기 LG카드는 소규모 증자로 위기를 피해 갈 수 있었다. 그러나 삼성카드와 달리 지주회사 체제로 전환한 LG그룹은 대규모 증자를 할 수 없었다. 지주회사제는 앞서 주주가치이론과 대안연대이론 논쟁에서 설명한 것처럼, 우리나라 재벌이 소유권의 희생 없이 지배구조를 개선할 수 있는 가장 현실적이고 합당한 방안이었다.

　지주회사제의 장점은 순환출자와 같은 출자구조를 차단하고, 대주주의 실제 지분을 초과하는 의결권 행사를 제어할 수 있다는 것이었다. 또한 부실경영에 대한 책임을 물어 경영진을 교체하기 수월해지는 것도 장점이다. 따라서 지주회사 체제를 도입한 재벌그룹의 오너는 대주주로서의 권한이 약화되었기 때문에 기존의 대기업 체제를 유지하면서도, 과거 지분 이상으로 의결권을 행사하는 과정에서 나타난 도덕성 논란의 부담을 다소 덜 수 있을 것으로 평가되었다.

　한편, LG카드 사태에 대해 지주회사 체제를 반대하던 전국경제인연합회(이하 전경련)와 보수 경제학자들은 LG그룹 계열사 지원을 억제한 지주회사제가 LG카드 유동성 문제의 한 원인이 되었다는 주장을 펼쳤다. 그러나 재벌의 지주회사 전환을 추구해온 공정거래위원회(이하 공정위)는 지주회사제의 계열사 간 출자금지 규정으로 유동성 위기의 확산을 사전에 차단할 수 있었다는 반론을 제기했다. 지주회사제가 카드 위기로 인한 리스크가 전체 그룹으로 확산되는 것을 막는 방화벽(Fire Wall) 시스템으로 작동할 수 있었다는 논리다.

　결국, LG카드는 국책은행인 산업은행 채권단의 관리를 거쳐 2006년 12월 신한금융지주에 매각되어 신한카드와 합병하게 되었다. 그러나 사태 해결 과정에서 LG그룹 대주주와 계열사는 8,000억 원 규모의 LG카드 채권을 인수해야 했으므로 지주회사 체제의 장점이 희석되었다는 주장이 제기되었다. 당시 LG그룹 대주주의 8,000억 채무 인수는 지주회사 체제가 완벽하게 정착되지 않은 관계로 무한 책임을 바라는 국민 정서에 따라 LG그룹이 부담한 결정이긴 했으나, 지주회사 체제를 통해 재벌의 지배구조 문제를 해결하려 한 정부와 큰 피해

없이 카드 위기에서 벗어나려는 재벌의 이해가 맞아떨어졌던 결정이 었다고 판단된다.

필자는 지주회사 체제가 LG카드의 위기의 원인이라는 전경련의 주장에 동의하지 않지만, 이미 벌어진 LG카드의 위기를 해결하는 데는 효과적이지 않았다고 생각한다. 왜냐하면 당시는 지주회사 체제가 완벽하게 정착되지 않은 초기 단계로, 무한 책임을 바라는 국민 정서를 정부가 완전히 무시할 수 없었기 때문이다. 물론 공정위의 주장대로 LG카드 위기가 그룹 전체로 확장하는 것을 방지하였다는 지주회사 체제의 방화벽 역할에 대해서는 전적으로 동의한다.

4차 산업혁명 시대의 화두인 카드산업

최근 '4차 산업혁명'이 화두로 대두되며 국내외적으로는 네트워크 산업인 금융업과 정보통신기술(ICT)의 접목 현상이 부각되고 있다. 그동안 대면 채널을 통한 비즈니스가 핵심이었던 금융업의 패러다임이, ICT의 발전으로 플랫폼을 이용한 비즈니스로 변화하고 있다. 즉 비대면 채널을 통한 금융비즈니스가 편의성과 비용 절감이라는 두 마리 토끼를 제공하면서 카드산업이 새롭게 각광받고 있다.

과거의 카드산업은 단지 지급결제 기능만을 담당하는 비교적 소극적인 것이었다. 카드산업은 현금서비스나 유동화 증권 등을 통해 새로운 통화를 창조하였으나 그때마다 과열 논란을 불러일으키며 카드 위기를 불러왔다. 최근 문재인 정부 들어서도 가맹점 수수료율 인하 압력에 따른 수익 감소로 카드업계의 위기의식이 커지고 있다.

이런 추세 속에서 지금까지는 레드오션화된 지급결제 시장에서 치열한 생존 경쟁을 벌여왔다면 앞으로는 카드사들이 4차 산업혁명 시대의 고부가가치 창출을 위하여 새로운 다양한 비즈니스 사례를 찾아야 한다는 목소리가 높아지고 있다.

카드산업은 카드 거래정보를 이용해 새로운 비즈니스를 무한 창출할 수 있다는 장점이 있다. 특히 카드의 거래 정보는 여타 금융서비스에 비해 고객의 소득이나 소비 성향을 잘 파악할 수 있으므로, 고객의 소비 행태를 예측하는 데 도움이 되는 상세한 기초정보를 제공한다.

글로벌 브랜드 카드사인 마스터와 아멕스 등은 이런 카드 거래 정보를 기반으로 한 빅데이터를 활용, 분석하여 고객의 소비 행태 정보를 가맹점 등에 유료로 제공하고 있다.

물론 현재 카드사의 거래 정보는 불완전하다. 고객의 카드 거래 정보는 가맹점에 제공하지만, 기업들이 필요로 하는 가맹점 내의 상품 정보 등은 POS회사나 가맹점에서 별도로 구매해야 하고, 여기에는 개인정보 보호와 정보 독점에 따른 폐해도 예상되고 있다.

카드산업이 4차 산업혁명의 핵심 산업으로 성장하기 위해서는 정부에서 ICT와 연계된 정보 활용과 정보 독점에 따른 대책, 개인정보 활용에 대한 규제완화 등 많은 논의가 필요하고, 아울러 카드사들의 적극적인 사업 의지가 있어야 할 것이다. 단순한 카드 수수료율에 목을 매는 현재의 업무 방식으로는 4차 산업혁명의 주역이 될 수 없다. 과거 카드채 위기에서 교훈을 얻어 카드사들이 ICT와 빅데이터로 무장한 블루오션 산업으로 다시 태어나기를 기대해 본다.

12장 서브프라임 모기지 사태와 신자유주의

IMF 외환위기 이후, 우리 사회는 신자유주의 세계화의 영향으로 부익부 빈익빈이 심화돼 몰락한 중산층 이하의 시민들은 신자유주의 체제가 되었음을 인정할 수밖에 없었다. 그러나 서브프라임 모기지 사태에서 출발한 미국발 금융위기로 인해 초(超)강대국 미국의 강력한 지원하에 세계를 호령하던 신자유주의가 퇴조하게 된다.

과거 신자유주의 체제 아래서 개별 기업과 금융기관들은 기업의 자유화와 이익 극대화를 도모하였으며 서브프라임 모기지는 부동산 경기 부양을 통해 경기 활성화를 이루려는 수단으로 이용되었다.

서브프라임 모기지가 주는 교훈은, 규제완화나 부동산 부양을 통한 경기 부양은 결국 사회와 경제의 몰락을 가져온다는 것이다. 그러나 과거 이명박 정부에서는 서브프라임 모기지 사태의 교훈에도 불구하고 부동산 부양이나 규제완화 정책을 사용하여 오히려 경기 불황의 골을 더 깊게 하였다. 또한 수출 증대를 위한 인위적인 환율 조정은 이에 대응하지 못하는 중소기업들의 몰락을 가져오기도 했다.

참여정부 말의 금융위기

신용카드 부실 사태가 참여정부 출범과 함께 다가온 시련이라면, 2007년 미국에서 발생한 서브프라임 모기지(subprime mortgage) 사태에서 출발한 미국발 금융위기는 참여정부 말기와 이명박 정부 출범 원년을 덮친 경제적 위기였다.

위기의 시작은 서프프라임 모기지를 주로 취급하는 초대형 모기지론 대부업체가 파산하면서 시작되었다. 2007년 봄부터 미국의 모기지 대부업체들이 유동성 위기를 겪다가 결국은 파산하면서 이들에 돈을 빌려준 금융기관이 어려워졌다. 대부업체와 연관된 이러한 금융기관의 어려움이 미국의 금융 시장 전체와 전 세계로 파급되면서, 글로벌 금융위기 사태를 만들었다.

비록 유럽이나 아시아는 미국보다 충격이 덜했지만, 미국에서는 대형 투자은행들이 부도나고, 과거 1929년의 경제 대공황에 버금가는 수준의 경제적 혼란을 초래했다. 결국 서브프라임 모기지 위기는 미국이 자랑하며 전 세계 경제를 호령하던 신자유주의 경제체제까지 흔드는 결과를 만들었다.

서브프라임 모기지란 무엇인가?

모기지(mortgage)란 금융 거래에서 부동산을 담보로 발행되는 저당권 증서를 말하며, 모기지론(주택저당 대출, mortgage loan)은 그러한 저당증권(MBS, Mortgage Backed Securities)을 발행하여 투자

서브프라임 모기지 사태를 풍자한 만평.
2007년 촉발된 미국의 주택담보대출
부실 사태는 전 세계를 금융위기로
몰아넣었다.

은행이나 금융기관에 팔고, 판매된 돈을 재원으로 소비자들에게 장기 주택자금으로 대출해주는 제도를 가리키는 말이다. 일상적으로는 '모기지론'을 간단히 '모기지'로 쓰는 경우가 많다.

보다 쉽게 설명하자면, 모기지론은 우리나라 은행에서 주로 취급하는 주택담보대출의 일종이라고 보면 된다. 단지 모기지론 대출을 받으면 장기적(약 20~30년 기간 동안)으로 조금씩 원금과 이자를 함께 갚아나가는 방식이지만, 일반 담보대출은 이자만 갚다가 계약 종료가 되는 시기에 일시불로 원금을 갚는 대출방식이다. 최근에는 금융권의 담보대출도 안정성 확보를 위해 이자와 함께 원금을 분할 상환하는 방식으로 운영하기도 한다.

서브프라임 모기지는 모기지 상품 중 서브프라임 계층, 즉 '차상위 계층용' 대출 상품을 말한다. 기존 주택담보대출에서 심사에 통과하지 못하거나 신용등급이 낮은 사람들을 위한 '비우량 주택담보'대출이다. 일반적으로 금융시장에서 서브프라임 계층의 사람들은 신용도가 낮아 금리가 높게 설정되는 것이 일반적이다. 당시 모기지 회사나 투자은행들이 이러한 미국의 모기지 담보대출들을 증권화한 다음 세계 각국의 투자자에게 판매하였다. 그러나 신용평가사에서 낮은 신용등급을 부여하여 거래가 되지 않거나 리스크가 높은 상품임에 불구하고, 2001년부터 2006년까지 계속된 주택 가격의 상승을 배경으로 이러한 모기지 증권에 높은 등급을 부여하여 판매하였다는 데서 문제가 발생한다.

대부분 이런 증권들은 다른 금융 상품 등과 결합되어 전 세계에 판매되었다. 그런데 서브프라임 계층은 경제적 결제 능력이 불안정했다. 경제가 조금이라도 나빠지면 가장 먼저 일자리를 잃는 계층이 그들이기 때문이다. 서브프라임 모기지를 통해 대출을 받았던 사람들의 연체율이 2007년 봄부터 상승하면서 서브프라임 모기지 사태가 일어나게 된 것이다.

글로벌 금융위기의 시작

미국의 금융위기는 2007년 말과 2008년에 나타났지만, 2000년대 초반부터 이미 시작되었다고 할 수 있다. 세기말을 휩쓴 동남아발 외환위기 이후, 2000년대 초반 하늘 높은 줄 모르고 호황을 누리던 IT 업계의 버블이 붕괴되고 9.11테러에 뒤이은 아프가니스탄과 이라크 전쟁 등으로 미국 경기가 악화되자, 당시 미국의 부시 정권은 경기부양책으로 초저금리 정책을 펼치게 된다. 경기부양책으로 저금리 정책을 쓰게 되면, 주택융자 금리가 인하되고 집을 사려는 사람이 증가하게 된다. 그렇게 되면, 부동산 가격이 상승하기 시작한다.

주택담보대출인 서브프라임 모기지의 대출금리보다 높은 상승률을 보이는 주택 가격 때문에 돈을 빌린 차상위 계층의 금융 소비자가 파산하더라도 주택 가격 상승으로 담보가 충분하여 대출이 보전되어 금융회사가 손해를 보지 않는 구조이므로 서브프라임 모기지 대출은 폭발적으로 증가하게 된다.

하지만 미국의 부동산 상승이 비정상적으로 높아지면서 2004년 미국은 저금리 정책을 접게 된다. 이전과 반대로 미국의 금리가 오르게 되면서 부동산 버블이 꺼지기 시작한다. 부동산 버블이 꺼지면서 서브프라임 모기지론의 금리가 올라가고, 높아진 금리 때문에 저소득층 대출자들은 원리금을 제대로 갚지 못하는 상황에 처하게 되는 것이다. 이렇게 되면 모기지 대출을 기반으로 하는 유동화 증권인 MBO(모기지담보부증권), CDO(부채담보부증권) 등과 같은 자산유동화증권의 부실로 이어지며, 이러한 상품들의 시장가치가 급격히 하락한다. 이때, 자산유동화 증권을 발행하여 돈을 빌려준 금융기관들은 대출금 회수 불능 사태에 빠져 많은 손실이 발생하게 된다. 그 과정에 여러 기업들과 금융기관이 부실화되었다.

미국 정부는 초기에 구제금융 등으로 이들 금융기관에 개입을 하다가 정부의 예산 범위를 벗어나자 공식적으로 개입을 포기하였고, 결국 미국의 대형 금융회사, 증권회사들의 파산이 이어졌다.

미국의 글로벌 금융위기 진행

2007년 4월, 미국 2위의 서브프라임 모기지 대출회사인 뉴센추리

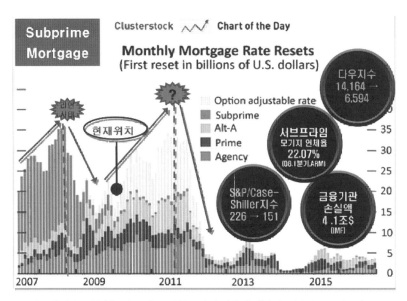

글로벌 금융위기를 불러온 미국 서브프라임 모기지 사태 추이(출처: 미래리스크 연구회)

파이낸셜의 파산 신청을 시작으로 금융위기의 서막이 열렸다. 같은 해 8월 아메리칸 홈 모기지 인베스트먼트(AHMI)의 파산 신청이 뒤를 이었다. 가을에는 세계 3위의 은행으로 모기지 시장에 뛰어들었던 HSBC가 107억 달러의 손실을 입었고, 23억 달러의 손실을 입은 AIG 는 자구 노력을 계속하다가 결국 2009년 9월 파산보호 신청과 함께 850억 달러의 구제금융을 받게 된다. AIG는 주택유동화증권인 MBS 와, 유동화증권 관련 파생상품이 디폴트에 빠질 경우 보상한다는 내용을 골자로 하는 CDS(Credit Default Swap, 기업이나 국가의 파산 위험 자체를 사고 팔 수 있도록 만든 파생금융상품으로, 거래 당사자 중 한쪽이 상대방에게 수수료를 주는 대신, 특정 기업이나 국가가 부도나거나 채무가 불이행될 경우 상대방으로부터 보상을 받도록 설계된 보험 성격의 파생상품)에 의해 회복하기 어려운 손실을 입었다. 미국 정부는 AIG에 급히 구제금융을 하려 했으나 하원의 거부로 진통을 겪다가, 상원에서 먼저 관련 법안을 통과시키는 과정을 겪은 후 간신히 구제금융을 지원한다.

미국의 주가는 급락하기 시작했고 전 세계의 주식시장도 크게 요동치기 시작했다. 2007년 8월에는 프랑스 최대 은행인 BNP 파리바은행이 서브프라임 부실로 약 40조의 손실이 예상된다며 모기지 거래를 중지하였다. GM은 그룹 산하 모기지 금융기관의 서브프라임 모기지 디폴트로 약 10억 달러의 피해를 입었다. 2008년 9월 미국 재무부는 주택시장 침체와 모기지 손실로 유동성 위기에 직면한 양대 국책 모기지 업체인 패니메이와 프레디맥을 2,000억 달러 규모의 공적자금을 투입하여 국유화하기로 했다. 결국 미국의 투자은행(IB) 리먼 브러더스가 파산했다. 메릴린치 증권은 부실을 견디지 못하고 다른 투자자에게 매각된다.

이에 앞서 베어스턴스 투자은행도 2008년 3월 파산한다. 베어스턴스는 월가의 5대 투자은행 중 하나로 튼튼한 재무구조를 자랑하던 우량은행이었다. 2008년 11월에는 세계 최대 은행인 씨티그룹에 3,000억 달러를 미국 정부가 보증하고, 450억 달러의 공적자금을 투입하기로 결정했다. 또한, 미국 자동차 빅3인 GM, 포드, 크라이슬러에 대해 140억 달러를 지원하기로 하였다.

미국에서 가장 큰 금융회사 중 하나인 AIG의 파산보호와 구제금융 소식은 큰 충격으로 다가왔다. 이후 금융시장에 대한 불신이 커지기 시작했고 이때부터 미국의 증시는 계속해서 추락하기 시작한다. 이러한 흐름은 세계경제에까지 파급되어 전 세계적인 신용 경색을 가져왔

2008년 글로벌 금융위기를 불러온 미국발 서브프라임 모기지 사태를 소재로 한 영화 〈라스트 홈〉(2014, 라민 바흐러니 감독)의 장면들

고 실물경제에 악영향을 주었으며, 세계 금융위기로 이어졌다.

물론 우리나라도 당시 이명박 대통령 집권기에 글로벌 금융위기 사태를 맞게 되었고, 정부는 잘못된 환율정책으로 금융위기를 더욱 증폭시켰다.

위기를 가속시킨 잘못된 환율정책

미국 서브프라임 모기지 부실 사태로 촉발된 국제 금융시장의 불안이 2008년 9월 리먼 브라더스의 파산 신청을 계기로 글로벌 금융위기로 확산되면서 우리 경제도 큰 충격을 받게 되었다.

금융시장에서는 금리, 주가, 환율 등 가격 변수의 변동성이 크게 확대되고 신용경색 현상이 나타났으며, 실물경기도 빠르게 침체되는 등 글로벌 금융위기의 영향이 우리나라 금융시장과 실물경제로 급속히 파급되었다. 여기에 더하여 이명박 전 대통령이 당선자 시절부터 환율을 조절해서라도 수출을 늘리겠다는 잘못된 정책을 견지하여 위기가 더 크게 확산된 측면이 있다.

참여정부 시절인 2006년 원/달러 평균 환율은 연평균 955.0원이었으며, 2007년에는 31.2원 내린 923.8원이었다. 그러나 이명박 정부 출범과 함께 환율을 올려서라도 수출을 늘리겠다는 섣부른 정책들이 글로벌 금융위기와 함께 상승작용을 일으켜 1,503원까지 환율이 올라갔다.

당시 수출을 늘리겠다고 이명박 정부가 실행한 급격한 환율 상승은 원자재 값 상승에 따른 수입 증대로 오히려 외화 수지 악화를 가져왔으며, 여기에 미처 대비하지 못한 중소기업의 연쇄 도산을 일으키기도 하였다. 또한, 환율 상승이 예상을 넘어선 큰 범위여서 당시 키코

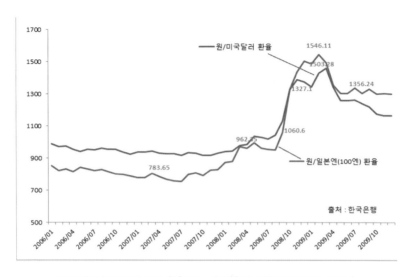

2006년부터 2009년 사이 환율 변동 추이(출처: 기획재정부 공식 블로그)

(KIKO)나 스노우볼(Snow Ball) 같은 환율 변동 대비 금융상품에 투자한 일부 대기업과 많은 중소기업들이 막대한 손해를 입고 도산하는 경우도 많았으며, 이는 급격한 금융시장의 동요를 불러왔다.

물론, 2008년의 우리나라 금융시장 동요는 글로벌 금융위기에 따른 불가피한 면이 있기도 하다. 그러나 글로벌 금융위기로 세계 금융시장이 본격적으로 동요한 것은 2008년 9월 리먼 브라더스 파산 이후이다. 첨부 도표에서 알 수 있듯이, 우리나라는 다른 나라와 달리 이명박 당선자 시절인 2008년 1월부터 환율이 급격하게 상승했다.

이명박 당선자가 전 세계의 기자를 모아 놓고 환율을 인상해서 수출을 증대하겠다고 말하는데, 손해를 무릅쓰고 한국에 투자한 돈을 그냥 놓아둘 투자자는 없었을 것이다. 가령 외국인 투자자가 1만원 하는 A전자 주식 1주를 가지고 있다고 가정하자. 2007년 12월의 환율에 의하면, 주식을 팔게 되면 10.82달러를 가져갈 수 있다. 그러나 이명박 대통령의 공약대로 환율이 1500원이 되면 6.6달러만 가져갈 수 있게 된다.

따라서 환율이 오를 거라고 전망되거나 대통령이 환율 인상 정책을 쓰겠다고 발표하면 외국의 투자가들은 환율이 더 오르기 전에 한국에 투자한 자금을 회수하게 되므로, 외화 유출이 발생하게 되는 것이다.

글로벌 금융위기로 신자유주의 퇴조

신자유주의의 출발은 과거 유럽과 미국을 휩쓸던 집단주의에 대한 자유지상주의자들의 반발에서 출발했다. 이들은 독일의 나치즘, 이탈리아의 파시즘, 소련의 공산주의뿐만 아니라, 심지어 미국의 뉴딜 자유주의나 영국의 사회민주주의 정책까지도 집단주의적 사고로 파악한다. 이러한 집단주의적 정책은 결국 개인의 자유를 훼손하는 것이므로, 개인과 자본의 자유로운 이동에 기반한 경제적 자유주의를 핵심으로 하는 신자유주의로 자유 기업의 전통을 지키고 사회주의에 대항하려는 사상이다.

미국이라는 초강대국의 강력한 지원하에 신자유주의는 세계화라는 역사적 흐름을 가속화시키면서, 기업 활동의 자유 확대를 통한 부(富)의 증가를 주도하는 이념으로 맹활약했다. 구체적으로는 주로 노동시장의 유연화로 해고와 감원을 더 자유롭게 하고, 작은 정부를 지향하며, 자유시장 경제 중시, 규제완화, 세계화에 근거한 자유무역협정(FTA) 추진 등의 형태로 나타나고 있다.

그러나 많은 사람들은 신자유주의 경제적 번영은 2008년 금융위기로 막을 내렸다고 판단한다. 글로벌 금융위기로 인해 신자유주의는 뿌리가 흔들리는 타격을 받게 되었다.

2008년 세계 금융위기는 미국 월스트리트의 방종과 탐욕 때문에 왔고, 서브프라임 모기지도 부동산 경기 부양을 통한 경기 활성화를 위한 수단으로 이용되었으며, 개별 기업과 금융기관들은 자신의 이익만 극대화하는 기업 자유화와 더불어 개발도상국들과 후진국들의 이익을 가로챘다. 금융기관과 기업들의 탐욕과 방종을 야기한 것이 바로 신자유주의의 기본 이념인 규제완화와 자유화, 그리고 세계화였던 것이다.

또한 글로벌 금융위기 이후의 경제 현황을 살펴보면, 글로벌 금융위기의 영향으로 세계화를 추진했던 국가와 기업은 더 철저하게 망가졌고, 그나마 세계화를 추진하지 않았던 국가와 기업은 피해를 거의 입지 않은 것으로 나타났다. 급속한 세계화의 영향으로 사회는 부익부 빈익빈 현상이 더욱 심화되었고, 몰락한 중산층 이하의 시민들은 더 이상 신자유주의를 인정할 수 없는 지경에 이르게 되었다.

"실물경제를 살린다"는 명분의 부동산과 SOC 투자

사정이 이러함에도 이명박 정부는 글로벌 외환위기를 극복하는 과정에서 세계의 흐름에 역행하는 정책을 사용한다. 신자유주의 정책의 최종적 파탄과 함께 거의 폐기된, 부동산 부양과 규제완화 정책을 다시 한 번 꺼내 쓴 것이다. 그리고 과거의 SOC 투자와 같이 비효율적인 경제 활성화 정책도 재등장시킨다.

이러한 수단들은 신자유주의의 중심 이론으로서 글로벌 금융위기를 초래한 주된 원인으로 지목되었기에 신자유주의가 무너지면서 다른 나라에서는 폐기된 정책이었다.

이명박 대통령이 2012년 5월 한국해양대학교에서 비상경제대책회의를 주재하고 있다.

이명박 대통령은 후보 시절 경제 분야에서 연평균 7% 성장, 국민소득 4만 달러 달성, 7대 경제 강국으로의 도약 등을 내세우며 '747 공약'을 발표하였다. 하지만 취임 직후에 2000포인트를 넘던 종합주가지수는 900선까지 곤두박질쳤으며, 임기 마지막 해인 2012년에도 취임 이전 수준인 2000선을 회복하지 못하였다.

2009년 국민소득도 참여정부 시절보다 낮은 수준인 1만 7175달러로 곤두박질쳤고, 경제성장률 역시 2008년 2.3%, 2009년 0.2%에 그치면서 공약에 크게 미치지 못하는 빈약한 실적을 기록한다.

글로벌 금융위기 시대에 취임한 이명박 정부가 취임과 더불어 시행한 규제완화와 부동산을 통한 경기부양 등의 정책들은 글로벌 금융위기를 불러온 잘못된 정책들이었다. 또한 환율조작을 통해 수출 대기업을 전적으로 지원하였지만, 수입 원자재 가격 상승으로 수출 효과가 감소되고 결과적으로 국내 물가만 올렸으며, 급격한 환율 상승으로 인해 이에 대비하지 못한 중소기업의 몰락과 외화 자금의 유출로 인한 금융시장의 위기를 불러왔다.

결론적으로 이명박 정부는 인위적인 환율 조정 정책을 채택하여 글로벌 금융위기의 충격을 더욱 깊게 하였다. 그로 인하여 환율 변화에 대비하지 못한 수많은 기업들을 도산하게 하고 국가의 실물경제를 어렵게 하였다. 가장 어리석었던 일은 서브프라임 모기지 위기에서 시작된 글로벌 금융위기의 교훈에 역행하여, 개발독재 시대에나 통할 법한 4대강 사업, SOC 사업, 부동산 중심의 경기 부양 정책 등을 끝끝내 고집하여 국민의 삶과 나라의 경제를 더욱 심각한 위기로 몰아넣은 것이라고 할 것이다.

13장 경제민주화 논쟁: 김종인 vs 김상조
– MB노믹스의 실패로 태어난 경제민주화

　우리나라에서 경제민주화에 대한 사회적 관심은 대기업 위주의 성장을 통한 낙수효과에 기대어 서민 및 국가 경제의 동반 성장을 추구한다는 MB노믹스의 최종적 실패로부터 시작되었다. 이명박 대통령 집권기간 동안 저성장이 계속되고 부자와 가난한 사람들 사이의 양극화가 심화되어 국민경제에 극심한 혼란이 초래되자, 집권 여당에서는 새로운 밑그림을 그려야 했다.

　2012년 대선을 앞둔 당시 새누리당 입장에서는 지난 MB 정권의 경제정책과 구분되는 새로운 정책을 내세워야 할 필요가 있었다. 당시 새누리당은 김종인 위원장(당시 새누리당 국민행복특별위원회 위원장)을 통해 헌법 전문에 나와 있는 경제민주화를 다시 들고나왔다. 김종인 위원장은 헌법 119조 2항에 "경제의 민주화"라는 용어를 집어넣은 인물 중 하나로도 알려졌다.

경제민주화의 정의

'경제민주화'는 여러 가지 방식으로 정의할 수 있다. 일반적으로는 "자유시장경제하에서 개인의 자유를 지나치게 침해하지 않는 범위 안에서 가난한 사람이건 부유한 사람이건 상관없이 동일한 경제적 기회를 가질 수 있게 하는 것"이라고 정의한다.

경제민주화에 대한 정의는 헌법 조문에서도 찾을 수 있다. 우리나라 헌법 119조 1항의 자유시장경제 선언, "대한민국 경제 질서는 개인과 기업의 경제상 자유와 창의를 존중함을 기본으로 한다"와 2항의 경제민주화 원칙, "국가는 균형 있는 국민경제성장과 적정한 소득 분배, 시장 지배와 경제력 남용 방지, 경제 주체 간의 조화를 통한 경제민주화를 위해 경제에 관한 규제와 조정을 할 수 있다"라는 구절이 바로 그것이다.

즉 헌법에 보장된 자유시장경제의 원칙을 기본으로 하되, 국가가 균형 성장과 공정하고 평등한 경제 행위를 보장하기 위해 개입할 수 있는 여지를 만들어놓은 데 그 의미가 있다.

2012년 18대 대선을 앞두고 당시 새누리당 국민행복특별위원회 위원장으로 박근혜 후보의 선거 캠프에 참여한 김종인 씨가 『지금 왜 경제민주화인가』라는 책을 발간하고 나서 박 후보의 대선 공약 중 하나로 '경제민주화'를 발표하면서부터 우리 사회에 경제민주화가 다시금 중요한 사회적 의제 중 하나로 등장하게 되었다.

낙수효과의 MB노믹스가 경제민주화 등장의 배경

김종인 위원장이 경제민주화를 주장할 당시의 우리나라는 이명박 정부에서 추진한 경제정책인 이른바 'MB노믹스'가 사상 유례없는 저

2012년 9월 27일, 이명박 대통령이 상암동 중소기업 DMC타워에서 열린 '2012 동반성장주간 기념식' 축사를 하고 있다.(출처: 국가기록원)

성장과 극심한 빈부 격차로 인해 사실상 실패로 판명나고 국민경제가 심각한 위기에 빠져 있던 상황이었다.

MB노믹스의 핵심은 대기업이 성장하면 아래 계층의 사람들에게도 이익이 돌아온다는 낙수효과에 기댄 성장 정책이었다. 그러나 이명박 대통령 집권기간 동안 낙수효과는 크지 않았고, 대기업의 승자독식과 빈곤층의 상대적 박탈감만 심화되었다는 비판을 받았다.

국제통화기금 IMF는 2015년 발표한 연구 보고서를 통해 낙수효과란 거의 근거가 없는 이론임을 증명하였다. IMF가 1980년부터 2012년까지 전 세계 159개국의 자료를 분석한 결과 소득 상위 20%의 소득이 1% 포인트 늘어나면 경제성장률은 0.08% 줄어들고, 소득 하위 20%의 소득이 1% 포인트 늘어나면 5년 동안 경제성장률을 0.38%나

끌어올리는 것으로 나타나, 낙수효과를 기대하기보다는 소득 하위층의 소득을 적극적으로 늘려야 한다는 결론이었다.

이명박 정부의 경제정책을 정리해보면, '성장'이란 정책목표를 지나치게 앞세우다 보니 1970~80년대 낙후한 성장 방식인 원화 고환율 정책과 낮은 금리 그리고 일부 대기업 이익을 위한 규제완화 정책이 중심을 이루고 있음을 알게 된다.

또한 4대강과 같은 잘못된 SOC 정책, 고소득자 감세 정책 등이 결과적으로 고소득자와 저소득자, 거대기업과 중소기업의 양극화를 더욱 크게 했음을 확인할 수 있다. 뿐만 아니라 국가 경쟁력과 국민복지 향상을 위해 써야 할 돈을 비효율적인 토목공사에 사용하고, 감세정책 등으로 부족한 국가 재원은 공기업 민영화라는 미명하에 국민과 후세를 위해 남겨 두어야 할 국민의 자산을 팔아 치워 충당하려 했다.

사실 금리와 환율 정책을 쓸 때에는 물가도 안정시키고, 기업들이 환율 변화에 따른 대비를 하도록 사전에 시장에 적절한 신호를 보내야 한다. 하지만 MB 정부 내내 시장과 상반되는 시그널로 금리를 올려야 할 때 동결하고, 원화 환율을 내려야 할 때 올리도록 하는 등, 시장의 신호와 정반대되는 성장 정책으로 실물경제를 성장시키지도 못하고, 양극화만 악화시켰다는 분석이다.

그 결과 다음의 표에서 보는 것처럼 이명박 정부의 연평균 경제성장률은 2~3%대를 면치 못하였고, 이에 당시 박근혜 후보 캠프의 김종인 위원장은 느닷없이 균형성장과 공정하고 평등한 경제 행위를 보장하기 위한 경제민주화를 주된 공약으로 결정하게 된다. 김종인 위원장 자신은 노태우 정부에서 청와대 경제수석 등으로 일하며 추진했던 경제정책보다 이명박 정부의 경제정책이 더 민주적이지 못하고 답답

역대정부 대통령별 연평균 경제성장률(실질 GDP 기준, 출처: 통계청)

하다고 느낀 것 같다.

당시 새누리당 입장에서는 선거를 앞두고 국민들이 느끼는 양극화에 대한 불만과 더 어려워진 중소기업과 자영업자들의 경제적 현실 때문에 표 얻기가 쉽지 않았기에, 지난 MB 정부의 잘못된 경제정책과 구분되는 새로운 정책을 내세워야 할 필요가 있었다. 그러기 위해서 김종인은 헌법에도 나와 있는 경제민주화를 들고 나온 것이라는 분석이다.

경제민주화의 기원은 DJ의 대중경제론

그런데 "자유시장경제 원칙하에서 국가는 균형 성장을 추진하고 공정하고 평등한 경제 행위를 보장하기 위한 개입을 적극적으로 해야 한다"는 헌법적 정의를 기준으로 보면, 김종인의 경제민주화론보다는 1971년 당시 김대중 후보가 발표한 대중경제론이 경제민주화 개념에 더 부합한다고 필자는 생각한다.

당시 박정희는 조국근대화라는 명분과 수출만이 살길이라는 구호 아래, 차입에 의한 수출 대기업 위주의 불균형 성장을 추진하였다. 국내 소비자나 노동자 농민은 이중 가격제에 의해 차별받고, 국가에서 금융이나 자원들을 주로 재벌들과 대기업의 선택된 부분에 편중 배분하는 정책이었다. 노동자와 농민은 외면하고 재벌기업에게만 집중하는 박정희의 경제정책은 '경제민주화'와는 정반대의 정책이었다.

반면 당시 김대중 후보의 대중경제론은 자유시장경제를 표방하되 재벌이나 대기업과 같은 한정된 부분에 편중하기보다는 민족적 중소기업 육성을 표방하는 균형 성장론을 제시하였으며, 노동자나 농민도 차별받지 않는 공정하고 평등한 경제정책을 전면에 내세웠다.

박정희 정부가 추진한 성장이란 정책 목표 아래 국가적인 자원을 재벌과 대기업에 편중 배분하는 불균형 성장론은 농민과 노동자에게는 공정하지도 평등하지도 않은 경제정책이었다. 이처럼 박정희가 추진한 재벌과 대기업만을 위한 지원과 규제완화 같은 불평등한 경제정책이 경제민주화의 출발점이 된 것이다.

당시 김대중 후보의 대중경제론은 비민주적인 박정희의 불균형 경제를 바로잡기 위해 나왔으며, 김종인의 경제민주화는 박정희식 경제를 표명한 이명박의 잘못된 경제정책을 비판하는 입장에서 탄생하였다는 점에서 두 이념의 출발은 어느 정도 유사하다고 할 수 있다.

당시 박근혜 후보가 김종인의 경제민주화를 선거 공약으로 받아들였다는 사실은 아버지인 박정희 대통령의 경제정책 모델을 부정하는 모양새라는 점에서 역사의 아이러니가 아닐 수 없다.

김종인의 경제민주화 평가

결과적으로 김종인 위원장에 의해 사회적 의제로 다시 떠오른 경제

2012년 대통령 선거에서 김종인 위원장은 박근혜 후보 경제 공약의 이론적 기초를 제공했다.

민주화론은 새누리당 박근혜 후보의 주된 공약으로 등장했다가, 박근혜 정부 집권기에는 아무런 빛도 못보고 사라지고 말 운명이었다.

2012년 발간된 김종인 위원장의 저서를 살펴보면, 사실에 부합하지 않는 것도 있으며 각론은 부족하고 어떤 주장은 비민주적이기까지 하다는 평가이다. 또한 우리나라 경제 위기의 원인과 그 해결 방안에 대한 제안들도 개발독재 시대 재벌 중심의 경제구조를 근본적으로 바꾸지 못한다는 한계를 가지고 있다.

앞 장에서 살펴본 바와 같이 신자유주의 주주가치이론이나 대안연대 이론에서도 재벌개혁 문제에 대해서는 이론의 여지가 없는 공감대가 있으며, 당시 김종인 위원장도 한국경제의 가장 큰 문제가 대기업과 재벌 문제를 해결하는 과정에서 출발한다고 보았다.

그러나 김종인은 경제의 효율성 제고라는 목표를 지나치게 강조하여 경제 주체의 형평성이나 민주성보다 경제적 효율성을 우위에 둔 것으로 보인다. 김종인 위원장의 주장 중 가장 큰 문제는, 그 자신이 독일에서 공부하고 전두환·노태우 군사정부에서 국보위원, 국회의원 및 청와대 경제수석 등을 역임해서인지 국가가 적극적인 통제나 개입을 통해 경제민주화를 이룰 수 있다는 독일식 질서자유주의 성향을 강하게 띠고 있다는 점이다.

질서자유주의(秩序自由主義, Ordoliberalism)는 독일식으로 변형된 사회자유주의라고 할 수 있다. 이 이론에서는 자유시장이 이론상의 '이상'처럼 작동할 수 있도록 국가가 적극적으로 개입해야 한다고 강조한다. 질서자유주의는 제2차 세계대전 이후 라인 강의 기적을 불러온 독일의 사회적 시장경제를 말한다. 질서자유주의는 사회적 시장경제 개념을, 시장과 반대되는 존재인 국가의 강력한 역할을 옹호한다는 점에서는 경제민주화의 개념과 약간의 혼동이 있다. 일부 학자들은 질서자유주의가 '법적 환경'을 중시한다는 측면에서 민주적이라고 평가하기도 한다.

정책적으로도 빈약한 김종인의 경제민주화

그런데 김종인 위원장의 저서를 살펴보면 '경제민주화'에는 선언적 주장만 있고, 이를 이루기 위한 세부적인 실천 과정에 대한 논의가 빈약하다. 김종인은 과거 자신이 주도하여 성공한 대기업 정책의 사례로 주력 업종 제도나 비업무용 부동산 매각 조치와 같은 '초법적'인 것들에 대한 향수가 깊은 듯하다. 그는 특정 경제 세력이 나라를 지배하지 않도록 하는 것이 경제민주화라고 한다. 쉽게 말한다면 국가가 재벌을 적당히 규제하여 독점하지 않으면 경제민주화가 되는 셈이다.

저서 전체에 제시되는 경제민주화는 대부분 자신이 과거 전두환·노태우 정권 시절에 제안했던 정책들을 나열한 것이나 다름없다.

물론 대기업들이 공정거래법만 제대로 지켜도 경제민주화는 상당 정도 이루어진다는 주장은 그동안 참여연대에서 주장한 재벌개혁 문제와도 일맥상통한다. 그러나 "노조가 강하지 않으면 소득 분배가 제대로 이루어지지 않는다"는 주장에 동의하면서 동시에 "기업 안에 노조를 두는 것은 전근대적이고 어리석은 짓"이라고 말하는 그의 주장은 기업별 노조를 부정하고 산업별 노조를 강조한 것으로 생각된다.

독일이나 유럽 선진국의 사례를 보면 산업별 노조의 방향이 일견 타당하다고 할 수 있지만, 우리 기업 현실에서 산업별 노조 결성 및 '연대임금제'의 실현은 힘들다는 면에서 선뜻 동의하기 어렵다. 그가 노조를 기업 밖에 두어야 한다고 주장하는 진정한 이유는 파업 등의 노동 쟁의가 발생할 때 기업의 생산시설 보호에 목적이 있는 듯하다.

가장 동의할 수 없는 대목은, 양극화의 원인을 1990년대 말 외환위기 때 김대중 정부와 관료들이 구조조정을 잘못했기 때문이라고 주장한다는 점이다. 그는 김대중 정부가 169조 원의 공적자금을 투입하면서 오히려 재벌 구조를 더욱 공고하게 만들었다고 본다. 부실기업을 정리하기 위해 공적자금으로 부실채권을 매입하고 금융기관의 자본 확충으로 기업 활동을 지원한 당시의 구조조정은 성공적으로 IMF 외환위기를 벗어나게 해준 동력이 되었다.

외환위기 이후 구조조정을 담당한 김대중 정부보다는 외환위기에 이르는 경제의 구조 악화를 방치한 노태우, 김영삼 정부에 책임을 묻는 것이 보다 균형 잡힌 평가이자 판단이라고 생각한다.

외환위기의 원인 중 하나인 과잉투자는 기본적으로 노태우 정부의

2012년 7월 29일, 민주통합당 대선 경선 후보인 문재인 상임고문이 망원월드컵시장에서 경제민주화 구상안을 발표하고 있다.

주택 200만호 신도시 건설로 시작되었고, 김종인은 그때 청와대 경제수석으로 재직하고 있었다. IMF 외환위기를 일으킨 대기업과 중소기업의 격차 확대, 제조업 고용의 감소 등의 문제와 과잉투자 문제는 김영삼 정부의 문제였을 뿐만 아니라, 김종인 위원장이 경제수석으로 재직했던 노태우 정부의 1980년대 말부터 시작되었다고 많은 경제학자들은 지적하고 있다.

시대적 요구로 태어난 경제민주화

경제민주화는 김종인 위원장이 주장했지만, 헌법상에 있는 자유시장경제 원칙하에서 국가가 균형 성장과 공정하고 평등한 경제 행위를 보장하는 기본 행위이다.

김종인은 자신의 저서에서 이야기한 대로 '박정희 경제의 신봉자'
이다. 이명박 정부는 박정희의 전근대적 성장 방식인 원화 고환율 정
책과 낮은 금리, 그리고 일부 대기업 이익을 위한 규제완화 정책과 같
은 불균형 성장 정책으로 일관하였다.

이에 따라 국민 경제에 양극화가 심화되고 성장 동력 고갈은 물론
양극화로 인한 사회적 갈등이 심해졌기에, 공정하고 평등한 경제에
대한 국민적 갈망이 커져 마침내 헌법에 보장된 경제민주화가 다시
불려 나오게 된 것이다.

그러나 앞에서 보았듯 경제민주화의 원조는 박정희 경제의 불균형
성장 정책에 반대한 DJ의 대중경제론이다.

김종인 위원장은 경제민주화의 출발부터 박정희 경제를 신봉하는
자세를 버리지 못하였기에 스스로 주장하는 경제민주화에 모순이 내
재되어 있다. 김종인 위원장이 경제민주화를 주장하는 것은 마치 자
기 몸에 맞지 않는 옷을 입고 패션쇼를 하는 모양새다. 김종인의 경제
민주화가 빛을 보지 못하고 끝내 좌절한 이유가 여기에 있다. 단순히
박근혜 정부에서 약속을 지키지 않고 채택하지 않아서가 아니라, 독
일식 질서자유주의와 박정희 경제를 신봉하는 입장에서 경제민주화
를 보기 때문이다.

그럼에도 불구하고 그가 경제민주화란 화두를 우리 사회에 새롭게
제기하여 국민적 관심을 불러일으켰다는 점은 인정해야 할 것이다.

경제민주화의 새 주자, 김상조 공정위원장

최근 이재용 재판을 계기로 다시 경제민주화에 대한 관심이 늘고

김상조 공정거래위원장이 2017년 12월 27일 서울 영등포구 중소기업중앙회에서 하도급거래 공정화 종합대책을 발표하고 있다.

있다. 이와 관련하여 김상조 공정거래위원장이 한 간담회에서 헌법 119조 2항의 경제민주화 원칙인 "균형 있는 국민경제성장과 적정한 소득 분배, 시장 지배와 경제력 남용 방지, 경제 주체 간의 조화를 통한 경제민주화를 달성하기 위하여" 공정위가 경제에 관한 규제와 조정을 할 수 있도록 청와대에 청원이라도 넣어 달라고 요구했다는 기사가 화제가 되기도 했다.

　김상조 위원장은 취임 이래 경제민주화를 꾸준히 강조하여 왔다. 대기업과 중소기업이 지금처럼 착취와 이용의 대상이 아니라 서로 협력하여 상생할 수 있는 새로운 경제 질서를 만들어야 하며, 이를 통해 정부의 소득 주도 성장도 가능해진다는 것이 김 위원장의 소신이다.

　우선적으로 대기업의 지배구조를 개선하고, '갑'과 '을' 관계로 변형된 하도급 체계를 개선해야 하며, 재벌들의 독과점 사업 형태도 개선해야 한다. 또한 대기업과 자영업자 등의 유통거래 질서를 확립하는 것도 경제민주화의 주요 과제로 제시되고 있다.

경제민주화와 소득 주도 성장은 분리되는 것이 아니다. 경제민주화를 통해 재벌과 대기업의 성과가 중소기업으로 확산되고 자영업자들에게 확산되어야 진정한 소득 주도 성장이 이루어지는 효과를 발휘할 수 있을 것이다.

박근혜 대통령이 탄핵으로 물러난 후 새로 선출된 문재인 정부는 국정 과제의 하나로 경제민주화를 내세우고 있다. 그리고 그 전면에 김상조 공정위원장이 서 있다. 국민들은 그가 경제민주화와 소득 주도 성장을 어떻게 조화시켜나갈지 지켜보고 응원하고 있다.

14장 소득 주도 성장이론 논쟁
– 신자유주의 이윤 주도 성장론의 퇴조

소득 주도 성장이론은, 과거 이명박·박근혜 보수 정권 9년 동안 규제완화와 감세로 대표되는 대기업 위주의 성장 정책 때문에 극심한 저성장과 양극화의 늪에 빠진 한국경제의 체질을 개선하기 위한 문재인 대통령의 '제이노믹스'의 핵심 경제정책이다

대기업, 고소득층 등 선도 부문의 성과가 늘어나면 그 성과가 투자와 소비를 통해 저소득층에게도 유입된다는 낙수효과는 IMF의 실증 연구결과(2015년 6월 발표)를 통해서도 효과가 없음이 밝혀졌다.

주류경제학의 이윤 주도 성장론이 신자유주의의 몰락과 함께 힘을 잃고 케인즈주의자들이 주창하는 임금 주도 성장의 중요성이 커지게 되자, 소득 주도 성장론이 다시 주목을 받게 되었다.

일반적으로 경제성장을 위해서 우파는 공급 측면을 강조하여 양적완화나 규제완화 정책을 사용하고, 좌파는 수요 측면을 강조하여 소

득 강화와 공공 투자를 강조하는 경향이 있다.

소득 주도 성장은 단기간에는 유효하지만 장기적으로 성장이 지속되기 위해서는 정부의 공공 일자리 만들기와 같은 공공투자 정책들이 뒷받침되어야 한다

소득 주도 성장 정책의 배경

과거 이명박·박근혜 보수 정권 9년 동안의 경제정책은 간단히 말해 규제완화와 감세 등으로 대표되는 대기업 위주의 성장 정책이었다. 이러한 정책들은 이윤 주도 성장(profit-led growth)에 기반하는데, 기업 수익이 극대화되면 기업이 투자를 늘려 국가 경제가 더 성장하고 그만큼 일자리를 창출하게 되어 유능한 인재들에게 임금 소득을 지불하게 된다는 것이다. 이렇게 되면 결국은 가계 소득이 증가하고, 내수 활성화로 이어져 취약한 계층도 성장의 과실을 누리게 된다는 이른바 '낙수효과'를 노리는 정책이었다.

그러나 이명박·박근혜 정부 들어 소득과 자산의 양극화는 더 심해지고 국민들의 경제 사정은 더욱 심각해졌다. 이명박 정부에서는 대기업들에게는 감세와 규제완화 정책을, 그리고 통화정책으로는 양적완화를 추진하면서, 수출만이 살길이라는 전근대적 정책 목표 아래 국민들의 희생을 무릅쓰며 급격한 환율인상 정책까지 썼는데도, 집권 기간 내내 3%대의 경제성장률을 기록하며 저성장의 늪에서 헤어 나오지 못했다.

더욱이 박근혜 정부에서 경기 활성화를 명분으로 급하게 추진한 대출 규제완화 정책은, 2016년 말 1400조 원이 넘는 천문학적 가계 부채 폭탄을 만들어 서민들의 어깨를 무겁게 하고 있다.

그러나 IMF는 2015년에 실증 연구를 통해서 낙수효과는 경제성장률 상승에 거의 효과가 없으며, 고소득층의 소득 증가보다 저소득층의 소득 증가가 경제성장률 향상에도 훨씬 효과적임을 발표했다(한국일보, 이영창 기자, "富의 낙수효과 없다 … 저소득층 소득 늘어야 성장" 2015.6.17.일자 기사 참조. IMF 보고서 원문: Cause and Consequences of Income Inequality:A Global Perspective, IMF STAFF DISCUSSION NOTE, June 2015 SDN/15/13).

물론 이명박·박근혜 정부 역시 가계 소득을 늘리기 위한 노력을 해 왔다고 주장한다. 그러나 그들은 세금을 줄이면서 저소득층의 세금은 조금 줄이고 고소득층이나 기업의 세금은 대폭 줄여주었다. 근로세액의 실질적인 인하폭은 미미한 반면, 주주들에 대한 배당세액은 더 많이 줄이는 등 실제로는 서민의 가계 소득 증대를 꾀하기보다는 고소득층과 대기업을 위한 정책으로 일관하였다.

이제는 다른 방향의 정책이 필요함이 분명해졌다.

문재인 대통령은 선거과정에서 '제이노믹스(Jaein+Economics)'로 대표되는 '소득 주도 성장'을 주된 공약으로 제시하였고, 이는 집권 이후 최저임금 인상 등으로 구체화되고 있다.

신자유주의 이윤 주도 성장이론

1970년대 케인즈주의가 몰락한 이후, 주류경제학은 밀턴 프리드먼(M. Friedman)의 통화주의 학파의 부상을 바탕으로 1980년대부터 2008년 금융위기 전까지 세계경제를 휘어잡던 신자유주의 이론에 기대어 왔다. 신자유주의는 1980년대 영국의 대처 정권과 미국 레이건 정권이 적극적으로 국가 정책으로 채용하고 소련 해체 등 사회주의권

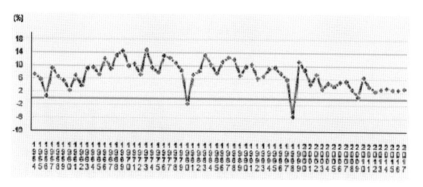

우리나라의 연도별 경제성장률(1954~2017, 출처: 한국은행)

의 붕괴 이후 세계 거의 모든 국가의 경제정책을 결정하는 데 많은 영향을 주었다. 또한 신자유주의는 결국 노동시장의 탈규제화를 정당화하는 이론적 기반으로 사용된다.

주류경제학 이론에 따르면, 한국과 같은 강력한 수출 중심의 경제에서는 높은 임금은 좋지 않다고 한다. 높은 임금은 기업의 실질 이윤을 감소시켜 기업의 국제경쟁력을 떨어뜨리고, 이에 따라 투자도 축소되며, 결국 실업률이 올라가기 때문이다. 결국, 기업의 정상적인 이윤 추구 행위가 합리적인 경제 활동으로 새로운 부를 창조하여 성장의 밑거름이 되며, 이때 기술 진보도 이루어진다는 주장이다. 이러한 과정을 통해 성장이 진행되어, 결국은 노동자에 이익이 된다는 것이 낙수효과 이론이다. 이러한 '이윤 주도 성장이론'이 그동안 정책 당국은 물론 한국 사회를 지배해온 주류경제이론으로서 소득 주도 성장론의 반대 개념이라고 할 수 있다.

소득 주도 성장론의 핵심은 가계 소득을 늘려 소비를 확대하고, 이를 성장으로 연결시키자는 것이다. 수요를 중시하는 성장론으로 주로

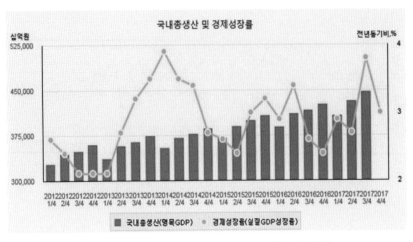

연도별 국내총생산과 경제성장률(2012~2017, 출처: 한국은행)

진보 성향의 경제학자들이 많이 주장하는 이론이다. 소득 주도 성장의 개념은 유효수요 창출을 통해 대공황을 극복한 경제학자 케인즈의 이론에서 많은 영향을 받았다.

케인지안에게 임금의 중요성

신자유주의와 고전 주류경제학의 성장이론의 기본 가정은 '임금을 낮추면 고용이 증가하고 결과적으로 실업률이 낮아지며 경제가 활성화 된다'는 것이다. 그런데 앞에서도 설명한 것처럼 현실은 그렇지 않았다. 지난 2008년 미국의 서브프라임 모기지론에서 유발된 세계 금융위기 시절의 유럽 사례들을 보면, 임금은 낮아졌으나 오히려 실업률은 올라갔다고 한다(한겨레신문, "소득 주도 성장론의 좌표와 쟁점" 좌담회, 2017. 10 .12일자).

2008년 유럽뿐만 아니라, 1998년 외환위기를 겪은 우리나라와 동남아시아의 여러 개발도상국들에서도 임금이 낮아졌으나 실업률이 올라간 사례들이 많다. 결국은 일자리는 임금과 상관없이 경기의 흐름이 더 중요한 요인이라는 것이다. 이러한 사례를 통해서 과거의 고전적 경제이론과 신자유주의 이론이 잘못된 것임이 일부 증명된다.

문제는 이런 잘못된 이론을 바탕으로 IMF 등에서 과거 구제금융 이행조건(Compliance)을 만들었다는 점이다.

당시 IMF의 이행조건들은 환율을 올리고 노동자를 구조조정하거나 임금을 삭감하여 기업의 이윤을 높여야 한다고 강요하였다. 그러나 현실은 달랐다. 임금이 줄거나 노동자가 실직을 하면 소비가 줄기 때문이다.

케인즈 경제학은 이미 임금이 경제성장의 가장 큰 원동력이라고 말한 바 있다. 임금이 낮아지면 사람들은 소비를 줄이는 것이 당연하기 때문이다. 이런 사실은 주류경제이론의 기본적 전제가 틀렸음을 증명하는 사례라는 것이다. 1930년대의 대공황이 깊어지고 길어진 현상은 당시 노동자의 실직과 임금하락으로 소비가 줄었기 때문이라는 설명이 가능하다는 것이다.

신케인즈학파 학자들은 노동의 실질임금 증대가 경제성장을 촉진할 수 있다는 점을 두 가지로 설명하고 있다.

첫째, 노동의 실질임금 증대는 총수요를 증대시킨다. 총수요가 늘어나면 투자와 고용을 늘리고, 이는 경제성장을 더욱 촉진하게 된다. 물론 임금이 상승하면 기업가의 이윤이 줄어 투자는 감소되겠지만, 임금 상승의 소비 증가 효과가 투자 감소 효과보다 더 크다면, 총수요가 증가하고 이것이 다시 투자를 유인함으로써 경제성장을 촉진한다는 것이다.

둘째, 임금의 상승은 다양한 경로를 통해 노동생산성을 증가시킬 수 있다. 임금 상승은 기업가에게 노동을 대체하는 설비투자를 유인함으로써 노동절약적인 기술 진보를 유발하여 노동생산성을 높일 수 있다는 것이다. 이는 또한 설비투자 산업의 발전을 유도하고, 규모의 경제를 이루려 하므로 노동생산성과 함께 사회 전체의 생산성도 높일 수 있다. 또한, 임금 상승은 근로 의욕을 높여 협력적 노사관계를 촉진함으로써 노동생산성을 높일 수 있는 장점도 존재한다.

케인지안들은 결국 노동소득이나 가계 소득의 증가가 내수를 증진시킬 뿐 아니라 경제성장의 동력이 될 수 있다고 주장한다. 케인지안 이외에도 국제노동기구(ILO)나 유엔무역개발회의(UNCTAD)와 IMF에서도 실증 연구를 통해서 과거의 낙수효과에 대해 효과가 없었다는 연구 결과를 발표하고, 국제기구의 전문가들 또한 세계적인 불황을 극복하기 위해 임금 주도 성장을 제시하고 있다.

이러한 최근의 경향은 임금의 억제가 기업의 투자를 늘려 결국 경제성장으로 이어진다는 과거의 이윤 주도 성장 전략이 한계에 도달했음을 보여주며 소득 주도 성장론이 각광받는 이유이기도 하다.

금융 부문이 주도해온 이윤 주도 성장 전략

또한 우리가 기억해야 할 점은, 과거의 신자유주의의 체제는 제조업보다 금융 부문이 주도하는 성장 전략이었다는 점이다. 이러한 과거의 신자유주의적인 성장은 노동소득 분배율의 하락을 통한 소득 불평등을 심화시키고, 가계의 소비지출 억제에 따른 내수 시장의 위축 등을 가져온다.

기업들은 실물 투자를 억제하고 금융 부문에만 집중하는 경향을 보

2014년 11월, 문재인 새정치민주연합 의원이 '사람 중심 경제로의 대전환-부채 주도 성장에서 소득 주도 성장으로'라는 주제로 열린 정책토론회에서 기조연설을 하고 있다.

여 정부 세수의 감소, 신규 투자의 부재, 가계 부채의 증가를 일으키고, 결국은 성장 자체를 방해하고 있다는 분석이다.

그러므로 IMF 등의 실증적 연구를 통해 신자유주의 주류경제이론의 가설이 효과가 없다고 증명된 지금 현실에서는 과거와는 달리 노동소득 분배율을 상승시켜 가계의 소득을 올리고 전체적인 소비 역량을 증가시켜, 새로운 경제성장을 도모할 필요가 있다.

문재인 정부의 소득 주도 성장

문재인 정부는 출범과 함께 경제정책과 사회정책 전체를 관통하는 키워드로 소득 주도 성장을 선택했다. 과거의 차입에 의한 부채 주도의 성장이나 단순한 낙수효과만 기대하는 이윤 주도의 낡은 성장 전략으로는 '성장과 분배의 악순환'만 가속시킬 뿐이라는 판단이다.

정부가 일자리 창출을 통해 가계 소득을 증가시키고, 늘어난 가계 소득을 통해 소비를 증대시키며, 내수 확대로 이어지는 견실한 성장을 이루어 내는 '소득 주도 성장'을 추진함으로써 '성장과 분배의 선순환'을 이루자는 주장이다.

또한 소득 주도 성장의 방법으로 '성장과 고용과 복지가 함께 가는 골든 트라이앵글'을 제시한다. 성장 정책, 고용 정책, 복지 정책이 각각 따로 가는 것이 아니라, 좋은 일자리 창출 전략으로 가계 소득을 증대시켜 '성장-고용-복지'가 같이 추진되어야 한다는 것이다.

세부 수단으로는 성장과 고용 정책으로 국정운영의 최우선 순위에 일자리 확대 전략을 추진한다는 공약이다. 공공 부문 일자리 81만 개를 만들겠다는 공약과 노동 시간을 일주일 최대 68시간에서 52시간으로 줄여 추가적으로 70만 개의 일자리를 만들겠다는 것이다. 또한 정규직과 비정규직의 임금 차별을 해소하고, 4차 산업혁명을 육성하기 위한 규제완화 등을 통해서 일자리도 늘리고 복지도 늘리겠다는 전략이다.

그 밖에 생애 맞춤형 소득지원 정책으로 0~5세 아동을 대상으로 한 '아동수당'을 도입하고, 취업하지 못한 청년들에게는 '청년구직촉진수당'을 도입하며, 기초연금 급여 수준을 장기적으로 현재의 20만원에서 장기적으로 월 30만원까지 올리는 등, 기초연금과 국민연금의 연계 방식도 폐지하겠다고 공약하였다. 이는 성장과 고용, 복지를 함께 추진하겠다는 계획에서 나온 정책들이다

소득 주도 성장은 단기, 공공투자정책이 장기적 해법

문재인 정부의 소득 주도 성장론은 경제학자들에게 어떤 평가를 받

고 있을까?

세계적인 진보 경제학자들은 임금 주도 성장론이 성공하기 위한 두 축을 강조한다. 노동자의 임금을 올려서 수요를 촉진하는 것이 한 축이라면, 정부에서 공공투자 정책으로 이를 뒷받침하는 정책이 다른 한 축이라는 것이다.

임금을 올리는 것, 그래서 수요가 늘고 투자가 확대되는 것은 단기간에 영향이 있다. 이러한 영향을 장기간의 경제성장으로 끌고 가기 위해서는 공공투자가 필수적이라고 한다. 공공투자의 확대는 결국 민간투자의 확대로도 이어지고, 민간투자가 확대되면 성장의 고리가 연결되는 셈이다.

민간의 임금 소득이 높아져 생긴 수요 증대와 이를 뒷받침하는 공공투자라는 두 바퀴가 함께 굴러간다면 그 효과는 훨씬 클 것이다. 최근의 실증적 연구 결과들도 장기적으로 임금 소득 향상이 유효수요 증가로 계속 이어지기 위해서는 장기적으로 공공투자의 확대도 같이 병행되어야 한다는 이론을 뒷받침한다.

진보 경제학자들과 케인지안들의 주장과 문재인 정부의 성장론을 굳이 구분하자면, '임금 주도 성장론'의 한국 버전이 문재인 정부의 '소득 주도 성장론'인 셈이다.

문재인 정부가 굳이 임금 주도 성장론이라고 하지 않고 소득 주도 성장론이라고 주장하는 배경에는, 전체 취업자의 4분의 1 이상이 자영업자인 한국 노동시장의 특수성이 있다. 이런 상황에서는 소득의 한 구성요소일 뿐인 임금에만 초점을 두는 것은 적절하지 않을 수 있다고 정부는 판단한 것처럼 보인다.

총수요의 증가에 영향을 미치는 수준의 가계 소비 지출 증가를 위

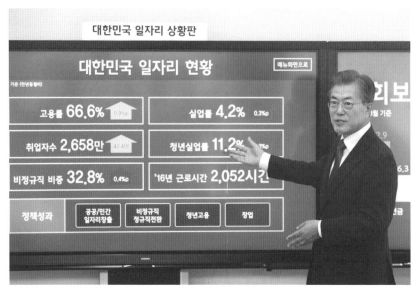

'일자리 상황판'을 보며 정부 정책에 대해 설명하고 있는 문재인 대통령(출처: 청와대)

해서는, 임금보다 넓은 개념인 소득에 초점을 두는 것이 타당할 것이라는 인식이 임금이 아닌 소득 주도 성장론을 만들어 낸 배경이다.

우파 경제학자들이 보는 소득 주도 성장론의 문제점

문재인 정부의 핵심 키워드인 소득 주도 성장론의 방법으로 제시된 "성장과 고용과 복지가 함께 가는 '황금 삼각형'"의 의미에 대해서는 앞에서 충분히 설명되었다고 생각한다. 그 실행 방법으로 일자리 확대와 소득보장제도 확충을 통해 가계의 소득과 소비 역량을 증대시켜 성장을 이끈다는 전략에 대한 총론적인 방향에 대해서는 우파 경제학자들도 큰 이견을 보이지 않는 듯하다.

그러나 보수적 우파 경제학자들은 다음의 이유를 들어 소득 주도 성장론에 대한 우려를 한다.

첫째로, 재계에서는 소득 주도 성장론에 부정적이다. 재계는 소득 주도 성장론의 핵심적인 정책 수단인 임금 인상이 수출 경쟁력을 약화시킬 것이라고 비판한다. 그러나 앞 장의 재벌개혁 논쟁에서 보듯이 수출 대기업의 임금이 차지하는 부분은 통계적으로 보아도 5~6%로 미미한 수준이다. 오히려 기업의 사내 유보금 문제가 더 심각하며, FTA 문제라든지 다른 요인들이 수출 기업에 더 큰 영향을 미치는 요소들이 되고 있다.

둘째, 소득 주도 성장을 위한 여러 가정들이 한국 사회에 맞는지의 문제다. 우선 소득 증가가 소비 증가로 이어진다는 가정은, 주택 소유를 위해 부채를 늘려온 가계의 실정을 충분히 고려하지 않은 것일 수 있다. 주택 소유에 대한 열망과 그와 관련한 가계 부채로 인해 가계의 소득 증가가 소비의 증가로 선순환되지 않을 수 있다는 것이다.

그러한 이유로 문재인 정부에서는 부동산 투기를 억제하고 적정한 가격이 유지되도록 해야 한다. 문재인 정부의 소득 주도 성장이 성공적이기 위해서는, 반드시 부동산 투기를 잡아야 한다.

셋째, 일자리 창출과 복지를 위한 예산 문제이다. 정부 주도 일자리 창출에는 필연적으로 재정 지출이 필요하고, 공공부문 일자리는 일반적으로 구조조정, 해고 등이 어렵기 때문에 노동 유연화가 사실상 불가능하다. 그러하기에 공공 부문 일자리는 재정적으로 큰 부담이 아닐 수 없다.

또한 생애맞춤형 소득 지원이나 다른 복지 정책들도 막대한 재정 지출을 필요로 한다. 물론 정부는 예산 절약과 증세를 통한 세액 증대를 하겠다고 하나, 예정된 공공 부문 지출이 커지거나 성장이 더디게

이낙연 국무총리가 2018년 1월 18일 세종시 정부세종컨벤션센터에서 열린 '소득 주도 성장과 국민의 삶의 질 향상' 정부 업무보고에서 모두발언을 하고 있다.(출처: 세종생활뉴스)

진행되어 증세 규모가 적어질 경우도 가정해야 한다.

그러나 '구더기 무서워서 장 못 담그는' 모양새가 되지 않고 이명박·박근혜 정부에서 무너진 가계와 소비를 장기적으로 살리기 위해서는, 정부 주도의 일자리라도 선제적으로 늘려야 한다.

소득 주도 성장으로 가야 하는 이유

우리는 이명박·박근혜 정부를 거치면서 신자유주의 성장을 도모하였다. 신자유주의적 성장은 다른 말로 표현하면 이윤 주도 성장으로, 불평등과 불균형 성장이며 낙수효과를 주장한다.

현실은 불평등이 좀 있어도 결과적으로 경제성장의 효과가 모두에게 돌아가기에 괜찮다는 논리다. 그러나 이는 신자유주의를 합리화시키려는 전략에 불과하다. 앞 장에서 설명했지만 현실 경제에서 신자유주의 경제는 이제 퇴보하는 중이다.

소득 주도 성장은 신자유주의의 이윤 주도 성장이 사실상 실패했다는 데서 출발한다. 신자유주의적 사회·경제 환경에서 "이윤 주도로 성장한 경제적 과실은 결국 모든 사람들에게 혜택이 돌아간다"는 이상적 기대는 결코 일어나지 않음을 공신력 있는 여러 기관의 실증적 연구에서 확인할 수 있었다.

물론 신자유주의가 어느 정도 경제적 성장을 가져온 나라들도 있다. 그러나 이러한 성과들은 가계 부채의 급증이라든지 이를 교묘하게 이용한 금융 부문의 성장일 뿐이다.

신자유주의적 성장은 실질적이고 물질적인 투자가 아니라 금융을 기반으로 이루어졌다. 앵글로색슨적인 미국과 영국의 금융 산업만의 성장인 것이다. 신자유주의 경제로 성장했다고 하는 국가들에게 남은 것은 높은 가계 부채와 금융 부채뿐이다.

지금은 문재인 정부에서 주장하는 것처럼 소득 주도 성장으로 수요를 점차 늘려가면서 일자리와 복지는 늘리고 양극화는 줄이며 건강한 경제성장을 유도할 시기이다.

15장 삼성물산 합병, 무엇이 문제인가?

2018년 5월 현재, 최순실 국정농단과 관련해 대법원 최종 판결을 앞두고 있는 이재용 삼성 부회장은 2015년 삼성물산과 제일모직의 합병 과정에서 국내 자본시장법의 맹점을 교묘히 이용하였다. 삼성 일가가 주식의 절반 이상(52%)을 보유한 제일모직의 합병비율을 높이고 국민연금과 일반 투자자들이 86% 이상의 지분을 소유한 삼성물산의 합병비율을 낮추는 방식을 통해 이재용 일가가 삼성전자에 대해 더 많은 지배력을 확보하는 사례를 만들었던 것이다.

삼성은 합병 과정에서 주가만 관리한 게 아니었다. 제일모직의 주가를 높여 실제 기업 가치 이상으로 제일모직의 합병비율을 높이다 보니 향후 문제가 발생할 가능성이 농후하여, 합병 이듬해에 무리하게 삼성바이오로직스의 분식회계를 하고 특혜 상장하는 조치를 하여 합병비율을 정당화하려 했다.

2015년의 삼성물산과 제일모직의 합병은 대주주의 이익을 위해 국민연금과 소액투자자들의 이익을 희생하는 합병이었으며, 이런 일은 선진국에서는 일어날 수 없는 일로 자본시장을 농단하는 사건이었다. 또한 국민연금과 정부기관 그리고 대한민국의 금융기관들이 삼성의 압력과 회유에 굴복하여 반대 목소리를 내지 않았고, 언론마저 이런 사태에 눈과 귀를 막은 부끄러운 사건이었다. 삼성물산과 제일모직 합병이 과연 어떻게 자본시장을 유린하고 농단하였는지, 그리고 합병 후 2016년 삼성바이오로직스 상장과 분식회계가 어떻게 관련되었는지를 이 글을 통해서 살펴보고자 한다.

(주)오뚜기의 상속세와 이재용의 상속세

2016년 ㈜오뚜기의 고(故) 함태호 회장이 3100억 원 상당의 주식을 장남(함영준 회장)에게 물려주는 과정에서 1500억 원의 상속세를 냈다. 현행 상속세법은 30억 이상의 상속 재산에 대해서는 50%를 과세하기 때문이다. 정의당 노회찬 의원은 이를 두고 "3천억 원의 주식을 물려받은 오뚜기 회장은 1천 5백억 원의 상속세를 냈는데, 한 해 10조 원을 일구는 이재용 부회장의 상속세는 16억 원밖에 안 되는 것을 용인하고 넘어갈 것이냐"며 삼성의 편법 증여를 지적한 바 있다.

세계 주요국의 상속세율은 대체로 비슷한 수준이나, 우리나라는 각종 공제가 많아 전체 상속자 중 0.6~0.7%만 상속세를 내며, 실효세율은 21% 정도에 그쳐 실효세율만 따지면 주요 선진국들보다 작은 규모이다. 외국에서는 삼성과 같은 편법 상속이나 증여가 불가능하고 실효세율이 높기 때문에 자녀에게 상속을 하지 않으며, 주식은 공익재단에 기증하고 회사는 전문경영인 체제로 운영하는 경우가 많다. 우

구분		2011년	2012년	2013년	2014년	2015년	합계
상속 상위 10%	인원	572	620	628	754	659	3233
	총 상속재산	48,334	50,636	46,771	59,191	59,133	264,065
	총 결정세액	10,233	12,054	9,535	12,343	13,720	57,884
증여 상위 10%	인원	12,640	9,133	10,964	10,553	10,113	53,403
	총 상속재산	147,355	118,636	159,475	200,988	176,191	802,645
	총 결정세액	28,260	25,608	33,342	25,816	25,242	138,268

(단위: 명, 억 원 출처: 박광온 의원실)

리나라도 간접 상속에 대한 제재가 이루어지고 상속세법만 정확하게 지켜진다면, 지금처럼 재벌 체제의 내리물림이 사라지고 외국의 존경받는 CEO들처럼 부의 사회 환원이 많아질 것이다.

삼성이 국정농단에 가담한 이유

삼성전자의 주식 지분 총액(시가 총액)은 2018년 2월 기준 최저 가격 220만 원으로 가정하더라도 약 280조가 넘는다. 2015년 삼성물산과 제일모직의 합병이 성사됨에 따라 이재용 부회장이 추가로 행사할 수 있게 된 지분 11.27%를 주가로 환산하면 약 32조의 지분을 상속한 것과 같은 효과다. 이 부회장이 이 비율에 따라 상속세를 낸다면 약 16조를 물어야 했지만, 비상장사와 다른 상장사를 이용하는 간접 지배 방식을 이용해서 교묘하게 상속세를 피하게 된다.

물론 32조라는 금액은 삼성전자에 대한 지분 가치만 평가한 것이다. 삼성물산의 가치와 삼성물산이 지분을 가진 삼성생명을 비롯한 다른 계열사들의 가치를 생각하면 40조를 훨씬 상회할 것이고, 이재용이 왜 무리를 해가며 박근혜 전 대통령과 최순실의 도움을 받으면서까지 무리하게 합병을 추진했는지를 이해할 수 있게 된다.

삼성물산과 제일모직의 합병은 총수 일가의 이익과 이재용의 경영 승계를 위해 합병 전 삼성물산의 주주들에게 큰 손해를 입힌 사건이다. 합법을 가장해 선진국에서는 감히 상상할 수도 없는 방법을 동원하여 우리나라의 자본시장을 농단한 사건으로 대한민국 국민으로서 이런 사회에 살고 있다는 것에 대해 많은 부끄러움을 느끼게 한다.

합병의 목적은 삼성전자 주식 취득과 그룹 승계 완성

삼성전자의 지분 구조를 살펴보면 5% 이상 소유한 주주는 국민연금과 삼성생명뿐이다. 2014년부터 입원 중인 이건희 회장은 3.38%, 이재용 부회장은 0.57%에 불과하다. 사실 이 정도 지분으로 주인 행세를 하는 것은 부끄러운 일이다. 그러나 삼성그룹은 계열사 순환출자를 통해 특수관계인 자격으로 삼성전자 주식 17.64%를 소유하고 있으며, 이 주식을 바탕으로 회사를 경영하고 통제하고 있다. 문제는 삼성물산 합병 전 이재용 부회장의 직접 지분 0.57%만 가지고는 회사의 대표 얼굴로 행세하기가 힘들다는 사실이다. 이 지분으로 삼성의 대표 주주로 행세하는 것은 국제적인 기준에도 맞지 않는다.

삼성그룹에서 삼성전자 주식을 가장 많이 소유한 계열사는 삼성생명(7.21%)과 삼성물산(4.06%)이다(표1 참조). 이재용 부회장은 합병 전 삼성물산(구 삼성물산) 주식은 한 주도 없었고, 삼성생명의 주식도 0.06%밖에 가지고 있지 않았다. 단지 제일모직 주식 23.24%를 가지고 있었을 뿐이다. 그런데 삼성물산은 삼성생명 주식을 19.4%를 가지고 있으니, 삼성물산만 지배할 수 있다면 삼성생명과 합하여 삼성전

<표 1. 삼성전자 대주주 주식보유 현황(2016년 3월 삼성 감사보고서)>

성명	관계	주식 종류	소유 주식수 및 지분율				비고
			기초		기말		
			주식수	지분율	주식수	지분율	
이건희	본인	보통주	4985,464	3.38	4,985,464	3.38	–
이건희	본인	우선주	12,398	0.05	12,398	0.05	–
삼성물산 (구삼성물산)	특수관계인	보통주	5,976,362	4.06	0	0	제일모직이 흡수 합병
삼성물산 (구제일모직)	특수관계인	보통주	0	0	5976362	4.06	구삼성물산 흡수합병 후 사명 변경
삼성복지재단	특수관계인	보통주	89,683	0.06	89,683	0.06	–
삼성문화재단	특수관계인	보통주	37,615	0.03	37,615	0.03	–
홍라희	특수관계인	보통주	1,083,072	0.74	1,083,072	0.74	–
이재용	특수관계인	보통주	810,103	0.57	810,103	0.57	–
삼성생명	특수관계인	보통주	10,622,814	7.21	10,622,814	7.21	–
삼성생명	특수관계인	우선주	879	0	879	0	–
삼성생명 (특별계정)	특수관계인	보통주	486,926	0.33	493,350	0.33	장내매매
삼성생명 (특별계정)	특수관계인	우선주	52,332	0.23	45,457	0.2	장내매매
삼성화재	특수관계인	보통주	1,856,370	1.26	1,856,370	1.26	–
권오현	특수관계인	보통주	3,000		1,700	0	장내매매
이상훈	특수관계인	보통주	1,473		1,473	0	–
계		보통주	25,952,882		25,958,006	17.64	–
		우선주	65,609		58,734	0.26	–

자 지분 11.27%와 자기 지분 0.57%를 합쳐 11.84%의 권한을 행사할 수 있게 된다. 따라서 이재용 자신이 가지고 있는 제일모직 주식을 이용해 삼성물산을 합병하게 되면, 비로소 삼성전자의 대표 얼굴로 행세할 수 있게 되며, 그룹 승계가 완성되는 것이다(표2 참조).

<表 2. 삼성물산 합병 시 대주주 등 지분 변동 상황(삼성물산 감사보고서)>

성명	관계	주식 종류	합병 전				합병 후	
			제일모직 소유 주식수 및 지분율		삼성물산 소유 주식수 및 지분율		제일모직 소유 주식수 및 지분율	
			주식수	지분율	주식수	지분율	주식수	지분율
이재용	본인	보통주	31,369,500	23.24	–	–	31,369,500	16.54
이건희	특수관계인	보통주	4,653,400	3.45	2,206,110	1.41	5,425,733	2.86
이부진	특수관계인	보통주	10,456,450	7.75	–	–	10,456,450	5.51
이서현	특수관계인	보통주	10,456,450	7.75	–	–	10,456,450	5.51
삼성화재 해상보험	특수관계인	보통주	–	–	7,476,102	4.79	2,617,297	1.38
삼성전기	특수관계인	보통주	5,000,000	3.70	–	–	5,000,000	2.64
삼성SDI	특수관계인	보통주	5,000,000	3.70	11,547,819	7.39	9,042,758	4.77
삼성물산	특수관계인	보통주	1,849,850	1.37	–	–	–	–
삼성문화 재단	특수관계인	보통주	1,101,000	0.82	123,072	0.08	1,144,086	0.60
삼성복지 재단	특수관계인	보통주	–	–	231,217	0.15	80,946	0.04
삼성생명 보험 (특별계정)	특수관계인	보통주	–	–	181,316	0.12	63,476	0.03
이유정	특수관계인	보통주	600,000	0.44	–	–	600,000	0.32
조운해	특수관계인	보통주	100,000	0.07	–	–	100,000	0.05
김신	특수관계인	보통주	–	–	26,261	0.02	9,193	0.00
김신	특수관계인	우선주	–	–	2	0.00	–	–
보통주			70,586,650	52.29	21,791,897	13.95	76,365,889	40.26
우선주			–	–	2	0.00	–	0.00

문제는 합병비율의 선정

표2에서 보는 것처럼 삼성그룹 전체에서 보면 이재용 부회장과 특수 관계인들이 52.29%의 주식을 소유한 제일모직의 가치를 높이고 13.95%의 주식을 소유한 삼성물산의 가치를 낮게 하면, 이재용 부회장과 그 일가는 돈 한 푼 안 들이고 세금 한 푼 내지 않으면서 합병된 회사에서 더 많은 지분을 확보하게 된다.

선진국 자본시장이라면, 누가 봐도 뻔한 이재용 부회장의 경영 승계를 위한 합병이라고 판단되면 제일모직 대주주인 이재용 회장이 손해 보는 구도로 합병비율을 결정할 것이다. 좀 더 자세히 설명하자면, 이재용과 삼성의 입장에서는 합병 대상인 삼성물산 주주들에게 더 유리하게 합병비율을 제시하고, 제일모직의 소액 주주들도 불리하지 않게 투 트랙으로 합병비율을 결정해야 했다. 대주주가 소액주주의 이익을 보호하지 않는다면 그 회사는 자본시장에 존재할 가치가 없기 때문이다. 결론적으로 합병으로 일부 소액주주에 불리하지 않게 대주주와 소액주주의 합병 가치를 달리하여 결정하는 것이 선진국의 글로벌 표준이다.

합병비율의 결정 방법

일반적으로 합병비율의 결정은 그 회사의 자산가치와 수익가치 그리고 시장가치를 비교하여 결정한다. 일반적인 방법에 따라 합병비율을 결정한다면, 합병 전 삼성물산과 제일모직 양사의 자산가치 및 수익가치는 표3과 같다.

삼성물산의 순자산가치는 제일모직의 2.57배, 포괄손익으로 표시되는 수익가치는 3.09배가 된다. 다만 주당 순이익 기준만 삼성물산

회사	자산	부채	순자산	매출액	포괄손익	주당 순자산	주당 순이익	액면가	합병 비율
삼성물산	295,058	158,334	136,724	191,500	24,216	84,992	2,382	5,000	0.35
제일모직	92,460	39,253	53,207	33,127	7,833	27,811	3,990	100	1
비교	3.19	4.03	2.57	5.78	3.09	3.06	0.60	50.00	0.35

출처: 금감원 전자공시 합병보고서(단위: 원)

이 제일모직의 0.6배로 작다. 그러나 삼성전자와 삼성물산의 주식을 많이 가진 삼성물산이 포괄손익 면에서는 제일모직의 3배가 넘는다.

국세청 기준으로는 자산가치 2에 수익가치 3의 비율로 회사 가치를 평가하되 수익가치는 최근 년도의 가치를 높게 하여 3년간의 수익가치로 평가하게 된다.

삼성은 자본시장법에 의해 주식시장에 상장된 양사의 가격을 비교하여 제일모직 1주에 삼성물산 0.35주를 합병기준으로 했다고 주장하지만, 실제 회계상 합병기준을 결정할 모든 지표가 삼성물산이 제일모직의 3, 4배에서 50배까지 더 크다는 점에 주목해야 한다.

자본시장법의 맹점을 파고 든 삼성

위의 표3에서 보듯이 자산가치와 수익가치가 제일모직보다 더 큰 삼성물산이지만, 우리나라 자본시장법에서는 상장된 회사에서는 자산가치와 수익가치가 시장가치에 수렴되었다고 가정하여 시장가치를 주로 사용하고 자산가치와 수익가치 그리고 미래의 가치를 보조로 하여 합병비율을 결정하라고 규정하고 있다. 일반적으로 자산가치와 수익가치 외에 보조수단으로 EV/EBITDA(세전이익수익가치), PSR(매출액대비수익가치), PER(주당수익율) 등이 사용되고 있지만, 증권거래소에 상장된 회사는 시장가치를 주로 사용해도 된다는 것이다.

물론 완전시장 이론에서는, 시장가치가 자산가치와 수익가치를 모두 수렴하여 공정한 기준이 될 수 있다. 그러나 우리나라 자본시장의 경우 시장 가격 결정이 전체 주식의 1~2%도 안 되는 유통주식의 거래에 따라 결정되고, 이해관계가 있는 기업에서 호재 발표는 숨기고 악재만 발표하는 식으로 주가를 조절하는 과정에서 시장 가격이 왜곡되기 쉽다.

더욱이 합병 전 제일모직은 삼성물산과 합병을 위해 2014년 상장되어 단기간에 주가 관리가 용이했을 것으로 판단되며, 특혜상장 의심을 받는 삼성바이오로직스 지분과 자산평가가 복잡하게 연결되어 있었다(이 부분은 뒤에서 설명할 것이다). 합병을 앞두고 2014년과 2015년의 삼성물산과 제일모직의 주가를 지켜보면, 이들 주식이 삼성가에 의해 관리되었다는 의심을 받기에 충분하다.

당시 삼성은 우리나라 자본시장법의 맹점을 철저하게 파고들었다. 우리나라 자본시장법에 따르면 합병계약 체결일이나 합병 결의 이사회 결의일을 기준으로 최근 거래량(1개월, 1주, 전일 종가)을 가중 평균하여 결정하고, 수익가치와 미래가치 등을 고려하여 30% 내외에서 가감할 수 있게 했다.

2015년 합병에서 삼성은 시장가치 산정을 위한 기준일을 5월 25일로 정하여, 최근 2개월과 1개월, 1주일 주가를 가중 평균하여 1 : 0.35의 합병비율을 결정했다고 주장한다. 여기서 자본시장법에 따른 합병은, 합병 기준일의 주가가 중요한 역할을 하게 된다. 필자는 일단

〈의결권 자문회사들의 반대 의견〉

의결권 자문사	반대이유
서스틴베스트	합병비율이 지나치게 낮음 굳이 현재 합병할 이유 없음
글라스루이스	삼성물산에 불리, 제일모직에 이득 합병 후 위험성
ISS	삼성물산은 저평가, 제일모직은 고평가 합병을 지나치게 긍정적으로 평가

합병 기준일의 주가가 공정했다고 가정(실제로는 공정하지 못했다고 생각한다) 하더라도 삼성의 합병비율은 문제가 있다고 생각한다.

실제로 국민연금공단은 자체적으로 자본시장법에 따라 기준일 기준으로 두 기업의 시장가치를 분석하여 1 : 0.46이라는 적정 합병비율을 도출했다고 한다(자본시장법에 따른 1개월, 1주일, 직전일의 가중평균을 구하면, 합병 기준일 직전일과 직전 1개월 동안 가격이 오른 삼성물산에 좀 더 유리한 합병비율이 나온다). 또한 의뢰를 받은 외부 회계법인 두 곳도 최종 결정된 적정 비율보다 삼성물산에 더 높은 합병비율을 산출했다고 한다. 물론, 그때 합병을 반대하며 투기자본으로 매도당했던 엘리엇은 삼성물산에 제일모직보다 더 큰 합병비율을 주장하였다. 그러나 삼성은 타 기관의 합병비율보다 이재용과 삼성에 유리한 비율을 선택했다. 삼성은 자본시장법에 따라 가중평균 주가와 산정가에 30%를 가감할 수 있는 규정을 따랐기에 위법하지 않다고 주장할 수는 있다.

그렇지만 글로벌 시장은 대주주보다 소액주주에 유리한 합병비율을 요구하고 있으며, 시장 가격과 자산가치 및 수익가치가 크게 왜곡되지 않도록 인위적인 주가 관리를 하지 못하게 하고 있다.

보다 큰 문제는 합병비율 산정의 기본이 되는 합병 기준일까지의 과거 주가가 어떻게 유지되고 관리되었느냐 하는 것이다. 보는 시각에 따라 다르겠지만, 합병 기준일인 2015년 5월 25일까지의 합병 과정에서 삼성이 세계 자본시장에서 있을 수 없는 범죄를 저질렀다고 생각하는 사람들이 많아진 이유가 여기에 있다.

합병을 앞두고 상장된 제일모직의 주식 가격

삼성물산과의 합병을 목적으로 2014년 12월 상장된 제일모직의 주가는, 아래 그림처럼 상장 시 관련 금융기관의 예상 가격인 공모가의 2배까지 거래되며 주당 9~11만 원으로 거래되었다. 상장 시의 공모가의 2배로 거래된다는 것은 합병을 앞두고 삼성이 주가를 관리한다는 의심을 사기에 충분했다. 반면에 2014년 삼성물산의 주가는 7~8만 원 정도였다.

그런데 합병을 앞두고 삼성은 이재용을 비롯한 이서현, 이부진 등 오너 일가가 소유한 제일모직의 주가는 18만 8천 원까지 올리고, 반대로 삼성물산 주가는 5만 1천 원까지 하락시키거나 하락을 용인하였다. 당시 증권 전문가들의 예상으로는 5만 원 정도의 가격으로 거래되어야 할 제일모직의 가격이 3배 정도 더 오른 반면, 삼성물산 가격은 예상보다 하락하게 된 것이다. 그러한 과정을 통해, 합병 기준가가 될 최종 협의 가격을 제일모직 156,439원, 삼성물산 57,234원으로 도출해낸다.

자본시장법의 맹점이 바로 이것이다. 합병기준일 1개월 전이나 2개월 전까지의 가격만 따르면, 합병 전에 장기적으로 주가를 조작하는 것은 문제 삼지 않는 것이다. 즉, 장기적으로 가격을 올리거나 내려도

합병발표 이후 삼성물산·제일모직 주가 (단위 : 원)

제일모직
삼성물산

	5월 22일	26일	6월 4일	10일	7월 16일
제일모직	16만3500	18만8000	19만1000	17만8500	19만4000
삼성물산	5만5300 (33.82)	6만3500 (33.78)	6만9500 (36.39)	7만5000 (42.02)	6만9300 (35.72)
	합병발표 이전	합병발표	엘리엇 합병반대	KCC에 자사주 매입	

※ ( )안은 주가 비율. %. 주가 비율은 삼성물산의 주가를 제일모직 주가로 나눈 값
자료 : 한국거래소

삼성물산과 제일모직의 주가 변동

직전 1~2개월 동안만 위법하지 않으면, 합병비율을 통해 주주들이나 국민에게 영향을 끼치는 행위에 대해 면죄부를 주게 된다.

회사 당사자들이 인위적으로 주식 가격을 올리고 내리고 하는 것은 쉽다. 호재는 발표하지 않고, 악재는 일부러 과장하여 크게 터트리면 된다. 당시에도 삼성물산은 해외 수주 사실을 숨기고 위험 요소를 크게 부각하는 반면, 제일모직은 호재를 크게 부풀려 주가를 올렸다는 의심을 받고 있다.

이러한 과정을 통해 이재용이 23.24%의 지분만을 가졌고 삼성그룹 일가가 52.29% 주식을 소유한 제일모직의 합병비율 가치를 높게 하였으며, 동시에 삼성그룹 전체가 13.95%의 지분을 가졌고 국민연금을 비롯한 외부인이 86.05%의 지분을 가진 삼성물산의 주식 가치를 낮게 하였다는 의심을 받는다. 이 86%의 주주들의 희생하에, 이재용과 삼성그룹은 막대한 이익을 얻게 되었다는 것이다. 그리고 그런 과정에서 국민연금과 정부의 동의를 받기 위해 최순실과 박근혜 전 대통령에게 로비를 하였고 현재 재판 중에 있다.

합병비율의 문제는 매수청구권에도 나타나

합병비율이 공정하지 않다는 점은 합병에 반대하는 주식매수청구권에서도 나타난다. 제일모직 주주들 중에 합병에 반대하는 주식은 단 1주였다. 이는 반대가 없다는 것을 감추기 위한 부끄러운 반대일 것이다. 반면에 삼성물산에서는 많은 외국인 투자가들을 비롯한 개인 투자가들이 약 1,170만 주의 매수청구권 신청을 했다.

2017년 최순실 청문회에서도 언급되었던 일성신약㈜은 33만 주를 가졌지만, 매수청구권을 신청해서 피해를 줄였다.

매수청구권 신청인들은 합병비율이 삼성물산에 불리하고, 그 합병이 글로벌 표준에도 위배되며, 선진 자본시장에서는 있을 수 없는 주가 조작이 의심되는 등, 합병된 삼성물산의 주가를 비관적으로 보았기 때문에 매수 청구권을 행사한 것으로 판단된다.

삼성바이오로직스의 분식회계 과정

최근 삼성물산 합병에 뒤이은 삼성바이오로직스 분식회계가 문제되고 있다. 2016년 삼성바이오로직스 상장 과정에서 자회사인 삼성바이오에피스의 가치를 4조 8천억대로 뻥튀기하여 4조 5천억을 늘렸다(239쪽의 삼성바이오에피스 공정가치 표 참조). 삼성바이오로직스는 4년 이상 적자였고, 4조 5천억의 뻥튀기가 아니었으면 5년 이상 적자로 자본 잠식 상태로 상장이 불가능하다.

그런데 뻥튀기한 수법이 정말 특이하다. 삼성바이오에피스에 투자

〈삼성바이오에피스의 공정가치(2016년 3월 감사보고서)〉

	단위: 천원
구분	금액
취득 주식의 공정가치(A)	4,808,578,367
지배력 상실 시점의 순자산(B)	290,531,810
비지배지분(C)	25,563,205
당기손익으로 재분류되는 포괄손익(D)	773
종속기업투자이익(A-B+C+D)	4,543,610,535

한 미국의 바이오젠이 콜옵션을 행사하여 삼성바이오에피스의 지분을 많이 가지게 되면, 지배력 상실 이익을 얻게 된다는 이상한 회계이론을 만들어낸 것이다.

바이오젠이 콜옵션을 행사하려면, 회사가 아주 잘되어야 한다. 삼성바이오에피스를 설립할 때 지분 구조가 85 대 15였는데, 2014년 이후로는 바이오젠이 전혀 증자에 참여하지 않아, 삼성바이오로직스의 지분이 91.2%까지 늘었다. 증자에 참여하지 않은 바이오젠이 회사가 잘되면 콜옵션을 행사하여 49%까지 지배력을 높여 이사들 수가 동수가 되고, 그렇게 되면 삼성바이오로직스가 지배력을 상실하게 되어 그때까지 종속회사로 분류되어 장부가로 평가하던 삼성바이오젠의 기업 가치를 공정가치로 평가해야 한다는 주장인 것이다.

일반적으로 50% 이상의 지분을 가진 투자회사는 종속기업으로 분류하여 장부가로 평가하는 것이 회계 원칙이다. 삼성은 당시 겨우 국내에서만 임상실험을 통과한 두 가지 바이오시밀러 복제약 임상 실험의 성공을 가지고 바이오젠이 콜옵션을 행사할 수 있는 가능성을 내세우며 삼성 바이오에피스를 공정가치로 평가해야 한다는 논리를 폈다. 또한 공정가치 평가에서도 현금흐름가치(DCF)를 도입하여 마치 바이오시밀러가 떼돈을 벌 것처럼 평가하여 공정가치 금액을 4조 8085억 원으로 평가하였다. 여기에 삼성바이오로직스는 바이오젠의 콜옵션 가치 1조 8204억 원, 장부가액 등을 제외한 2조 642억 원을 당기 순이익에 반영하였다.

회계 이론에서 50% 이상의 지분을 지닌 지배 기업을 공정가치가 아닌 원가(장부가)로 평가하는 것은, 50% 이상의 지분을 소유한 지배 기업이라면 자의에 의해 공정가치 평가가 왜곡될 수 있기 때문이다. 특히 현금흐름가치(DCF)는 미래의 현금 흐름에 대한 예측에 따라 기업가치가 천차만별이 될 수 있다. 신약개발이 아닌 바이오시밀러, 즉 복제약을 가지고 기업 가치를 수십 배로 불린 사례는 해외에서도 쉽게 찾아볼 수 없다.

필자와 같은 회계 담당자들은 연속되고 일관성 있는 회계처리를 하는 것이 당연하다. 그러나 당시 삼성바이오로직스의 회계처리에서는 연속성과 일관성이 결여되었으며, 당시까지 해외에서도 사례를 찾아볼 수 없는 지배력 상실 이익으로 처리해야 하는 곤란함이 있었다.

그렇다면 왜 삼성이 분식회계를 해서라도 무리하게 삼성바이오로직스를 상장해야 했는지 그 이유를 살펴보아야 한다. 앞의 표3에서 제시한 삼성물산과 제일모직의 합병가치 비교표에서 볼 수 있듯이, 당시 삼성물산의 기업 가치는 이재용과 삼성이 지분을 많이 가진 제일모직보다 평균 3배 정도 높다. 그러나 삼성은 앞에서 설명한 바와 같이 자본시장법의 맹점을 이용하여 교묘한 주가관리를 통해 제일모직의 합병가치를 오히려 3배 정도 높여 합병을 하였다.

삼성바이오로직스 분식회계 시점에 합병은 끝났지만, 삼성은 합병 전부터 국민연금과 증권사들에게 제일모직의 지분이 높은 삼성바이오로직스가 상장되면 제일모직의 가치가 크게 올라갈 거라고 이야기하여 합병 전 제일모직의 가격을 끌어올려 왔고, 당시의 증권사 보고서에도 그런 내용들이 있었기에 삼성바이오로직스가 상장되지 못하면 제일모직의 주가를 끌어올리기 위한 그런 행위들이 큰 문제로 부각될 것을 두려워했기 때문이다.

이 모든 것은 이재용과 삼성이 53%의 지분을 가지고 있는 제일모직의 지분을 높게 하고 삼성이 13%밖에 지분이 없는 구 삼성물산의 지분가치를 낮게 하여, 이재용과 삼성 입장에서는 세금 한 푼 안 내고 삼성물산 합병을 정당화하기 위함이었다는 판단이다.

정상국가라면 결코 있을 수 없는 당시 정부와 언론의 부역

다시 삼성물산과 제일모직의 합병 문제로 돌아가자. 합병 과정에서 소액주주가 아닌 대주주의 이익을 위한 결정을 하는 일은 해외에서는 일어나지도 않고, 설사 일어난다고 해도 언론과 사회에서 엄청난 비난을 받게 될 일이어서 감히 실행할 엄두도 내기 어렵다.

그러나 국내 언론이나 금융기관, 그리고 감독기관에서도 삼성의 압력에 제대로 된 반대 의견을 거의 내지 않았다는 것이 우리 사회의 큰 문제이다. 청문회 과정에서 당시 한화증권 대표이사이던 주진형 대표가 증언한 바와 같이, 일부 반대하는 증권사에 삼성을 통해 갖은 압력이 가해졌던 사실은 삼성이 금융계와 언론계를 장악하고 힘을 써서 통제하려 했던 증거이다.

선진국이라면 감히 일어나지 못할 일을 글로벌 세계 일류 기업이라고 선전하던 삼성이 실행하고, 삼성에 길들여진 언론들이 눈을 감았으며, 금융기관 종사자마저도 이에 굴복한 것이다.

2018년 2월 법원이 이재용 부회장을 일부 무죄 일부 유죄로 판단하여 집행유예를 선고하였다는 소식을 들은 국민들은, 우리 사회가 아직도 유전무죄 무전유죄에서 벗어나지 못했다는 생각을 했을 것이다. 국민연금에 가입한 대한민국 국민이 손해 보고, 구 삼성물산의 87%의 주주들이 손해를 볼 때, 구 제일모직의 주식 52%를 소유한 삼성 일가는 수십 조에 달하는 합병 이익을 누렸다. 더욱 슬픈 일은 금융기관과 언론이 이런 불합리한 자본시장 농단 사태에 눈감고 입을 다물었다는 것이다. 또한 이러한 파렴치한 범죄에 대해 단호히 단죄해야 할 사법부는 항소심에서 일반 국민들의 상식이나 법의식과는 다른 판단으로 이재용 부회장의 죄를 집행유예로 감경하였다.

촛불 시민혁명으로 탄생한 문재인 정부에서는 자본시장을 농단한 삼성 일가의 범죄에 대해 반드시 단죄를 내려야 한다. 우리 사회가 돈과 권력이 지배하는 사회에서 벗어나 정의가 바로 서는 나라로 다시 태어날 수 있기를 간절히 빌어본다.

16장 재벌개혁과 중소기업 성장의 해법

한국 재벌이 우리나라 경제에 끼친 영향 중 가장 큰 문제는, 차입경영에 의존한 방만한 경영으로 국가 경제에 심대한 부담을 주었다는 것이다. 1997년의 IMF 외환위기, 카드사 위기와 대우사태, 2008년의 금융위기, 그리고 2017년 말의 조선업 구조조정이나 GM대우 사태에서 볼 수 있듯이, 재벌들이 도산하거나 부실해지면 국가에서는 구조조정을 위한 공적 자금을 투입하며, 결국 국민의 복지나 성장에 써야할 돈을 부실기업을 정리하는 데 사용하게 된다.

현재 우리나라 경제의 중심 사업 분야는 통신, 전자, 석유화학, 자동차, 유통 등이며, 이러한 사업 부문이 서너 개 재벌 대기업의 독과점 체제로 집중되면서 시장 질서를 왜곡시키고 시장 지배력을 남용하는 현상이 뚜렷하게 나타나고 있다. 이렇듯 재벌에 의한 경제적 집중 심화로 중소기업과 자영업자가 더 이상 성장하지 못하는 경제 생태계가 고착되어 있다.

우리나라는 연간 약 16조 이상이라는 적지 않은 예산을 중소기업을 위한 정책 자금으로 사용해 왔지만, 중복성을 피하고 효율성과 공정성을 더욱 개선해야 한다. 또한 재벌개혁과 함께 투 트랙으로 중소기업 정책이 효율적으로 집행되어야 양극화가 해소되고, 사회가 균형적으로 발전할 수 있을 것이다.

재벌경제의 원죄와 공헌

한국 재벌의 문제는 이 책의 앞부분에서도 수차례 언급하였으며, 일자리, 중소기업 문제, 양극화 문제, 그리고 최근 국정농단의 원인 제공에 이르기까지 우리 국민의 삶에 직접적으로 큰 영향을 미치는 요소가 되었다.

재벌 문제가 발생한 원인은 박정희 대통령 집권 시기에 내부 시장의 형성을 위해 국가적 자원과 자본을 재벌들에 몰아주고, 사업 부문에 대한 독과점 이익까지 챙겨준 불균형 성장과 여기서 파생된 구조적 문제에서 출발한다.

시중 금리의 절반도 되지 않는 특혜 금융과 인허가 특혜, 그리고 정경유착을 통해 성장한 재벌들은 국가 자원의 비효율적인 배분을 유도하였으며, 대다수의 국민들에게 금융시장과 자유시장 경제의 경쟁원칙을 왜곡시켰다. 이러한 특혜를 바탕으로 성장한 재벌은 공정한 경쟁이 아니라 불공정하고 불평등한 경쟁을 통해 이윤을 취해왔고, 그 이윤들이 오늘날 재벌 성장의 근간이 되었다.

재벌이 한국경제에 끼친 영향 중 가장 큰 문제는 차입경영이다. 즉, 부채에 의존한 방만한 경영으로 국가 경제에 심대한 부담을 준 것이 결국 1997년의 IMF 외환위기를 불러왔다. IMF 외환위기 이후에도 카드사 위기와 대우사태, 2008년 세계 금융위기 등을 겪으며 많은 재벌 그룹들이 도산하거나 부실화되자 국민의 세금으로 대규모의 구조조정 자금을 투입하게 되었다.

결국 국민의 복지나 성장에 써야 할 돈을 부실기업을 정리하는 데 사용하게 되었으며, 또한 재벌에 대한 경제력 집중 현상은 중소기업과 자영업자가 더 이상 성장하지 못하는 경제 생태계를 만들었다.

재벌이 비대해짐에 따라 규모의 경제를 통해 내부 시장을 육성한다는 원래의 목표도 사라지고, 경영의 비능률이 더 큰 문제로 제기되었다. 비대해진 재벌들이 생존하기 위하여 중소기업과 같은 하청업체를 더욱 쥐어짤 수밖에 없는 경제 현상이 나타난 것이다. 이 밖에도 경영의 투명성 부족과 소유 지분에 비해 지나친 오너의 영향력 행사 등 재벌을 둘러싼 여러 부작용이 나타나기 시작했다.

한편 재벌들은 재산을 2세나 3세에게 상속 혹은 증여하는 과정에서 비상장회사의 주식이나 사채의 상속과 같은 다양한 편법을 통해 상속세와 증여세를 탈세하는 등 막대한 부를 세금 없이 물려주는 행태를 지속했다.

물론 폐해만 있는 것은 아니다. 선진국들의 기업은 주주가 주인이라 장기적인 투자를 하지 못한다. 일반적으로 서구 기업의 창립자들은 상속세나 증여세를 내고 기업을 자손에 물려주기보다는 공익재단에 기부하는 형태가 흔하고, 기업이 이익이 생겨도 배당을 하고, 투자는 증자를 통해 하기에 대주주의 지분이 점점 적어지게 되어 전문경영인 체제를 채택하는 기업이 많다. 그래서 회사들은 주주들이 주인이 되는데, 주주들은 주식을 보유하는 기간 내에 이익을 도모하기 때문에 장기적인 투자를 꺼린다.

반면 오너가 장악하고 있는 우리나라의 재벌들은 삼성전자나 SK하이닉스의 사례에서 보듯이 주주들의 단기적 이익보다 장기적으로 전략적인 투자를 할 수 있어서, 반도체 산업과 같이 대규모 투자가 필요한 사업들을 계속 추진할 수 있고, 이로써 실제적으로 많은 성과를 거두고 있다. 문제는 이렇게 막대한 성과를 내는 삼성전자가 아직도 기술 도용이나 납품가 인하 등을 통해 중견기업이나 중소기업을 착취하면서 더 많은 이익만 추구하는 행태가 지속되고 있다는 점이다.

현재로 이어지는 재벌 독점의 문제

현재 우리나라 경제의 중심 사업 분야는, 통신, 전자, 석유화학, 자동차, 유통 등이다. 이들 사업 부문이 서너 개 재벌 대기업의 독과점 체제로 집중되면서 가격, 상품 및 서비스의 공급, 시장, 정보 이용 등 다양한 측면에서 재벌 독점의 결정 구조를 가지게 되자, 시장 질서를 왜곡시키고 시장 지배력을 남용하는 현상이 뚜렷하게 나타나고 있다.

이런 상황에서 주력 사업 분야의 재벌 독과점 체제 아래에서는 새로운 경쟁 기업이 시장에 진출하기가 매우 어려워진다. 또한 중소기업들은 시장을 장악한 재벌 대기업과 경쟁할 수 없게 되어, 재벌 대기업의 하청회사로 전락할 수밖에 없다. 이마저도 재벌 기업들의 수직계열화 추진으로 점점 더 어려워지고 있는 실정이다.

또한 시장에서 경제력 집중 현상이 심화되면서, 재벌 대기업과 중소기업 사이의 불공정한 경쟁의 사례가 점점 더 많아지고 있다. 이런 이유로 오늘날 중소기업의 경쟁력은 더욱 약화되고 있으며, 중소기업 노동자들과 대기업의 임금 격차는 점점 더 벌어지고 있다.

재벌 대기업은 자금 동원력이 중소기업과 비교할 수 없을 정도로 우위에 있어, 신규 산업에 대한 진출이나 투자의 격차도 점점 커지고 있다. 신사업 분야나 대규모 투자가 필요한 사업일수록 더욱 재벌 중심의 독과점체제가 형성되고 있다.

또한 재벌 대기업이 우월한 자금 동원력을 바탕으로 중소기업 적합 업종 영역에 진출하는 경우도 많아지고 있다. 이들이 중소 상공인들을 밀어내고 시장을 장악하고 있어 유통, 식품, 음식점 등 전통적으로 중소 상공인 적합 업종 영역에서도 중소기업과 자영업자들이 생존 위기에 몰리고 있다.

자영업자들의 경우에는 재벌 대기업의 영역 침탈로 독립적인 자영업자로서 사업을 영위하기 어려워지면서, 재벌 대기업의 프랜차이즈나, 대리점 형태의 종속적 자영업자로 전락하는 추세가 증가하고 있다. 더욱이 프랜차이즈 가맹점에 대한 본사의 불공정 행위도 심각해지면서 종속적 자영업자의 소득 또한 감소하고 있다.

이렇듯 재벌의 독과점과 집중은 국민 경제에 심각한 위험 요소로 자리 잡고 있다.

과거 이윤 주도 성장에 기반한 낙수효과론이 더 이상 유용하지 않은 현실에서, 문재인 정부의 소득 주도 성장을 이루기 위하여 더 많은 일자리를 제공하고 소득 격차를 해소할 수 있는 정책 조합이 필요하다. 이를 위해서는 기존의 재벌 중심의 경제를 개혁하고, 중소기업을 활성화해야 한다.

시장주의 경제를 위협하는 재벌 중심의 경제 모순들을 극복하고 중소기업을 더욱 활성화하는 정책들이 문재인 정부가 추진하는 소득 주도 성장을 이루어 낼 수 있는 기반이 될 것이다.

구분	2014년		2015년		2016년	
	중소기업 지원예산	사업수	중소기업 지원예산	사업수	중소기업 지원예산	사업수
중앙	115,292	229	129,987	246	141,374	265
지자체	21,199	1,103	22,801	1,041	23,295	1,019
전체	136,491	1,332	152,788	1,287	164,669	1,284

(단위 : 억 원 · 개, 출처: 중소기업연구원)

정부의 중소기업 지원 정책

그동안 정부는 중소기업 지원 예산을 연간 3~5%씩 꾸준히 늘려 왔으며 총액 기준으로 연간 약 16조 이상을 중소기업을 위한 정책자금으로 사용해 왔다. 이는 우리나라 전체 예산에서 작지 않은 규모로, OECD 어느 국가와 비교하더라도 상당한 예산을 투입하는 셈이다.

문재인 정부에서도 중소기업 정책을 강화하기 위해 기존의 '중소기업청'을 '중소기업벤처부'로 확대 개편하고, 그동안 중복 운영되던 지원기관(중소기업진흥공단, 산업기술진흥원, 기술보증기금과 신용보증기금, KOTRA, 중소기업연구원)의 업무의 통합을 추진하고 있다.

지금까지 정부의 중소기업 지원 정책 추진 과정에서 나타난 가장 큰 문제는 중복성과 비효율성 그리고 공정성 부족 등이다. 정부와 지자체는 총 1,300여 개 이상의 중소기업 지원 정책을 매년 실행하고 있지만, 부처별로 유사 지원제도가 많아 중복이 심하고 집행하는 과정에서도 효율성과 공정성 문제가 제기되고 있다.

이처럼 유사한 지원제도가 중복됨에도, 실제 현장에서는 중소기업

〈중앙부처와 지자체 기능별 현황〉

구분		금융	기술	인력	수출	내수	창업	경영	기타
중앙	예산 (억원, %)	81,564 (57.7)	25,072 (17.7)	13,685 (9.7)	5,464 (3.9)	637 (0.5)	3,955 (2.8)	9,164 (6.5)	1,834 (1.3)
	사업수(개)	39	95	29	24	8	17	43	10
지자체	예산 (억원, %)	13,412 (57.6)	3,619 (15.5)	527 (2.3)	1,238 (5.3)	913 (3.9)	545 (2.3)	2,255 (9.7)	788 (3.4)
	사업수(개)	102	178	64	128	147	48	292	60

출처: 중소기업연구원(2016년 기준)

입장에서 신청할 만한 프로그램이 없다는 불만이 제기되고 있다. 정작 지원이 필요한 기업에서는 1,300여 개가 넘는 다양한 지원제도를 알기도 어렵고 채택을 위한 절차들이 복잡하고 까다롭기 때문이다.

또한 지원제도가 공급자 중심의 편의에 의해 만들어졌다는 지적이 있다. 수많은 지원제도가 공무원들의 성과나 실적 등을 위해 하나씩 만들어지면서, 지원이 필요한 기업 입장에서는 실제 필요한 정책과 자금을 매칭하기 어렵다는 호소가 이어지고 있다.

지원 대상 기업 선정 시 곧 부도날 기업이나 비윤리적 기업이 선정되는 사례도 있으며, 중복 선정을 피하기 위해 같은 과제지만 주관 기관만 바꿔가며 반복적으로 지원받는 사례도 많다. 대개 지원 대상 기업의 선정을 위원회나 자문 교수들이 평가하다 보니 기업 실무 경험이 없는 자문 교수들의 평가도 신뢰하기 어렵고, 실용화 기술 부분이 취약한 사례도 많으며, 발표 잘하고 보고서 잘 쓰는 기업들만 반복 선정되는 경우도 많다.

일반적으로 정부와 지자체에서 중소기업을 지원하는 정책은 크게 금융지원 정책과 기술개발 지원, 마케팅 및 업무 컨설팅 지원, 보증 및 무역업무 지원 등 여러 가지 형태가 있으나, 여기서는 영향력이 큰 금융지원 정책과 기술개발 지원(정부 과제), 컨설팅 지원 정책에 대해서 살펴보고자 한다.

금융지원 정책

정부나 지자체의 지원 정책 중 대부분이 시설자금이나 운전자금이 필요한 중소기업에 중소기업 진흥기관이나 지자체의 지원기관, 그리고 공공의 펀드를 이용하여 자금을 빌려주는 방식으로 운영된다. 그러나 대부분 정부나 지자체는 자금만 배정하고, 은행이나 금융기관의 신용으로 기업에 필요한 자금을 공급한다.

이러다 보니 자금이 필요한 기업들은 결국 신용이 좋지 않아 지원자금을 쓸 수 없는 반면, 금융기관은 연말 즈음 지원 자금 소진을 위해 추가 지원금이 그다지 필요 없는 기업에게도 자금을 쓰라고 연락을 돌리는 실정이다.

또한 중소기업진흥공단에서 담당하는 시설 자금 역시 지정된 용도와 금액으로 집행해야 하는 문제가 있다. 중간에 가격 변동이 있거나더 좋은 제품이 나오는 경우에도 신청 당시 표기한 제품을 구입해야하는 등 융통성 있게 집행되지 못하고 있다. 현실적으로 대출이 결정되지 않은 상태에서는 공급자에 대한 가격 협상력이 떨어질 수밖에 없어 만족할 만한 수준의 가격으로 설비를 계약하지 못할 수도 있다.

기술개발 지원 정부 과제는 눈먼 돈?

정부의 중소기업 지원 정책 중에는 '정부 과제 사업'이라고 불리는 기술개발 지원 사업이 있다. 정부기관이나 지방자치단체에서 예산이나 펀드를 만들어, 중소기업의 핵심 기술이나 원천기술을 개발하는 데 지원하는 사업이다.

문제는 이들 기술개발 지원 사업은 많은 예산이 투입되는 반면에 효율성과 공정성이 떨어진다는 데 있다. 기술개발 자금을 대가 없이 지급하다 보니 지원 기업의 선정 문제, 과제 중복성 문제 등이 뒤따르고, 발표 잘하고 보고서 잘 쓰는 기업이 선정되기도 하며, 기술이라고 할 수 없는 아이템을 가지고 포장만 잘하면 받는 경우도 많아 눈먼 돈으로 인식되는 실정이다.

물론 정부에서는 현물이나 현금 출자를 유도하고, 상용화 뒤에 5년 간에 걸쳐 기술료를 징수하는 방법으로 효율성을 높이기 위한 조치를 하고 있으나, 여전히 기술개발 사업은 효용성과 윤리적인 문제를 안고 있다.

필자는 주관기관을 바꿔가며 비슷한 과제로 반복해서 정부 과제 지원을 받는 기업들을 많이 보아왔다. 이들은 대부분 선정위원회의 자문 교수들과 관계를 맺고, 중소기업 본연의 업무보다 기술개발 과제에만 관심이 있는 회사들이었다. 어떤 회사는 별다른 수익도 없이 과제 지원금만 가지고 사업체를 운영하기도 한다.

또한 지원금을 제안서에 사전 계획한 자금 용도로만 집행해야 하므로, 실제 기업 입장에서는 그다지 필요 없는 곳에도 굳이 지원금을 사용하는 등 낭비 요소가 많다. 사실 기업 입장에서는 제안 발표 당시에는 선정된다는 보장이 없으므로 기술개발에 대한 명확한 목표도 뚜렷이 수립하지 않은 경우가 많아서, 과제 선정 그 자체만을 위해 비현실적인 목표나 계획을 제안하기도 한다. 그런 기업들이 막상 과제에 선정되면 그 기계나 장비를 살 수도 안 살 수도 없는 난처한 경우에 닥치는 경우도 많으며, 다른 사업에 사용될 장비들을 과제 사업에 사용하겠다고 신청하여 지원받기도 한다.

더욱이 기술개발 과제는 제안 발표, 선정, 사후 관리, 보고서 제출 등 본연의 기술개발 업무보다 과제 관리를 위한 비용도 많이 들어가기 때문에, 정상적인 기업이라면 과제 자체에 응시하지 않으려는 경향도 있다.

또한 과제 업체 선정의 공정성 문제도 있다. 대부분 정부의 기술개발 과제 업체 선정에는 자문 교수들이 가장 큰 힘을 발휘하는데, 이들 주변에는 항상 과제 정보를 필요로 하는 업체들이 들러붙어 있어, 과도한 경쟁과 유착의 요인이 된다.

마케팅 및 업무 컨설팅 지원

중소기업 지원 정책 중에는 마케팅이나 경영 진단, 재무, 혹은 기술 컨설팅을 지원하는 사업이 있다. 그러나 정부지원 사업으로 운영하는 전문 인력들 중 대개는 대학교 강사나 은퇴자, 직장 퇴직자들이 많아 전문성이 떨어지는 실정이다. 물론 정부기관에서는 예산상의 문제로 기업에 실질적으로 도움이 되는 전문 컨설팅 인력을 확보하기가 쉽지 않은 노릇이기는 하다.

기업 입장에서 이러한 컨설팅을 받기 위해서는 많은 준비 자료와 시간이 요구되는데, 컨설팅에 상대적으로 비전문 인력이 투입될 경우 성과보다는 낭비적인 요소를 감수해야 한다. 그러므로 컨설팅 지원 사업은 좀 더 내실 있는 컨설팅 인력을 확보한 후 운영해야 한다.

지원 정책 변경 방향

새 정부의 중소기업 정책은 다음과 같은 방향으로 변경돼야 한다.

정부의 기술개발 지원은 무료 지원보다는 지원 정책 자금이 재투자 되는 벤처펀드 형태의 지원 정책으로 장기간에 걸쳐 변경이 필요하다. 앞으로 기술개발 자금을 지원받은 기업은 반드시 대가를 주식이나 상환 형태로 지불하게 한다면,

중소기업벤처부의 홍종학 장관(출처: 오마이뉴스)

정부 과제를 눈먼 돈으로 인식하는 비윤리적인 기업이나 정부 지원이 꼭 필요하지 않은 기업의 가수요를 억제할 수 있으며, 진짜로 개발 자금이 필요한 중소기업에 지원 자금이 돌아갈 수 있다.

가능한 한 기술개발 자금만 단순 지원하는 정책 사업은 줄이고, 기술 개발 후 반드시 대가를 갚는 형태로 전환하여, 엔젤투자나 벤처투자 형태로 가용 펀드의 재활용성을 높여야 한다. 예를 들어 미국의 페이스북이나 한국의 네이버 같은 기술기업에 정부나 지자체가 초기 엔젤투자를 한 후, 관련 주식 10~20%를 확보하는 방식으로 상환받았다고 가정해 보자. 그러면 이것을 바탕으로 더 많은 초기 중소기업에 투자를 할 수 있는 재무적 여력이 생기게 된다.

기존 공급자 중심의 수많은 배열식 정책을 포괄식 지원제도 몇 개로 단순화하여 수요자 중심으로 변경해야 한다. 그렇게 하면 과거처

럼 자금이 필요한 기업에서, 기업 특성에 맞는 자금이나 정책제도를 찾을 필요 없이 포괄적인 지원 정책에 따라 기업 수요에 맞는 정책을 지원기관과 협의하여 융통성 있게 집행하는 것이 가능하다. 중소기업을 지원하는 일을 하는 정부 입장에서도 유연성 있게 다양한 기업 지원 정책을 만들어 관리하기에, 기존보다 효율적으로 관리할 수 있는 장점이 있다. 기존 정책들은 공무원의 성과나 공정성 논란을 피하기 위하여 지원 정책별로 사전에 용도나 항목들을 미리 정하고, 해당 부분에만 지원하는 배열식 정책 및 제도를 만들었다. 이렇게 제도를 설계하면 공무원들이 상부에 보고하기가 편하고 성과도 과시할 수 있다고 생각해서 이렇게 한 것이 아닌가 싶다.

정부의 보증이나 개발자금 지원 등을 통해 대기업과 협업 관계를 발굴하고 지원하는 사업도 바람직하다. 일반적으로 대기업에서는 중소기업의 영업 지속성에 대한 불안, 언제 기술 인력이 떠날지 모르는 상황 등을 이유로 들며 중소기업에 기술개발을 맡기지 않으려 하거나, 납품을 받더라도 납품 이원화 등을 요구하는 실정이다. 솔직히 중소기업을 믿을 수 없어 일을 못 맡기겠다는 것이다.

대안으로 정부가 미팅과 사전 기술 수요 조사 등을 통해서 대기업에 필요한 기술들을 의뢰받고, 이러한 요구를 개별 중소기업들이 가진 기술 수준이나 형편에 따라 매칭하여 해당 기술개발 자금을 지원하고 대기업 납품 등을 보장하는 것은 어떨까? 궁극적으로 정부가 중소기업의 기술 인력과 인력 채용에 대한 확고한 지원과 보증을 하여 중소기업의 영업 지속성을 보장함과 동시에, 기술이 필요한 대기업과 중소기업을 연결해 안정적인 협업 관계가 가능하게 지원하는 정책이 중소기업의 일자리 증진과 발전을 위해 바람직하다고 생각한다.

중소기업 정책을 업무 특성에 따라 다음의 세 가지 트랙으로 분리해 집행해야 한다.

제조업이나 대기업의 협력업체 역할을 하는 제조업 중심의 B2B기업에게는 시설자금이나 운전자금을 지원하는 금융정책을 중심으로 지원한다. 또한 이들 기업에게는 대기업과의 협업을 정부가 주선하여 더 많은 일자리 창출이 가능하게 한다.

IT 및 지식기반 산업에게는 엔젤투자 혹은 벤처투자와 같은 투자자금을 지원한다. 또한 벤처투자 자금과 함께 기술개발 자금을 지원하면 더 효과적일 것이다. 다만 지원하는 기술개발 자금을 무료로 지원하는 방법은 고칠 필요가 있다.

B2C업체, 사회적 기업에게는 금융지원 정책과 아울러 정부에서 공동 브랜드와 공동 마케팅 등을 지원하고 유기적인 협동 관계를 유지해야 한다. 또한 정부가 직접 나서기보다는 지자체와 협력을 통해 중소기업을 지원하게 해야 한다.

재벌개혁과 동시에 추진

중소기업과 서민이 잘살기 위해서는 재벌개혁과 중소기업 지원 정책이 함께 이루어져야 한다. 필자는 10여 년 전 중소기업으로 이직하기 전까지 재벌의 중소기업 기술착취와 특허도용에 대해 설마 하는 의심을 가지고 있었다. 그러나 지난 10여 년 동안 삼성전자, LG전자 등과 일하면서 납품을 미끼로 기술개발을 시키고 개발된 제품에 대한 기술을 도용하는 것을 직접 경험했다. 또한 특허도 도용당하여 지루한 소송 끝에 쥐꼬리만 한 보상을 받은 경험도 있다. 이러한 중소기업 착취 사례는 협력사와 동반 성장해야 하는 자동차와 중공업 분야보

중소기업 성장 지원 안내도(출처: 중소기업벤처부)

다, 기술의 변화 속도가 큰 전자업계에서 더욱 많이 나타나고 있다.

삼성전자나 LG전자에 PDP TV나 LCD TV를 납품하던 몇몇 중견 디스플레이 업체의 사례를 보자. 재벌기업이 해야 할 생산 시설 투자를 중소기업에 떠넘기고 단기간에 막대한 이익을 얻은 후에는 갑자기 납품을 중단한다. 결국 이 회사들은 부도나거나 중국에 매각된다. 이와 같은 사례는 한두 건이 아니다. 삼성전자와 LG전자가 이득을 보는 동안 이들 기업의 손해는 시설자금을 보증해준 정부기관과 대출을 해준 은행 등이 모두 떠안게 되는 등 재벌기업의 비윤리적인 사례를 많이 보아왔다.

재벌개혁과 별도로, 현재의 중소기업 정책은 중복되고 다양한 배열식 정책에서 포괄적인 정책으로 단순화해야 하고, 무료 지원 정책보다는 재투자되는 투자 정책으로 전환되어야 한다. 그 밖에 중소기업진흥공단의 시설담보 지원자금 정책도 효율적으로 고쳐져야 하며, 단순한 금융지원 정책도 보다 효율적으로 변경되어야 한다.

정부의 용역 수행이나 지자체의 용역 사업도, 형식적인 착수보고 중간보고 사후보고 등의 절차와 보고서, 자문 교수들의 무리한 요구, 중복되는 감리 업무, 공무원들의 보신적인 일 처리 등이 많은 낭비 요소로 작용한다. 민간 기업이 절반 정도의 금액으로 수행할 수 있는 일을 공정성이나 투명성을 이유로 보고서나 감리와 자문 방향에 따르다 보니, 실제 기능 구현보다는 보고와 감리를 위한 용역으로 변질되고 있는 사례도 많은 실정이다.

근본적으로 경제의 변화와 혁신을 위해서는 중소기업 업무도 변화와 혁신이 필요하다. 4차 산업혁명을 위한 IT, 인공지능, 그리고 빅데이터와 블록체인까지 혁신 신기술 업체를 발굴하여 지원하고, 과제 중심의 무료 기술지원 업무 형태를 과감하게 변경해야 한다. 재벌을 개혁하고 기존의 중소기업 지원 정책과 예산을 과감하게 혁신해야 한다. 새 정부의 벤처기업·중소기업 육성정책과 재벌개혁 투 트랙 정책이 성공적으로 실행되어, 양극화도 해결하고 소득 주도 성장이 실현되기를 빌어본다.

17장 아베노믹스와 한국경제에 대한 영향

아베 신조 총리의 출현

아베 신조는 일본의 제90, 96, 97, 98대 총리를 역임하고 있으며 일본의 총리 역사에서 특별한 기록들을 보유하고 있다. 전후 세대 출신의 첫 번째 총리이자 전후 최연소 총리이기도 하다. 2018년 3월 현재 사학재단 스캔들로 지지율이 떨어지고 있기는 하지만, 올해 가을에 총리 재선에 성공한다면 역대 최장수 일본 총리가 될 것이다.

유력한 정치인이었던 할아버지와 외조부, 그리고 외무대신을 하며 총리에 물망에 오르던 아버지 아베 신타로의 배경을 이어받아, 2006년 고이즈미 준이치로의 뒤를 이어 첫 내각 총리대신이 되었다. 그러나 이른바 1차 아베 내각으로 불리는 이때 아베는 정치적으로 미숙한 모습을 많이 보였으며, 건강상의 문제로 1년 만에 사퇴하면서 단명 총리로 남았다.

아베의 퇴임 이후 뒤를 이은 자민당 출신 총리들과 민주당 총리들은 경제적으로는 일본의 장기 불황을 극복하지 못하고 정치적으로도 흔들려 모두 단명 내각으로 끝났다. 아베는 2012년 12월 제46회 일본 중의원 총선거 승리로 정권교체를 이루고, 다시 총리에 복귀한다.

정치 재기에 성공한 아베는 한동안 대중의 인기를 얻으며 고이즈미 준이치로 이후로 불안정하던 일본 내각을 탄탄한 지지율을 바탕으로 안정시키게 된다. 그러나 2018년 들어 아베는 사학재단 국유지 헐값 매각 논란과 이를 감추기 위한 문서조작 의혹으로 지지율이 급락하고 있으며 정권퇴진의 압력까지 받고 있는 실정이다.

그럼에도 아베는 아베노믹스라는 강력한 양적 완화 정책을 실시해, 20여 년째 이어진 일본의 장기 불황을 극복하고 경제를 회복시켰다고 인정받고 있다. 다른 한편 아베는 일본의 군사 재무장과 군비 증강을 추진하며 친서방에 치우친 정책을 추진하고 있다. 미국, 영국, 호주 등 서방 국가 입장을 옹호하며, 상대적으로 러시아, 중국, 북한 등의 반서방 세력 견제에 나서고 있다.

또한 아베는 극우적인 외교정책으로 한국과 중국과의 관계 악화 원인을 제공하는 인물이기도 하다. 최근까지 그는 북한에 대해 강경한 입장을 보이다가 한반도 평화와 북미대화 기조에 편승하여 북일 대화를 모색하고 있기도 하다.

아베노믹스란 무엇인가?

아베노믹스(Abenomics)는 일본 총리 아베 신조가 2012년 총리로 복귀하며 시행한 경제정책으로, 첫 번째가 엔화 고환율 정책과 더불어 무한정 돈을 찍어 통화를 공급하는 양적 완화, 두 번째는 정부 재

장기 불황에 시달려온 일본경제에 활력을 불어넣은 아베 신조 총리(출처: 위키피디아)

정지출 확대, 세 번째는 기업의 장기적 성장을 지원하는 감세로 대표되는 성장 촉진 정책 으로 요약할 수 있다.

아베노믹스는 엔화 고환율 정책으로 기업 경쟁력을 강화시키고 시중에 돈을 풀어 경제를 활성화시킨다는 기존의 공급 위주의 양적 완화에다 성장 전략을 함께 추진하였는데, 이를 양적 질적 완화 정책이라고 한다.

아베는 먼저 통화당국인 일본은행을 통하여 무한정으로 돈을 찍어 내겠다고 선언하였다. 기존의 국채 매입은 물론 시장성 증권까지 매입하며, 양적 완화 효과를 극대화하였다. 또한 당좌예금에도 마이너스 금리를 매겨, 풀려나간 돈이 기업이나 은행에 쌓이지 않고 경제에 순환될 수 있도록 이전과는 다른 유동성 확대 정책을 사용하였다.

아베노믹스의 두 번째 주요 정책은 재정 확대 정책이다. 동일본 대지진 복구와 자연재해 예방을 강화하며, 지방 경제의 활력을 강화하는 총 19.3조 엔 규모의 긴급 공공투자 계획을 수립하고 신속한 집행에 나섰다. 이외에도 일본 정부는 재해예방 강화, 물류 시스템 개선 등에 10년간 200조 엔의 예산을 투입할 계획을 발표하였다.

이러한 재정지출 확대는 이미 심각한 수준인 일본 정부의 재정수지 적자를 더 악화시킬 위험이 있었지만, 20년 넘게 지속되는 장기 불황을 극복하기 위하여 이를 감수하고 재정지출 확대 정책을 장기간 추진하겠다는 강력한 의지의 표현이었다.

마지막 세 번째 정책 수단은 장기 불황으로 이어진 민간 부문의 투자 촉진을 위한 전략이다. 세계 최고 수준인 법인세의 실효세율을 대폭 감소시키는 방향으로 법인세를 개혁하고, 벤처 및 로봇 산업을 육성하며, 서비스 산업을 활성화하고, 여성 및 외국 인력 고용 확대를 포함한 노동시장 개혁을 실시하고, 기업들이 임금 인상 촉진책을 수용하게 하는 것이다.

국가 부채가 많은 일본으로서는 과거에는 양적 완화 정책과 재정확대 정책을 장기간에 걸쳐 사용할 수 없었다. 결과적으로 단기적인 부양책으로는 장기 불황에 빠진 일본경제를 구원할 수 없었다. 또한 과거 일본의 재정확대 정책은 손쉬운 SOC에 대한 투자에 몰려 있어, 장기 불황을 가져온 부동산이나 자산 가격만 올려놓고, 실물 경기를 끌어올리는 데 제한적이었다. SOC에 대한 성급한 투자는 정부나 지방 정부의 재정 적자만 커지게 한다.

그러나 일본은 부동산 버블을 겪은 이후에는 양적 확대 정책이나 SOC에 대한 투자도 장기 불황에 빠진 부동산 가격을 더 이상 상승시키지 못하는 문제에 직면하게 된다. 20년 가까이 정체 상태인 부동산 가격이 올라야 경제가 성장되는데, 아무리 SOC에 대한 투자가 이루어져도 부동산 경기가 좋아지지 않는 것이다. 다음 그래프에서 보듯 일본은 1990년대 초반에서 중반까지 부동산 폭등으로 버블을 겪은 후, 최근까지 부동산 가격이 회복되지 못하고 있다.

과거 실패의 경험에서 교훈을 얻은 아베는 무제한적인 금융 완화 정책과 재정확대 정책을 사용하겠다고 선언하고, 이를 뒷받침할 수 있도록 질적 완화 정책과 성장 촉진 정책을 동시에 사용한 것이다.

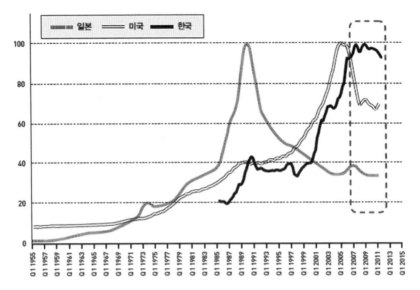

한국: 서울 아파트 가격, 미국: S&P 20대 도시 주택가격지수, 일본: 6대 도시 주거용지 가격

한국과 일본, 미국의 부동산 가격 변화 추이

플라자 합의와 역플라자 합의

앞의 2장에서 IMF 외환위기 논쟁을 다루면서, 일본이 과거 20여 년간 장기 불황을 겪은 원인으로 '플라자 합의'와 '역플라자 합의'에 의한 국제금융 변화에 적응하지 못한 것이 가장 큰 원인이었음을 설명하였다. 위에 그래프에서 보듯이, 일본은 박정희 집권 시기인 1960년대에는 명목 GDP 성장률 14~19%, 그리고 1970년대 말까지도 10% 이상의 고도성장을 이어갔다. 그러나 이러한 고도성장은 버블경제로 이어질 가능성이 크다. 일본은 고성장을 연착륙시켜야 할 필요성이 있는 한편 선진국들의 무역적자 압력에 굴복하여 1985년 9월 미국을 비롯한 선진국들과 이른바 '플라자 합의'를 맺는다. 이 합의는

달러 환율을 내려 엔화 가치를 지속적으로 상승시키겠다는 것이다. 엔화 가치를 상승시켜 기업들의 수출과 무역수지를 조절하고 경기를 연착륙시키겠다는 의지의 표현이었다.

당시 플라자 합의에 의한 달러 대비 엔고 현상이 발생함에도 불구하고 합의 초기에는 일본의 수출은 줄지 않았으며, 엔화 고환율에 따라 더 많은 엔화가 일본으로 들어오기도 하였다. 그러나 플라자 합의 당시 달러 당 240엔에서 1995년 4월 80엔대로 엔화가 3분의 1 수준으로 오르면서 일본경제는 점점 어려워졌다.

일본은 엔고 현상이 지속되자 '엔고 불황'을 극복하기 위해 적극적으로 해외와 아시아에 진출하여야 했다. 임금 등 생산 비용이 싼 아시아를 생산 거점으로 삼아 엔고 불황을 이겨내려 한 것이다.

플라자 합의 초기에는 잘 버티던 수출도 가격 경쟁력이 점점 밀리게 되어 제조업의 일본 열도 탈출 현상이 발생하고, 이런 흐름이 걷잡을 수 없게 되자 일본은 1995년 초 역플라자 합의를 하게 되어 달러가 강세 엔화가 약세로 전세가 역전된다.

역플라자 합의는 순전히 미국의 목적에서 실행되었다. 플라자 합의로 10년 동안 약달러를 지향했던 미국은 예상과는 다르게 무역적자에서 벗어나지 못했다. 이에 미국은 제조업에서 금융산업으로 그 중심축을 바꾸고 기축통화인 달러를 무기로 무역수지 적자를 자본수지 흑자로 메우려 하였다. 미국의 달러 가치가 늘어나면 그만큼 달러로 표시되는 돈의 가치가 올라가고 미국으로 자금 유입이 되기 때문이다. 따라서 역플라자 합의는 엔화 가치 하락을 통한 달러 강세를 유도하기 위한 미국의 목적을 달성하기 위한 것이라 할 수 있다.

역플라자 합의로 달러가 강세를 보이자 미국의 수입 물가는 낮아졌고 소비가 증가하기 시작했다. 미국의 경기가 빠르게 회복됐으며 시장 금리도 동반 상승하는 등 긍정적 결과를 낳았다. 하지만 이는 달러 수요를 더욱 촉발시키는 계기가 되면서 신흥국들로부터 자금 이탈을 유도하는 원인이 됐다.

이때부터 일본 자금의 흐름이 역류하기 시작한다. 외국 투자가들이 동아시아에 묻어뒀던 돈을 달러로 바꿔 이탈하는 과정에서 동남아 금융위기가 발생하고, 일본의 후진적 금융제도가 환율 변화에 적응하지 못하며, 일본도 장기 불황의 터널에 진입하게 된 것이다.

일본 장기 불황과 구조적 원인

필자는 앞의 IMF 외환위기 논쟁에서 동남아 금융위기의 원인이 일본의 생산자본과 미국의 금융자본의 전쟁이었고, 1985년 플라자 합의와 1995년 역플라자 합의에 의한 엔화 환율의 급격한 변동에 일본이 적응하지 못하여 발생한 유동성 문제라고 주장하였다. 결국은 일본의 수출로 벌어들인 생산자본이 파생상품으로 무장한 미국의 금융자본에 패퇴하였기 때문이다. 이 과정에서 일본경제는 장기 불황에 빠지게 되었으며, 수출 호조에 따른 외화 자산의 유입으로 일본 내의 자산 가격이 상승한 것이 장기 불황의 가장 주요한 원인이 된다.

일반적으로 플라자 합의로 엔고가 지속되면 결국은 일본경제에 불황이 오고 결국 디플레이션이 올 것이라는 예상을 하게 되는데, 여기에 대한 일본 정부의 대응이 잘못되었다는 것이다. 일본은 엔고 상태가 되더라도 미국과 달리 금융산업이 발달하지 않아 자본 수지 흑자도 많이 기대할 수 없는 형편이었다. 일본 정부는 예상되는 불황과 디플레이션을 극복하기 위해, 가계와 같은 경제 주체들의 수요를 올리고 정부를 통해 공급을 확대하는 정책을 써야 했다.

그러나 장기 불황 초기에는 수출이 잘되어 국민들의 소득이 올라가더라도 결과적으로 높은 부동산 가격과 자산 가격 상승으로 국민들의 저축률만 높아지고 수요를 끌어올리지는 못했다. 결과적으로 이들을 견인할 만한 수요 증대 정책에 실패한 것이다.

더욱이 일본 정부는 1990년대 장기 불황을 극복하기 위한 경기 부양책과 고령화로 인한 정부 지출 증가, 동남아 금융위기와 2008년 세계금융위기로 인한 금융 구조조정 비용 등으로 정부 부채가 세계 최고 수준인 GDP의 200%가 넘어 공급 측면의 정책인 재정 확대 정책을 지속적으로 쓸 수가 없었다.

민간뿐만 아니라 기업들도 플라자 합의에 의한 급격한 엔고를 방어하느라 수요를 견인하는 데 실패하였다. 또한 일본 정부에서는 수요를 견인하는 데 제한적일 수밖에 없는 SOC를 통한 공급 확대 정책을 실시하였다. 그러나 동남아 금융위기 이후 거품이 꺼진 부동산 경기는 SOC에 대한 투자에도 꿈쩍하지 않고 20년간 장기 불황에 빠진다.

또한 양적 양화 정책은 통화량을 증가시키는 정책인데, 국채 매입 등을 통해 시중에 돈을 풀어야 한다. 일반적으로 양적 완화는 금리가 내려가는 효과를 목적으로 하는데, 일본은 실제 마이너스 금리인 상태라 효과도 별로 없었을 것이다. 양적 완화로 풀린 돈이 과거와 같이 높은 자산 가격 인상을 가져올 우려가 있어 다시 한 번 거품 붕괴와 장기 불황의 원인이 될 수 있기 때문에, 아베 이전의 정부에서는 양적 완화 정책을 지속적으로 사용하지 못한 것이다.

결과적으로, 이전 정부의 양적 완화가 민간의 수요를 견인하지 못하게 되어 일본식 장기 불황을 지속시키는 원인이 되었을 뿐이다.

2000년대 이후의 엔/달러 환율과 원/달러 환율 비교

아베노믹스는 어떻게 성공하였나?

아베노믹스에 입각한 강력한 엔저 정책과 과감한 통화 완화정책 등에 힘입어, 일본경제의 장기불황 핵심 과제인 엔고 극복을 성공적으로 완성하게 되었다. 과거 플라자 합의와 역플라자 합의 등으로 선진국에 끌려 다니기만 한 일본 정부가 이제 중심을 잡고 한 방향으로 나아가기 시작한 것이다.

사실 엔고 문제는 1985년 플라자 합의로 10여 년간 지속되며 일본의 외화 유출을 가져왔고, 1995년 역플라자 합의로 급격하게 엔저로 전환되는 과정에서 1997년 동남아 외환위기가 발생하였다. 그러나 외환위기를 수습하며 다시 일본 내에 유입된 외화가 또다시 엔고 상태를 만들게 된다.

이러한 엔고 현상이 일본의 장기 불황을 가져오는 한 요인이 되었다. 달러 대비 엔화는 아베노믹스가 도입되며 크게 하락한다. 최근 통계를 보면, 역사적 최고치 기준 40% 내지 45% 정도 수준에서 엔화가 움직이고 있다. 일본 수출 기업의 가격 경쟁력이 그만큼 커진 것이다.

또한 아베노믹스를 보다 효과적으로 만들어준 것은 세계 최고 수준이었던 실효 법인세율을 인하한 것이다. 아베는 실효 법인세율을 20%대로 낮춤으로써 기업의 생산 활동을 활발하게 하였다.

아베노믹스의 영향으로 일본 기업들은 2015년 이래 매년 사상 최대 수준의 경상이익율(경상이익/매출액)을 갱신하고 있다. 한편 임금 상승은 제한적이지만 고용에서도 크게 개선되는 모습을 보이고 있다. 특히 유효구인배율(취업 구인수/취업 지원인수)이 2012년 0.8에서 2016년에는 1.48배 수준에 도달하고 있으며 실업률은 4.3%에서 3.4%로 크게 하락하였다.

엔화 가치 하락과 더불어 일본 정부는 고부가가치 산업인 관광산업 활성화를 위해 입국 규제완화, 면세 확대 등의 조치를 과감하게 취하였다. 이에 따라 최근 입국 관광객 수와 그들의 총 지출은 크게 늘어났으며 이는 최근의 일본경제 활성화에 적지 않은 기여를 하고 있다.

한편 일본의 소비자물가 상승률은 2016년까지 4년 연속 플러스를 나타내고 있어 일본경제는 아베노믹스가 시행되기 전에 보였던 디플레이션을 염려하는 상황에서 벗어나게 되었다.

이와 같이 아베노믹스가 성공한 배경으로는 강력한 의회와 내각의 힘으로 이전 정부에서 찔끔찔끔 사용하던 양적 완화와 재정확대 정책을 과감하게 지속적으로 추진할 것임을 표방하고 엔고 문제를 해결한 것을 가장 크게 꼽을 수 있다. 또한 기업의 법인세 실효세율을 낮추고 노동시장을 개혁하는 등 기업의 성장 촉진 정책을 뒷받침한 것이 아베노믹스를 더욱 효과적으로 만들었다.

아베노믹스에 대한 우려

아베 정부의 과감한 양적 완화와 초저금리는 주가와 부동산 가격 상승을 유발하여 소비 회복에 기여하였다. 아베 정부는 직접적으로 민간 소비 확대를 유도하기 위해 포괄적 증여세 도입 등을 통한 세제 개편에도 나서고 있다.

그러나 이러한 효과와 정부 노력에도 불구하고 일본의 전체 민간 소비 수준은 여전히 부진하다. 재정 확대를 위해 2014년 4월 단행된 소비세율 3% 포인트 인상도 소비 부진의 한 요인이고, 빠르게 진행되는 인구 고령화도 소비 부진의 주요 요인으로 작용하고 있다.

아베노믹스 시행 후 뚜렷한 개선을 보이지 않는 설비투자, 외국인 직접투자 부문 등도 여전히 부진한 상태에서 벗어나지 못하고 있다. 이는 일본경제 회복에 대한 관련 경제 주체의 기대 심리가 아직은 견고하지 않다는 것을 시사한다. 다음 표에 나타난 세계은행의 세계경제 전망치를 보더라도 일본경제의 성장률이 과거보다는 높지만, 미국이나 다른 선진국보다는 낮은 수준임을 알 수 있다.

아베노믹스의 가장 큰 문제는 재정 적자의 증가 추세가 계속되고 있다는 것이다. 앞으로도 아베가 공약한 노동시장 유연성 제고를 위한 구조조정 비용과 서비스 산업 활성화를 위한 정부의 지출이 확대되어야 하며, FTA 협정 체결 상황에 따라서 손해를 보는 단체나 계층

세계은행의 세계경제 전망치(2018년 1월)

	2016	2017	2018	2019	2020	2018(전망치 비교)		
						'17.6월 (A)	'18.1월 (B)	조정 폭 (B-A)
■ 세 계 (PPP환율 기준)	2.4 (3.2)	3.0 (3.7)	3.1 (3.7)	3.0 (3.7)	2.9 (3.7)	2.9 (3.6)	3.1 (3.7)	+0.2 (+0.1)
■ 선진국	1.6	2.3	2.2	1.9	1.7	1.8	2.2	+0.4
-미국	1.5	2.3	2.5	2.2	2.0	2.2	2.5	+0.3
-유로 지역	1.8	2.4	2.1	1.7	1.5	1.5	2.1	+0.6
-일본	0.9	1.7	1.3	0.8	0.5	1.0	1.3	+0.3
■ 신흥국	3.7	4.3	4.5	4.7	4.7	4.5	4.5	0.0
-원자재 수출국	0.8	1.8	2.7	3.1	3.1	2.7	2.7	0.0
-원자재 수입국	5.9	6.0	5.7	5.7	5.7	5.7	5.7	0.0

(단위: % · %P, 경제성장률=시장 환율 기준)

을 지원하기 위한 정부 예산도 필요할 것이다.

또한 아베노믹스의 환율 정책과 양적 완화 정책을 집행하는 과정에서 부정적인 효과도 적지 않았다. 특히 엔저 정책으로 수출하는 대기업과 중소기업과는 달리, 중간재 등을 수입하는 중소기업들과 실제로 소득이 내려간 저소득층과 비정규직과 같은 취약 부문에 대해서는 일본 정부의 정책이 더 불리하게 작용하였다.

따라서 아베 정권의 과감한 정책은 일본경제의 회복이라는 순기능과 함께 불균형 심화라는 역기능도 초래하였다고 할 수 있다.

아베노믹스에 대한 기대와 전망

아베노믹스에 대한 일부 우려에도 불구하고, 일본은 20년 장기 불황에서 벗어나고 디플레이션 우려에서도 벗어나는 모습이다. 특히 그동안 장기 불황에 움츠렸던 기업들이 기지개를 켜고 있으며, 고용을 늘리기 시작하였다. 실업률이 최근 20여 년간 최저이고, 기업들은 청년 구인난까지 겪고 있다.

그러나 아베노믹스가 지속적인 효과를 내기 위해서는 대외 수출과 안정적인 국내 수요가 함께 성장의 견인차 역할을 해야 한다. 일단 미국에서 트럼프 정부도 일본과 같은 양적 완화와 재정 지출을 확대하고 있다. 미국 트럼프 정부에 일부 보호무역 기조가 있기는 하지만, 글로벌 경기도 우호적이다. 엔저 환경을 바탕으로 회복하기 시작한 아베노믹스가 미국과 신흥국 등 글로벌 경기 회복 조짐과 맞물리면서 상승 작용을 내기 시작한 것이다.

하지만 일본경제가 본격적인 회복기에 들기 위해서는, 과거의 디플레이션에서 완전히 벗어나고 반대로 인플레이션이 병행되어야 한다. 실제로 일본은 엔저 현상으로 수입 비용이 늘었지만, 기업이 소비자에게 전가하지 않고 있기에 일본은행과 정부가 목표로 하는 물가상승률 2~3% 달성을 이루지 못하고 있다.

일반적으로 양적 완화 정책은 인플레이션을 유발한다. 아베 정부가 지속적인 재정 확대 정책을 사용할 수 있는 것도, 양적 완화에 의해 인플레이션이 일어나게 되면 일본 정부의 국가 부채가 그만큼 상쇄되기 때문에 가능한 것이다.

다행히 2018년 물가 상승률은 다음 그래프에서 보듯이 2017년의 우려와는 달리 점점 상승하고 있는 추세이기에, 과거와 같은 디플레이션의 우려를 불식시키고 있다.

많은 언론과 경제학자들은 이전 정부와 달리 장기적인 관점에서 일관되게 추진한 아베노믹스가 비로소 결실을 맺고 있다며, 앞으로도 아베노믹스가 흔들림 없이 추진되기를 기대한다. 이런 힘에 기대어, 최근의 사학비리에도 불구하고 아베 정권은 장기 집권을 유지할 것으

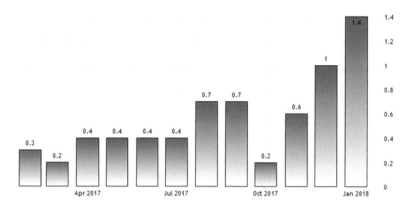

일본의 최근 물가 상승률

로 보인다.

한편 아베노믹스가 일본경제 회생에 상당한 기여를 한 것은 사실이
지만, 여전히 적지 않은 과제가 남아 있다. 65세 이상 고령자가 약
27%에 달해 사회보장비 부담이 눈덩이처럼 불어나고 있고, 이로 인해
GDP 성장의 열쇠를 쥐고 있는 소비 규모가 점점 축소되고 있는 것은
넘어야 할 과제이다. 또한 근본적으로 아베노믹스는 엔화 약세, 재정
확대 등 외부 또는 일시적인 요인이 성장을 견인하고 있기 때문에 언
제까지 계속될지 의문이라는 의견도 있다.

아베노믹스가 성장 촉진 정책으로 이 갭을 메우려 하지만, 근본적
으로 노령화에 의해 생산 가능 인구가 점점 감소하는 일본이 아무리
노동시장의 구조개혁을 한다 해도 한계가 있다는 것이다.

일본이 성장기반을 다시 정비하고 실질적으로 강화하기 위해서는
노동시장 개혁과 경제 불균형 완화 등과 같은 주요 구조조정 과제도
숙제이다.

그동안의 아베노믹스 효과를 종합해보면, 일본은 20년 이상의 장기 침체와 디플레이션 상황에서 탈출하고 있으며, 나아가 어느 정도 본격적인 경기 회복의 전기 마련에 성공하였다. 반면 아베노믹스에는 일본경제의 불균형 확대, 재정 건전성 저하 등과 같은 부담스러운 정책 비용도 존재하고 있다.

문재인 정부에 대한 기대

한국경제는 여러모로 일본경제와 닮았다. 대외무역에 의존한 경제 구조도 같고, 초고령화 사회문제도 같은 과정을 겪는 중이다. SOC 투자에 의한 부동산과 자산가격 상승 과정도 비슷하지만, 일본은 부동산의 거품이 꺼져 일찍이 장기불황을 겪었다. 그러나 우리나라는 부동산 거품이 꺼지기보다는 아직도 상승 중에 있다고 할 수 있다(261쪽의 미국과 일본, 한국의 부동산 가격 추이 비교 참조).

과거 우리나라를 호두까기 기계에 낀 호두처럼 비교하던 외신들도, 한국경제의 성장과 안정에 대해서는 인정하는 분위기이다. 과거 일본에 대해 종속적이었던 관계들도 많이 개선되었다. 대일 무역적자는 2010년 361억불에 달하던 것이 2016년에는 231억불로 줄었다가 2017년에는 283억불로 조금 늘었다.

현재 한국경제는 일본보다 중국의 영향을 더 많이 받는다. 한국이 매년 중국과의 관계에서 얻는 무역흑자 규모는 2013년 628억불이었지만 2016년에는 375억불로 줄었다. 현재로서는 중국에서 돈을 벌어 일본에 지불하는 형편이다. 대일 무역적자는 소재부품이 전체의 50~60%를 차지하고, 대중 무역흑자는 반도체와 디스플레이 제품이 80% 이상을 차지한다. 일본의 영향이 줄었다고 하더라도 아직도 일본

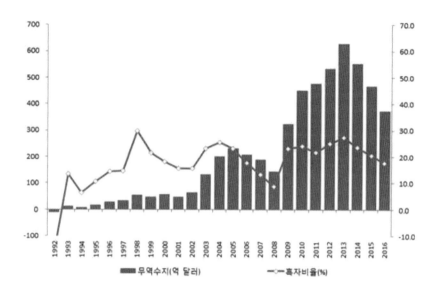

대중무역 적자 규모와 중국 무역이 차지하는 무역흑자 비율

은 우리나라가 최대 무역적자를 기록하는 나라이며, 중국과 미국에
무역흑자를 가능하게 하는 중요 소재부품을 수입하는 나라이다.

지금까지 일본경제는 우리나라의 롤 모델이었다. 우리나라도 지금
의 경제 추세가 계속 이어지면 일본처럼 저성장과 디플레이션 압력에
처할지도 모른다. 노령화와 일자리 문제로 양적 완화와 재정 확대 같
은 공급 측면의 정책만 지속적으로 사용하다가는 일본처럼 정부 부채
만 커지고, 장기 불황에 돌입할 염려도 있다.

문재인 정부가 추진하는 소득 주도 성장 정책은 수요 측면의 정책
이다. 우리나라는 아직 일본처럼 디플레이션 염려는 덜한 편이며, 부
동산은 일본과 달리 아직 거품이 꺼지지 않았다. 과거 장기 불황 시기
전의 일본처럼 소득 증가가 부동산이나 자산 가격 상승으로 이어진다

면, 우리나라의 성장 동력을 감소시키고 장기 불황으로 빠지게 할 수도 있다. 이것이 우리 경제와 일본경제의 다른 점이다.

문재인 정부에서도 일본 아베노믹스의 교훈을 반면교사 삼아, 공급 측면의 성장 정책과 함께 수요 측면의 성장 정책을 함께 추진하여야 한다. 문재인 정부의 소득 주도 성장 정책이 수요 측면의 정책이며, 국가 재정 확대와 함께 공급 측면의 성장 정책이 함께 어우러지는 정책인 것이다.

양적 완화 정책은 자칫 부동산과 자산 가격의 상승을 초래하여 소득 증가가 부동산 가격만 올리고 소비 진작으로 이어지지 않을 위험성이 존재한다. 일본과 같은 장기 불황을 겪지 않기 위하여 강력한 부동산 억제 정책이 필요하며, 정부의 시기적절하고 현명한 대처가 필요하다고 하겠다. 아직은 순항하는 듯이 보이는 아베노믹스의 성과를 넘어 문재인 정부의 경제 성공을 기원한다.

18장 포스코, 신화와 몰락에서 얻는 교훈

포스코의 위상과 현실

포스코는 철강을 주산업으로 하는 대표 기업으로 2018년 현재 대한민국 시가총액 5위 기업이며, 자산 규모는 약 70조 원에 이른다. 포스코의 전신은 1968년 설립된 포항종합제철주식회사다. 2002년 공식 회사 명칭을 포스코로 변경하였다. IMF 외환위기 이후 민영화를 위해 전 국민을 대상으로 주식을 발행하였고, 2000년 완전 민영화가 이루어졌다. 현재는 포스코와 그 계열사 70여 개가 한 기업집단으로 지정되어 운영되고 있다.

그런데 포스코는 우리나라의 흔한 재벌그룹들과는 달리 전문 경영인이 운영하는 대기업집단이며, 상대적으로 다른 재벌기업보다 지배구조가 우수한 기업이다.

포스코가 우리 국민에게 갖는 의미는 크다. 포스코가 위치한 포항

포스코 포항 공장의 전경(출처: 포스코 홈페이지)

은 1960~70년대 근대화로 상징되던 박정희 경제 신화의 진원지이며, 이명박 전 대통령의 고향이기도 하다. 더욱이 포항은 한국 근대화의 대표 도시이며, 한때는 제철소의 굴뚝의 연기와 용광로의 열기로 대한민국 경제를 들끓게 하는 대표적인 근대화 상징 도시였다.

그러나 아이러니하게도 2010년 세계 1위 제철소였던 포스코가 이명박 전 대통령 집권 이후 잘못된 자원개발 투자와 부실기업 인수의 여파로 급격하게 경영이 악화되었다. 포스코는 2018년 현재 세계 5위의 제철소로 그 위상이 내려갔다. 세계의 다른 경쟁 회사들이 철강업 불황을 극복하기 위하여 사업 다각화와 인수합병으로 몸집을 키워 갈 때, 포스코는 업종과는 상관없는 분야의 회사 인수와 수상한 자원개발 거래로 14조나 되는 현금성 자산을 낭비하고 회사를 힘들게 하였다는 비판을 받고 있다.

포항제철소 건설 초기의 비화

우리나라 최초의 제철소는 1918년 일제가 황해도에 세운 김이포제 철소라고 한다. 그 후 청진제철소 등 여러 개의 군소 제철공장들이 건설되었지만, 해방 후 제철 관련 주요 시설들은 대부분 북한에 있었고, 그나마 남쪽에 있던 시설들은 6.25 때 모두 파괴되어 버렸다.

남한에는 당시 인천제철과 같은 선철을 처리하는 제강회사만 있었고 철광석을 직접 가공하는 제선 공정이 가능한 제철소는 사실상 전무한 실정이었다. 한국전쟁 후 전후 복구 사업으로 인해 철강재 수요가 급증하자 이승만 정부는 종합제철소 건설을 위한 여러 계획들을 세웠지만 재원과 기술 부족으로 번번이 실패하였다. 4.19 혁명 후 집권한 장면 정부에서도 종합제철소 건설 계획을 세웠지만 5.16 쿠데타로 계획을 이어가지 못했다.

제철소 건설이 구체화된 것은 박정희 대통령 시대에 경제기획원이 출범하고 '종합제철소 건설계획안'이 만들어진 1965년부터였다. 박정희 대통령이 주장하는 수출 중심의 중화학 공업 육성을 위해서는 양질의 철강제품을 생산하는 일관 제철소 건설이 선행되어야 했기 때문이다.

경제기획원의 계획은 원래 100만 톤 건설 규모를 50만 톤씩 나누어 건설하는 방안이었으나, 관건은 자금 조달이었다. 당시 우리나라는 제철 부문에 뚜렷한 기술도 없었으며, 제철산업 전망도 불투명하였다. 냉전시대에 못 사는 나라가 결국 공산화되더라는 교훈으로 한국에 많은 경제 원조를 제공하던 미국의 도움과 우리 손으로 만든 제철소를 갖겠다는 박정희 정부의 노력에 힘입어, 1966년 12월 6일 미국의 제철설비 회사인 코퍼스사를 중심으로 독일과 유럽 5개국 8개

관련 회사들이 참여한 'KISA(Korea International Steel Associates, 대한 국제제철 차관단)'가 발족하였다.

그런데 이 회사들은 한국에 제철소 건립을 위한 차관을 주선해주는 대신 종합제철 건설에 필요한 설비를 한국에 판매하겠다는 상업적 이해를 전제로 구성된 조직이다 보니, 참여 회사들 간에 의견이 엇갈리는 등 출발부터 삐걱거리는 모습을 보였다.

한편 이와 별도로 회사 창립 전인 1967년 10월 3일 포항시 교외 영일군 대송면에서 포항종합제철 기공식이 거행되었다. 황량한 모래벌판을 세계 굴지의 제철공업단지로 탈바꿈시키는 '영일만 드라마'의 서막이 올랐던 것이다. 기공식이 진행되고 5개월 후인 1968년 3월 20일 포항제철은 창립총회를 열고 재무부와 대한중석이 각각 3억 원과 1억 원을 자본금으로 출자, 상법상의 주식회사로 공식 출범했다.

수포로 돌아간 KISA 차관도입 계획과 대일청구권 자금의 전용

회사 창립 후 제철소 부지 232만 평에 대한 매수가 마무리되고 본격적인 부지조성 작업에 착수했지만, 계획했던 차관이 확보되지 않아 제철소 건설이 어렵게 되었다. 기대와는 달리 미국의 소극적 태도 때문에 외자조달에 난항을 겪게 된 것이다. 미국은 KISA에 참여한 민간기업의 말만 듣고 한국의 제철소 건설계획에 대해 경제적 타당성이 없다며 난색을 표했다. 당시 박정희 대통령이 공사 현장을 찾아 "이거 어디 되겠는가?"라며 우려의 뜻을 표한 것도 이런 상황 때문이었다고 한다(「영일만 신화 - 박태준과 포항제철」, 『조선비즈』, 2011.12.14 기사 참조).

박정희 대통령의 우려와 달리, 포항제철소 건설을 위한 부지조성

작업은 박태준 사장에 의해 밤낮 없이 진행되었다. 그러나 1969년 3월 차관 제공을 위해 한국에 온 IBRD 조사단은 한국의 제철소 건설에 대해 극히 부정적인 내용의 보고서를 냈다. "한국경제의 외채 상환 능력과 산업구조 등을 감안할 때 일관제철소 건설은 타당성이 없고 시기상조"라는 게 주요 내용이었다. 제철소 건설보다는 미국이나 일본으로부터 철강재를 수입해서 쓰는 것이 더 타당하다는 주장이었다.

국제기구의 이 같은 부정적 보고서로 외자 조달은 더욱 어려워졌고, 마지막으로 박태준이 손을 벌린 곳은 그동안 박정희 정부가 어디에 썼는지 모를 대일청구권 자금(배상금) 중 당시까지 쓰고 남았다는 8천만 달러였다.

본래 일본은 자금을 제공하면서 8천만 달러의 사용처를 황폐해진 농어촌을 살리기 위한 자금으로 용도를 명시하였으나, 박태준은 일본 내각을 집요하게 설득한 끝에 결국 지원 결정을 얻어낼 수 있었다. 정부는 이후에도 대일청구권 자금 중 일부와 총 2205억 원을 출자하여 1973년 7월 3일 조강 기준 연간 100만 톤 규모의 역사적인 포항종합제철의 준공식을 거행하였다.

포항종합제철은 박정희 정권이 추진한 중화학공업 육성의 상징적 존재였다. 당시 정부와 박태준 회장에게 한일기본조약 배상금을 전용하는 문제는 조국 근대화를 위해 어쩔 수 없다는 인식이었겠지만, 후세와 역사 앞에는 부끄러운 일이라고 하지 않을 수 없다.

대일청구권 자금 전용의 위법성

1965년 박정희 정권에 의해서 만들어진 한일기본조약은 한국 정부와 일본 정부 사이에 과거 일본의 침략 행위로 발생한 한국에 대한 모

포항제철 1기 착공 버튼을 누르는 박태준 회장과 박정희 대통령

든 법적 배상과 보상 책임을 완전히 끝맺게 한 조약이다. 이 조약으로 인해 수십만 명의 강제징용 노동자나 위안부와 같은 일제강점기 피해자들이 직접 배상을 청구하거나 정부나 민간이 대신 배상을 청구할 수 없게 되었다.

무상 공여 3억 달러, 장기 저리의 차관 2억 달러, 이외의 민간 상업 차관 1억 달러까지 합한다면 모두 합해서 6억 달러지만, 차관은 이자까지 지불하며 갚아야 할 돈이고 무상 3억 달러는 36년간 연인원 수천만 명이 강제 징용당하고 위안부로 고초당한 대가치고는 한없이 적은 돈이었다. 1955년 필리핀이 8억 달러(무상 5.5억 달러, 차관 2.5억 달러)의 배상금에 합의했는데, 일본의 필리핀 침략 기간은 3년이다. 일본은 36년 강점기간 동안 매해 우리나라 농촌의 곡식을 수탈해 가고, 전쟁 시에는 농촌의 놋그릇이나 솥단지까지 수탈해 갔다(「서중석의 '현대사 이야기' 한일협정 아홉 번째 마당」,『프레시안』, 2014.10. 29일 기사 참조).

또한 이 조약을 맺으면서 일본과 가장 많이 대립한 것은 지급 방법이었다고 한다. 일본은 개별 피해자들에게 직접 배상금을 지급하는 식으로 배상 절차를 진행하기를 원했다. 그러나 박정희 정권은 처음부터 개인에게 배상금을 지급하려는 생각은 없이, 지급에 대한 전권을 한국 정부가 가져갔다.

결국 일본은 3억 달러의 무상 공여자금은 피해자에게 지급하고, 차관은 경제발전과 일본 식민지 정책으로 피해가 가장 큰 농어촌의 발전을 위해 사용하는 한에서 한국 정부에 지급에 대한 전권을 준다고 합의하였으나, 박정희 정권이 개인 피해자에게 지급했던 돈은 전체의 10분의 1도 되지 않는 미미한 금액이고, 결국 피해자에게 지급할 돈이나 농어촌의 발전을 위해 써야 할 돈을 포항제철 건설과 조국 근대화 명목으로 산업화를 추진하는 재벌들을 위해 사용하게 된다.

포항제철은 이런 대일청구권 배상금을 기반으로 1970년도부터 본격적인 건설에 들어간다. 이후 포스코가 크게 성공한 2000년대 이후 일제 당시 피해자들이 포스코에 배상 책임을 요구하는 소송을 벌이기도 했으나, 보수적인 판사들로 인해 만족스러운 소송 결과를 얻지 못했다.

포스코와 신일본제철의 관계

애초에 포항제철은 건설 당시 미국의 코퍼스사를 중심으로 유럽 다국적 기업들의 설비를 들여와 지을 예정이었으나, 미국과 유럽의 차관이 틀어지며 일본으로 선회하여 신일본제철과 관계를 맺게 된다.

박태준 회장이 이나야마 신일본제철 회장과 이야기를 나누고 있다.(출처: 포스코)

신일본제철은 1970년 야하타제철(八幡製鐵)과 후지제철(富士製鐵)
이 합병해 탄생하였다. 고도성장하던 당시 일본경제에 대응하기 위하
여 합병과 동시에 기존 고로와 설비를 최신식으로 변경하고 쓸모없어
진 설비를 수출했다고 한다.

구형 고로 등의 설비를 포항제철에 수출한 신일본제철은 설립 초기
포항제철소를 건설할 때부터 각종 기술을 전수하는 등 밀접한 관계를
맺어왔다. 광양제철소를 세운 후 무섭게 성장한 포항제철은 2000년
대 초반 신일본제철과 세계 1위 자리를 두고 경쟁하기도 했다. 하지만
새롭게 떠오르는 유럽, 인도, 중국 철강업체들의 공세에 맞서기 위해
한국과 일본의 두 업체는 계속 협력관계를 유지하게 된다.

결국, 포스코와 신일본제철은 2000년 8월 전략적 제휴를 결정하면서 주식을 교환하기도 한다. 신일본제철이 2012년 스미토모금속공업을 합병하면서 사명을 신일철주금으로 바꾼 뒤에도 포스코와 협력 관계는 유지되었다.

포항제철의 본격적인 성장과 광양제철소 건설

포항제철소는 설립 초기 국내 기술도 없고 수요도 많지 않아 채산성이 없었기 때문에 공장이 부분적으로 건설될 수밖에 없었다. 공장 건설은 1983년 4기 공사가 완공될 때까지 총 13년에 걸쳐 진행되었다. 용광로에서 첫 쇳물이 쏟아진 것은 1973년이다.

사실 포항제철의 신화와 기술은 대한민국 온 국민이 만들어준 것이다. 회사 설립 초기에 질 나쁜 철 관련 제품을 대한민국 국민이 수십 년간 사용했기 때문이라는 분석도 있다. 과거 자동차 산업에서는 수출용 자동차에 대해서는 포철의 강판이 아니라 외국에서 수입한 강판을 사용해야 했던 적이 있었으며, 당시 국내 자동차용으로만 포철의 강판이 사용되기도 하였다.

이런 영향으로 1990년대 중반까지 자동차의 강판은 수출용, 국내용으로 구분되어 사용되었다. 자동차 회사에서는 미국의 안전기준이 달라 수출용 자동차에는 더 두꺼운 강판을 사용할 수밖에 없으며, 실제 자동차 충돌 시 얇은 강판을 쓰는 국내 자동차가 충격 흡수를 잘해 더 안전하다는 변명도 늘어놓았다.

조선업이나 중공업도 같은 상황이었다. 설립 초기에는 포항제철의 강판을 쓰면 배 가격을 제대로 받지 못한 적도 있었고, 포항제철의 철강 재료가 자동차와 중공업 산업의 기술 발전을 저해한다는 지적도 있었다. 그러나 포항제철은 박태준 회장과 직원들의 불굴의 노력으로

광양제철소 전경(출처: 포스코 홈페이지)

질적인 면에서도 선진 제철회사만큼 우수한 제품을 만들어 2010년에
는 드디어 조강 생산 능력 분야의 세계 1위 회사로 거듭나게 되었다.

　포항제철이 설립 초기의 불안정을 극복하고 본격적으로 성장하게
된 계기는, 전두환 정권 시절 3저 호황을 맞이하여 경제가 비약적으로
발전하게 되면서부터이다. 이때부터 포항제철도 본격적으로 채산성
을 맞추고 본격 성장하게 되는데, 조선업과 자동차 산업이 포철의 성
장에 효자 노릇을 하게 된다. 1983년 제4기 공사가 완공되면서 포항
제철은 규모 면에서도 경제성을 갖추고 본격 발전하게 되었다.

　이후 포항에서는 확장이 불가능하여 제2제철소 건설 계획을 세운
다. 이때 인천제철을 소유한 현대와 경쟁을 하는데, 결국 전두환 정권
은 포항제철의 손을 들어준다. 1985년 3월 광양제철소 1기 설비를 착
공하고 1987년 5월 광양제철소를 준공하였다.

포철은 늘어나는 국내 철강 수요를 충족시키기 위해 1988년 7월 광양 2기 설비를, 1990년 12월 광양 3기 설비를, 1992년 10월 광양 4기 설비를 준공하였다. 1992년 종합 준공된 광양제철소는 세계 최고 수준의 기술력과 첨단 설비를 갖추어 단위 제철소로는 세계 1위인 최대 규모의 제철소가 되었으며, 이후 조강 증산 활동을 통해 광양제철소만 연간 1800만 톤 이상의 강철을 생산, 우리나라 경제 성장의 견인차 역할을 하고 있다. 광양 제철소는 대지 넓이가 무려 2,080만㎡(630만 평)로 세계 최대 규모의 제철소이며 대한민국 기업이 운영하고 있는 생산 공장 중 단일부지로는 제일 넓다.

철강왕 박태준의 리더십과 청렴성

오늘날의 포스코가 있기까지는 고(故) 박태준 회장의 힘이 컸다. 박태준 회장의 호는 청암(靑巖)이다. 일본 와세다 대학에 입학하였으나 해방 후 귀국하여 육군사관학교에서 박정희를 만났고, 국방부의 요직과 일선 연대장 등을 거쳤다. 1961년 5.16 군사쿠데타 이후 국가재건최고회의가 설치되자 박태준은 의장인 박정희 대통령의 비서실장에 임명되었으며, 이후 소장 진급과 동시에 퇴역함으로써 군인의 길을 마치게 된다.

박태준 회장은 군인 시절부터 청렴하고 강직하기로 유명했다. 해방 전 와세다 대학을 다녔고 전역 후에 다시 일반 대학에 입학한 것에서 보듯이 당시 군인들과는 달리 학자적인 면모도 있었다. 그는 포항제철의 설립부터 불굴의 의지로 기술도 없고 낙후된 한국의 철강산업을 일으켰다. 물론 역사적으로는 비굴한 한일협상의 주역이었고, 배상금을 희생자에 지급하지 않고 포항제철 건설에 유용한 일은 비판받아

마땅하다. 그렇지만 영일만 허허벌판에 개발도상국으로는 감히 꿈꾸지 못할 일관제철소를 성공적으로 건설 운영한 것은 박태준 회장이 아니었으면 불가능했을지도 모른다.

더욱이 박태준 회장이 다른 이들과 구별되는 점은 박정희 대통령과는 다른 청렴함이다. 박태준 회장은 포항제철주식회사를 전문경영인에 맡기고 주식을 한 주도 소유하지 않았다. 명예회장 재직 시에는 월급을 한 푼도 받지 않았다. 아현동의 낡은 집 한 채도 죽기 전 사회에 기부하였고 노령에는 딸에게 용돈을 받아 생활할 정도로 청렴하였기에, 주식을 특정 개인이나 국가에 편중시키지 않고 소유 분산하여 포스코를 국민 기업으로 만들었다.

경제인이자 정치인으로 잘나가던 박태준 회장은 1992년 김영삼 정부가 들어서며 위기에 빠진다. 당시 정부 여당에서는 3당 합당으로 대통령 후보가 된 김영삼 대신 박정희의 후광을 받은 박태준 회장을 옹호하는 분위기가 있었다. 결국 당시 박태준 회장(신한국당 의원)은 김영삼 후보와의 불화로 1992년 대통령 선거에 앞서 국회의원직을 사퇴하고 김영삼 후보를 돕겠다고 하였으나, 김영삼 대통령은 당선 후 세무조사로 포항제철을 압박하였다. 박태준 회장은 정부의 압박으로 포항제철을 떠나 일본에 체류하게 된다.

박태준 이후의 포스코

김영삼 대통령 집권 초는 1980년대부터 이어진 3저 호황에 힘입은 한국경제의 고도성장기다. 3저 호황을 등에 업고 조선과 중공업이 비약적인 발전을 이루던 시기여서 포철 또한 고도성장을 이어갔다. 외형적 성장에 취한 정부는 OECD 가입을 서둘러 경제적 체질을 개선할 기회를 놓치고 결국 IMF 외환위기를 불러오게 되었다.

〈역대 포스코 회장과 재임기간〉

이름	임기
박태준	1968년 4월 ~ 1992년 10월
황경로	1992년 10월 ~ 1993년 3월
정명식	1993년 3월 ~ 1994년 3월
김만제	1994년 3월 ~ 1998년 3월
유상부	1998년 3월 ~ 2003년 3월
이구택	2003년 3월 ~ 2009년 1월
정준양	2009년 1월 ~ 2014년 3월
권오준	2014년 3월 ~ 2018년 4월

포철을 떠난 박태준 회장은 1997년, 당시 자민련 김종필의 권유로 재보선을 동해 정계에 복귀하였다. DJP연합으로 정권교체를 이룬 김대중 대통령은 IMF 외환위기를 잘 극복하였고, 박태준 또한 이후 총리에까지 오르며 포항제철도 다시 안정되었다. 포항제철은 뉴욕과 런던 증시에 상장되는 등 기업의 가치를 더욱 높이게 된다.

외환위기 직후인 2000년 포항제철은 정부 지분을 완전 매각함으로써 민영 기업으로 거듭나게 되었다. 2002년 포항제철주식회사는 포스코로 회사 이름을 바꾸고 글로벌 가치를 추구하게 된다.

역대 포항제철과 포스코 회장의 인사를 살펴보면, 김영삼 정부는 집권 후 1년 만에 박태준 사단을 퇴출하고 당시 한나라당에서 활동하던 김만제 회장을 임명하였다. 포스코 인사는 김영삼 대통령이 임명한 김만제 회장 이외에는 모두 내부 인사가 임명되었는데, 특히 노무현 대통령 때 임명된 이구택 전 회장은 포스코 공채 1기이다.

이명박 정권과 정준양 회장

이명박 정부에서 임명한 정준양 회장도 포스코 내부 인사이다. 그는 1975년 포항제철에 입사하여 2009년 회장 임명 당시 포스코건설 사장에 재직 중이었다. 당시 권력 실세라는 박영준 국무차장과 천신

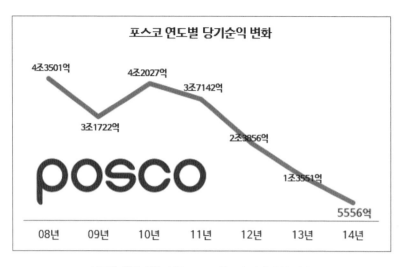

정준양 회장 취임 이후 포스코 연도별 당기 순익 변화

일 세중나모 회장이 포스코 회장의 인선 과정에 깊숙이 개입하여 정준양 회장을 선임했다는 이야기가 언론에 회자되었으며, 정준양 회장 선임에 대해 강력한 반대 여론이 형성되기도 하였다.

정준양 회장이 최고경영자로 임명되었던 2009년 3월 당시 포스코는 조강 생산 3313만 톤, 매출액 41조 7420억 원, 영업이익 7조1730억 원의 알짜 기업으로 철강 분야 세계 1위 기업이었다. 하지만 정 회장이 재임했던 2009년부터 2013년까지 5년 동안 포스코의 실적은 날로 악화되어 17%에 달했던 영업이익률은 2013년 3분기에는 4.2%로까지 추락하였다. 부채는 2.1배 상승하였다. 경영 실적 악화는 포스코의 신용등급 하락에 직접적인 영향을 미쳐 2009년 정준양 회장 취임 이후 포스코 신용등급은 계속 내리막길을 걷게 된다.

또한 2008년에는 대우조선의 인수를 검토할 만큼 풍부했던 포스코의 현금 유동성도 급격히 나빠지게 된다. 이와 관련하여 이명박·이상 득 형제가 관여하여 정준양 회장 재임 시 M&A와 자원개발로 유출된 자금이 50조 원에 이른다는 기사도 있었다.

해외투자에 실패한 대표 사례가 에콰도르의 산토스 CMI라는 부실 회사와 EPC 에쿼티스 회사 인수 건이었다. 가관인 것은 EPC의 주소 지인 영국 런던의 사무실에 직원은 한 명도 없는 등 완벽한 페이퍼 컴 퍼니인데도 이 두 회사의 인수 비용으로 800억 원을 소유주인 도밍게 스라는 사람에게 지불했으며, 철수할 때까지 총 1,400억 원을 증자한 후 원매자인 도밍게스에 다시 헐값으로 되팔았다는 사실이다(「포스코 800억 원대 배임 의혹 '이명박근혜' 포스코 몰락사」, 한상진, 뉴스타 파, 2018.2.26자 기사, MBC PD수첩 기사 참조).

국내에서는 대우인터내셔널 인수 때 SK그룹이 2조 이상이면 매수 하지 않겠다고 하여 인수를 포기했음에도 3조 4천억 원이라는 가격에 인수하였다. 이 과정에서 인수 주관사였던 메릴린치 증권에 커미션으 로 몇 천억 원에 달하는 비용이 지출됐을 거라고 추정된다. 그 밖에 부채 비율이 1600%나 되는 성진지오텍을 1500억 원에 사들였으나, 1조 원을 증자한 후 결국 상장 폐지되기도 하였다.

2018년 4월 현재 포스코는 박근혜 정부에서 임명한 권오준 회장이 사퇴한 상태이다. 그는 정준양 회장 때 입은 피해를 해결하기 위해 포 스코가 보유한 각종 빌딩이나 주식 등 우량자산을 헐값에 매각하고 정준양 때 인수했던 부실 회사들을 그룹 내 우량회사들과 합병시켜 더 큰 피해를 입혔다는 비판을 받고 있다.

그의 이런 행동들이 진정 포스코의 피해를 복구하기 위한 것이지, 아니면 전임 회장의 비리를 덮기 위함인지 아직까지 분명히 밝혀지지

않았지만, 전임 정준양 회장 밑에서 일했기에 책임이 없다고는 말할
수 없을 것이다.

포스코 사외이사의 대조적 행동

본래 사외이사 제도는 경영진과 최대주주로부터 독립되어 회사 상
무에 종사하지 않는 사람을 이사회 구성원으로 선임하여 회사의 의사
결정을 견제하고 감시하기 위해 도입된 제도이다.

포스코는 박태준 전 회장의 사심 없는 운영으로 소유와 경영이 잘
분리되어 있어 전문경영인 체제를 유지할 수 있었다. 전문경영인 체
제에서는 경영자가 단기간의 성과에 몰입하지 않도록 견제할 수 있는
사외이사의 역할이 중요하다. 그러나 포스코의 최근 몰락 과정을 보
면, 당시 정준양 회장의 인사 추천에서 들러리 역할을 한 몇몇 사외이
사들의 행태에 많은 아쉬움을 갖게 된다.

정준양 회장이 임명될 당시 포스코의 CEO 추천위원회는 사외이사
8명으로 구성되어 있었다고 한다. 안철수, 서윤석(이화여대 경영대학
장), 박영주(전경련 부회장), 제프리 존스(전 주한미상공회의소장), 박
원순(희망제작소 상임이사), 손욱(농심회장), 허성관(전 행정자치부 장
관), 박상용(연세대 교수)이 그들이며, 마지막 포스코 CEO 추천위원
회에서 후보였던 윤석만이 천신일, 박영준이 가한 외압을 폭로했을
때 윤석만과 정준양에 대한 투표 결과는 4대 4로 나왔다고 한다(『시
사저널』, 2009.4.28일자, 「권력 실세들에 휘둘린 포스코 회장 인사」;
『오마이뉴스』, 2009.4.23.일자, 「포스코 회장 면접에서 무슨 일 있었
나?」 기사 참조).

이때 사외이사 중 박원순과 허성관이 강력하게 반대하였으나 이구

최근 사퇴한 권오준 전 포스코 회장(출처: 뉴스1)

택 회장에 의해 추천된 일부 사외이사들이 표 '몰아주기'를 주장했고, 결국 정준양 후보가 포스코 차기 회장으로 추천되었다고 한다. 결국 박원순 사외이사는 정준양 회장의 선임에 항의하여 사외이사를 사퇴하였다고 한다.

포스코 회장 선임 과정은 내용으로 보면 윤석만-박태준 라인과 정준양-이구택-정권실세 라인 간의 한판 대결이었던 셈이고, 사외이사들 사이에서도 안철수-박원순 간의 한판 대결이었다고 할 수 있다.

결과적으로 이명박·박근혜 정권은 국가 기간기업인 포스코를 9년 동안 자신들의 사리사욕 때문에 완전히 거덜 냈고, 정치인 안철수는 당시 사외이사로서 정준양 회장 인선에 동참하였으며, 이후 자원개발 투자와 부실기업 인수에 대한 이사회 의결 시에도 의장으로 참여하여 어느 정도 책임이 있다고 할 수 있다.

전문경영인 체제의 포스코는 그동안 특정 지배주주(주인) 없이도 세계적인 철강사로 성공해 재벌 오너체제를 대신할 수 있는 대안으로 꼽혀왔다. 하지만 정준양 회장 시절의 경영 실패와 부정비리로 1968년 창사 이래 최대 위기를 맞으며, 바람직한 전문경영인 체제라는 상징성마저 크게 퇴색했다.

정준양의 실패는 주인 없는 회사의 전문경영인이 정직하지 못한 정권과 결합하여 불과 몇 년 만에 우량회사를 최대 위기로 몰아넣을 수 있음을 보여줬다.

포스코 몰락과 창립 50년의 교훈

과거 이명박 정부의 정준양 회장의 전횡으로 포스코는 제철소 조강생산량 기준 1위에서 5위로 내려앉았다. 그러나 우리는 단순한 순위 하락으로 포스코의 신화가 끝났다고 하지는 않는다. 사실 포스코의 순위 하락은 다른 경쟁사들이 인수 합병으로 규모가 커진 것이 그 이유이다.

우리가 포스코가 몰락했다고 표현하는 주요한 요인은, 우량기업 포스코가 재무적으로 현금유동성이 현저하게 악화되고, 부채비율이 두 배 이상 증가하였으며, 수익률이 급감하였기 때문이다. 신용등급도 4단계나 떨어지게 되었다. 이 시기 포스코의 다른 경쟁사들은 이렇지 않았다. 정준양 회장 재직 기간 포스코의 재무 지표들은 현저히 악화되었다. 회사의 돈을 허울뿐인 자원개발이나 비윤리적인 기업을 인수하는 데 낭비한 것이 결국 퇴보로 이끌었다.

포스코는 2018년 4월 1일자로 창립 50주년을 맞이했다. 얼마 전 사퇴한 권오준 회장은 철강만으로는 100년 기업으로 갈 수 없다고 선언하며, 고부가가치화를 통해 이익을 늘리고 소재 분야를 공략해 새로운 100년을 준비하겠다는 비전을 발표한 바 있다. 그러나 권오준 회장은 최근의 연료전지 투자 실패와 매각과정의 투명하지 못한 의혹들이 보도됨으로써 전임 정준양 회장과 함께 포스코 몰락의 책임에서 자유로울 수 없는 형편이 되었다.

포스코 신화의 주역이었던 고 박태준 회장 체제 아래에서 포항제철은 국민 기업이 되었고 전문경영인 체제도 자리 잡았지만, 정준양 회장 사태에서 보듯이 제도도 중요하지만 무엇보다 정부가 부당한 인사 개입을 중단해야 한다는 교훈을 잊지 말아야 한다. 또한 사외이사들이 정권이나 임명권자의 의지를 그대로 추인하는 들러리에 머물지 않고 소신 있게 판단하고 견제하는 것도 중요하다고 할 수 있다.

포스코가 창립 50주년을 맞이하여 지난 50년을 되돌아보고 새로운 미래 100년을 향한 계획도 세우고 더 발전하기를 빌어본다. 그것이 최근의 부끄러운 몰락을 바로잡는 길일 터이다.

참고문헌

강만수, 『현장에서 본 한국경제 30년』, 삼성경제연구소, 2005

강신홍, 「재벌은 웃고 주주는 울었다. 삼성물산 합병은 자본시장 농단」, 오마이뉴스, 2017.1.2

강희경, 「86학번 동기들의 'IT 삼국지'」, 한국일보, 2014.5.27

곽정수, 「유한킴벌리 문국현 사장」, 한겨레신문, 2004.2.24

권순우 · 홍순영 · 장재철 · 김용기 · 손민중 외, 『한국경제 20년의 재조명』(삼성경제연구소, 2006.10.30.)

김공회, 「'소득'주도 성장론이 아니고 '임금'주도 성장론이다」, 한겨레신문, 2017.6.4

김상조, 「재벌개혁의 전략과 과제」, 야3당 정책연구소 공동시국토론회. 2017.1.23

김수혜, 「아베노믹스 5년 … 일본 경기지수, 33년 만에 최고점 찍었다」, 조선일보, 2018.2.9

김용식, 「글로벌 금융규제의 변화와 한국 금융의 미래: 볼커 룰(Volcker Rule)을 중심으로」,

김일영, 「조국근대화론 대 '대중경제론'」, 2006

김재섭, 「김범수-이재웅-이해진, 얽히고설킨 '삼각 인연'」, 한겨레신문, 2014.5.26

김지영, 『백년전쟁: 다큐멘터리 필름』(2012)

김진우, 「다시 뛰는 일본 경제(1) "무기력 탈출, 아베노믹스의 공헌 … 양적완화 계속하면 미래 불투명"」, 경향신문, 2018.1.8

김참, 「맥쿼리의 그늘① MB임기 내내 시끄러웠던 맥쿼리」, 조선비즈, 2013.3.13

노진호, 「카드채 및 신용불량자 문제의 주요내용과 해결방향」, 현대경제연구소, 2003.6.17

마이클 에드워즈, 『시민사회-이론과 역사, 그리고 대안적 재구성』, 서유경 옮김, 동아시아

미하원국제관계위원회 국제기구소위원회 편, 『프레이저 보고서: 유신정권과 미국의 역할』(서울대학교 한-미관계연구회 역, 실천문학사, 1986)

박덕배, 『미국 투자은행의 발전과 시사』, 현대경제연구원

박재권, 「대우그룹, 해체의 길로 들어서다」, 『시사저널』, 1999.8.5

배영목, 「카드 사태」, 국가기록원 자료, 2014.11.10

석혜원, 『대한민국 경제사』, 미래의창, 2012

선대인, 「세금 한 푼 안 낸 맥쿼리 실제 주인 따로 있다」, 오마이뉴스, 2012.
4.21

선대인, 「세금 한 푼 안 낸 맥쿼리, '실주인' 따로 있다」, 오마이뉴스, 2012.4.23

성태윤, 「소득 주도 성장 정책 쟁점과 평가」, 한국경제학회 정책세미나, 2017.
9.27

손호철, 『신자유주의시대의 한국정치』, 푸른숲, 1999

송민규, 「헤지 펀드 국내 허용에 대한 논쟁 및 정책적 시사점」, 2011.5.28

위키백과, 「IMF 국내 연표」

윤원태, 「가계 부채 증가와 카드채 스프레드」, SK증권, 2011.9.5

이건호·김서경·이태규, 『기업금융시스템 하부구조 개선방안』, 한국경제연구원

이병기, 「외환위기 전후 기업의 구조조정과 성과변화 분석」, 한국경제연구원

이병천, 「한국경제 성격논쟁: 다시 '대안연대'를 생각한다」, 참여연대, 2012.5.30

이영현, 「서브프라임 모기지 사태의 전개 과정과 시사점」, 산업은행 금융연구,
2008.1.30

이왕휘, 「주주모델에 대한 이론적 비판」, 한국정치학회보 40집 제3호, 2006.9

이종석, 「영일만 신화 박태준과 포항제철」, 조선비즈, 2011.12.14

장기천, 「경제민주화 개요, 현황 그리고 시사점-거시적 관점을 중심으로」, 산업은
행 Weekly KDB Report, 2017.7.10

장하준, 『장하준의 경제학 강의』, 부키, 2014

장화식, 「론스타의 외환은행 매각투기는 유죄!」, 한국노동사회연구소, 2013.5.19

전용덕, 「경제민주화 시리즈17, 김종인 위원장의 경제민주화에 대한 비판」,
KERI한국경제연구원, 2012.11.5

주상영, 「한국의 소득주도 성장: 여건분석 및 정책적 논의」, 『예산정책연구』 6권,
2호, 2017.11

주진열, 「헌법상 경제민주화의 의미와 경제민주화 법안의 방향」, KERI한국경제연
구원, 2013.6.10

지주형, 『한국 신자유주의의 기원과 형성』, 책세상, 2011

최공필, 「사모펀드 등 국내자본 적극 육성해야」, KDI경제정보센터, 2005.3

추경호, 「OECD의 헤지펀드 등 새로운 투자형태가 기업지배구조에 미치는 영

향」, 한국기업지배원

프레이저 보고서: http://www.youtube.com/watch?v=z-up2VNU8eo

한상진, 「포스코 800억 원대 배임 의혹 '이명박근혜' 포스코 몰락사」, 뉴스타파, 2018.2.26

홍경준, 「문재인 정부의 소득 주도 성장이란 무엇인가」, 프레시안, 2017.7.24

홍장표, 「한국의 노동소득분배율 변동이 총수요에 미치는 영향」, 『사회경제평론』 43호, 2014

「"이명박 후보, 현대건설 부도 장본인"」, 온라인뉴스팀, 한겨레신문, 2007.10.25

「70주년 특별기획-김호기·박태균의 논쟁으로 읽는 70년, 조국근대화론 대 '대중경제론'」(2015년 경향신문 기획기사)

「Chief Executive Officer-CEO」, INVESTOPEDIA Academy(https://www.investopedia.com/terms/c/ceo.asp)

「yellow의 세계사 연표」: http://yellow.kr/yhistory.jsp?center=1997

「국내 헤지 펀드의 현황과 대체 뮤추얼 펀드의 성장 가능성」, KB금융경영연구소, 2012.2

「글로벌 국부펀드 현황 및 시사점」, 자본시장연구원

「글로벌 금융위기 이후 한국 자본시장의 정책방향」, 자본시장연구원, 2009.11

「대우 23조 원, 꼬리 잡힌다」, 『한겨레21』, 2000.7.21

「'대우신화' 김우중의 흥망성쇠 돌아보기」, 한국일보, 2014.8.24

「대우조선해양의 분식회계 논란을 보며」, IfsFOST, 2015.8.26

「미국 서브프라임 모기지 위기의 실체와 시사점」, 손경환·이수욱·박규천, 『국토정책』 BRIEF 제152호, 2007.9.3

「박대통령의 아킬레스건: 1960~70년대 한·미 안보논쟁」, 경향신문사, 『정경문화』, 1986

「자본시장의 역동성 제고를 위한 사모펀드제도 개편방안」, 금융위원회, 2013.12.4

「자본시장통합법 상 펀드제도」, 금융감독원 자산운용서, 2008.11.20

『경제민주화 이야기 FAQ』, KERI한국경제연구원

『신동아』 2007년 8월호 「국가정보원 '과거사 진실위' 공식 발표 자료기사」